Marokko
Algerien
Libye
Senegal
Mauretanien
Mali
Niger
Tschad
Sudan
enegal
Burkina Faso
Guinea
Elfen-bein-küste
Togo
Benin
Nigeria
Äthopien
Kamerun
Zentr. afr. Republik
beria
Ghana
Kongo
Gabun
Zaire
Uganda
Kenya
Somalia
Rwanda
Burundi
Tansania
Angola
Sambia
Malavi
Mosambik
Madagaskar
Namibia
Simbabwe
Botswana
Swaziland
Republik Südafrika
Lesotho
hana
HOHOE
HO
Voltasee
Volta Region
Accra

Cornelia von Wülfing
Mein Leben als Königin
in Ghana

Cornelia von Wülfing

Mein Leben als Königin in Ghana

Ullstein

Für Sara und Philipp

Greife nach dem Mond;
verfehlst du ihn,
landest du immer noch
zwischen den Sternen.

Afrikanisches Sprichwort

Inhalt

Der Beginn eines Lebens zwischen zwei Welten

Die wahre Entdeckungsreise
besteht nicht darin, neue Landschaften
zu erforschen, sondern mit neuen Augen
zu sehen.
Marcel Proust

Ich sitze in einem Flugzeug der KLM und fühle mich schlecht. Ich bin aufgeregt, habe Kopfschmerzen und spüre ein unerklärliches Gefühl der Leere in mir. An einem Wendepunkt in meinem Leben angelangt, habe ich ja gesagt zu allem, was auf mich zukommen wird, und dennoch habe ich jetzt Angst davor. Angst vor der Realisation des Traumes, aus dem ich meine, jetzt langsam, aber sicher aufzuwachen. Angst davor, dass der Traum zum Trauma werden könnte, wie das Leben, das ich zum Teil geführt habe. Meine Hände werden feucht und ich beginne zu schwitzen. Ich versuche zu schlafen, doch es gelingt mir nicht.

Die sechs Stunden Flug von Amsterdam nach Accra, der Hauptstadt von Ghana, kommen mir wie eine Ewigkeit vor. Ich habe das Gefühl, eine Reise ins Ungewisse angetreten zu haben. Ganz plötzlich wird mir klar, dass ich unter völliger Selbstüberschätzung leiden muss, diese Aufgabe angenommen zu haben, der ich wahrscheinlich gar nicht gerecht werden kann.

Aber ich kann mich relativ schnell beruhigen. Ich erkenne, dass meine Angst zu einem großen Teil daher rührt, dass ich fürchte, eventuelle Erwartungen vielleicht nicht erfüllen zu können. Aber es ist meine europäische

Denkweise, die mich zu dieser Überlegung veranlasst. Es ist mein Leben in Europa, das mich beeinflusst: Ein Leben, in dem Erfolg zählt, wenn man Erfolg haben will. Doch niemand wird mich hier in Afrika so kritisch beobachten, wenn etwas nicht gleich funktioniert, niemand wird etwas mitbekommen. Zumindest nicht in Europa. Und das ist schließlich wichtig, denke ich jetzt noch und weiß noch nicht, wie unwichtig es eigentlich später für mich sein wird. Langsam werde ich gelassener und fange an, mich wieder meinen Mitreisenden zuzuwenden.

Meine Tochter Sara begleitet mich auf dieser Reise im Sommer 2000, die mein Leben so nachhaltig ändern wird. Sie ist jetzt zweiundzwanzig Jahre alt und Studentin. Ich freue mich ganz besonders, dass sie sich entschlossen hat mitzukommen, um sich einen ersten Eindruck über Land und Leute Ghanas zu verschaffen. Außerdem habe ich zwei Bekannte mitgenommen, die die Erinnerungen an diese besondere Reise für mich dokumentieren werden. Kay ist fünfunddreißig Jahre alt und Kameramann. Hartwig ist Fotograf. Sie sind mit Begeisterung an diese Reise herangegangen und haben mir Mut gemacht. Weiter begleiten uns Kays Freundin Marcelle sowie Céphas Bansah, König von Hohoe, Ghana, dem ich viel zu verdanken habe.

Spät in der Nacht landen wir auf dem Flughafen von Accra. Ein schwüler Wind begrüßt uns und nimmt uns die Luft zum Atmen. Und ein sternenklarer afrikanischer Himmel. Ich blicke hinauf und sehe die Milchstrasse. Ich bin zu Hause.

Afrika liebe ich, seit ich das erste Mal einen Fuß auf afrikanische Erde gesetzt habe, damals, vor fast zwanzig

Jahren. *Malade d'Afrique*, nennt man diese Leidenschaft für einen Kontinent, der schon unendlich viele Menschen vor mir erlegen sind. Und jedes Mal bin ich erstaunt, wie schnell ich wieder vertraut bin mit diesem Land, den Menschen, aber auch mit den Unzulänglichkeiten, die wir Europäer empfinden. Doch vorerst sind wir für eine Nacht in Accra. Und hier müssen wir auf nichts verzichten, denn wir sind privilegiert, können uns die Nacht in einem Luxushotel leisten und genießen das auch.

Mit dem Warten auf das Gepäck in einem Gewühl von Menschen vergeht fast eine Stunde. Endlich haben wir es geschafft, unsere Koffer zu orten und uns durch die Menge einen Weg zu den Fahrzeugen, die uns erwarten, zu bahnen. Bis unsere Visa gesichtet sind und wir losfahren können, sind gut zwei Stunden vergangen. Am meisten macht uns die Schwüle zu schaffen, und so sind wir froh, endlich das Hotel zu erreichen, in dem uns angenehme Kühle empfängt.

Inzwischen ist unsere Gruppe um einige Personen größer geworden. Mir wurde vom obersten König der Region, dem so genannten Paramount Chief, Atakora VII. ein Fahrer geschickt, der mich zum Hotel und später nach Alavanyo bringen soll. Kosi ist sein Name. Außerdem gehören zu dem Begrüßungskomitee zwei junge Frauen – Bellinda und Joyce.

Wir sind hungrig und müde zugleich. Also duschen wir schnell und verabreden uns zu einem gemeinsamen Abendessen, eigentlich eher ein Nachtmahl. Einige von uns sind das erste Mal auf afrikanischem Boden, und so erteilt ihnen Céphas erste Verhaltensmaßregeln. Keine Getränke mit Eiswürfeln, keinen Salat essen, Zähneputzen mit Mineralwasser, das Wasser könnte nicht gut

sein. Mückenspray am Abend sei wichtig, meint er. Das alles ist mir selbst längst in Fleisch und Blut übergegangen, ich mache es automatisch.
Ich bin immer noch aufgeregt oder vielleicht schon wieder. Tausendmal, so kommt es mir vor, habe ich meine afrikanischen Begleiter bereits gefragt, wie der Plan für die nächsten Tage aussieht. Und ebenso oft habe ich die gleiche Antwort erhalten: »Seien Sie nicht so aufgeregt, Sie werden schon sehen, Sie müssen keine Angst haben. Sie wollen etwas Gutes tun, und Ihnen wird Gutes getan werden.« Resigniert gebe ich auf.

Diesmal ist alles anders. Ich bin nach Ghana gekommen, um eine mir angetragene Ehre anzunehmen, nicht als Geschäftsfrau, nicht als Touristin, nicht als Jägerin. Nach dieser Reise wird nichts mehr sein, wie es war. Ich werde Königin von Alavanyo sein. Königin … Diese Ehre soll mir Freude bereiten, doch je näher der Tag rückt, an dem sie mir zuteil werden soll, desto mehr Angst habe ich davor. Und so schlafe ich trotz Klimaanlage nur kurz und unruhig, fühle mich in den Wachphasen gehetzt und in den Traumphasen falle ich ständig in tiefe Abgründe. Ich bin froh, als der afrikanische Morgen endlich graut und mich das vertraute Gezwitscher der Vögel von den nächtlichen Dämonen befreit.

Über ein Jahr zuvor saß mir Céphas Bansah, König von Hohoe, Ghana, in meinem Hamburger Büro am Besprechungstisch gegenüber. Ich hatte ihn über einen Geschäftsfreund kennen gelernt, der wusste, dass ich aus Ghana Heilpflanzen importierte. In unseren Gesprächen kamen wir immer wieder auf die Voltaregion und Alavanyo zu sprechen, die Céphas Bansah mir als Anbaugebiet für Heilpflanzen empfohlen hatte.

An diesem regnerischen Hamburger Nachmittag sprach er mit mir im Namen des Paramount Chiefs von Alavanyo, König Togbega Atakora VII.

»Die Menschen in Ghana möchten Ihnen eine Ehre zuteil werden lassen«, sagte Céphas Bansah.

Ich war erstaunt. Mir? Ich hatte nichts Besonderes geleistet, hatte hier und da etwas geholfen, hatte mich engagiert, das kann man in diesen Ländern eigentlich nie genug tun. Und oft leisten wir doch nur einen Bruchteil dessen, was wir eigentlich tun könnten. Meistens auch nur, um uns unser eigenes Leben zu erleichtern und unser schlechtes Gewissen zu beruhigen, weil wir eigentlich viel zu wenig tun. Trotzdem freute ich mich. Meine wenigen Aktivitäten schienen also auf fruchtbaren Boden gefallen zu sein.

»Was für eine Ehre?«, fragte ich.

»Sie möchten, dass Sie Königin in Alavanyo werden.«

Erst war ich sprachlos, dann fing ich an zu lachen. Ich, Königin? Ich war so überrascht, dass ich im Stillen beschloss, dieses Ansinnen vorsichtshalber für einen Scherz zu halten. Sofort fielen mir alte Märchen ein, die meine Mutter mir früher im Bett vorgelesen hatte: Aschenputtel, der Froschkönig. Aber mir fiel auch noch etwas anderes ein: Adoption in den Hochadel, gekaufte Konsul- und Doktortitel. Während dieser Überlegungen schaute ich in König Bansahs Gesicht vor mir und begriff sofort, dass ich einen großen Fehler begangen hatte. Ich habe ihn, sein Land und die Menschen von Alavanyo nicht ernst genommen, ich habe sie alle beleidigt. Zuerst mit meinem Lachen, und dann mit dem, was ich zwar nicht ausgesprochen, aber gedacht hatte.

Und so bemühte ich mich, eine Brücke zu bauen, eine Brücke zwischen afrikanischen Traditionen und westlicher Kultur. Ich versuchte ihm klarzumachen, dass ich diese Ehre unmöglich annehmen könnte und zwar aus vielerlei Gründen. Ich erklärte ihm, dass ich in Deutschland arbeite und lebe, dass ich nicht so oft nach Ghana fahren könne, dass er verstehen müsse, dass mein Umfeld merkwürdig darauf reagieren könne, dass ich jemand anderen finden könne, der eventuell bereit sei, diese Aufgabe zu übernehmen. Meine Worte überschlugen sich, und ich merkte, dass ich mich immer mehr verstrickte in einem Geflecht von Ausreden und Gegenargumenten.

Doch König Bansah blickte stolz und mit versteinerter Miene und hörte sich alles an. Ich konnte ihm nicht entkommen. Er ist Afrikaner, und so blieb er geduldig mit mir und meiner Unwissenheit. Meine Argumente überzeugten ihn nicht.

»Sie können es sich überlegen«, sagte er, »doch die Menschen in Alavanyo wollen niemand anderen. Sie haben auch keinem anderen die Ehre angetragen, sie haben sie Ihnen angetragen. Sie konnten doch bisher oft als Touristin und als Geschäftsfrau nach Afrika fahren, also können Sie in Zukunft auch dorthin fahren, um Verantwortung zu übernehmen. Sie können mehr für die Menschen tun, wenn Sie in Deutschland sind, als wenn Sie ständig in Ghana lebten. Ich habe Sie dort als Geschäftsfrau erlebt, Sie werden etwas bewegen können. Sie sind mutig, also setzen Sie diesen Mut für Menschen ein, die Hilfe gebrauchen können.«

Nachdem er gegangen war, dachte ich ständig über das nach, was er zu mir gesagt hatte. Ich sprach mit meiner Tochter Sara darüber, mit Freunden und mit Philipp, den ich erst kurz kannte und der doch schon so wichtig für mich war. Diejenigen, die sich in afrikanischen Traditionen auskannten, rieten mir zu, machten mir Mut für diese Aufgabe. Andere rieten mir ab, weil »man sich so etwas nicht leisten kann als deutsche Geschäftsfrau«. Und leider dachte auch ich so. Ich hatte Angst, auf das Niveau derer zu geraten, die sich aus einem Geltungsbedürfnis heraus einen Titel kaufen. Und so war ich traurig und von mir selbst enttäuscht, dass ich nicht den Mut aufbrachte, in letzter Konsequenz etwas zu bewegen. Trotzdem lehnte ich ab.

In den nächsten Monaten fühlte ich mich nicht besonders gut, arbeitete, um zu verdrängen, und verdrängte, um arbeiten zu können. Eines Nachts wachte ich auf und konnte nicht wieder einschlafen. Es war die Nacht, in der mir klar wurde, dass man sich nicht um der Bequemlichkeit willen vor Verantwortung drücken kann. Ich sprach lange mit Philipp, der mir von Anfang an zugeraten hatte.

»Es gibt keine Zufälle im Leben«, sagte er. »Lediglich Schicksal und Bestimmung. Und es gibt einen Grund, weshalb gerade du gefragt wurdest.«

Ich erzählte ihm von meinen Ängsten und der Befürchtung, dem Amt nicht gerecht werden zu können.

»Die Menschen in Alavanyo werden mit dem zufrieden sein, was du leisten kannst«, antwortete er, »denn alles, was du tun wirst, ist mehr als nichts.«

Und so hatten die Monate des Überlegens, Zweifelns und Haderns ein Ende. Gleich am nächsten Morgen sorgte ich dafür, dass das Schicksal vieler Menschen zu dem meinen wurde: Ich sagte ja zu der Aufgabe, die mir angetragen worden war.

Völlig erschöpft wache ich am nächsten Morgen in Accra auf. Es ist der Tag vor der Krönungszeremonie, die sich über mehrere Tage erstrecken wird. Schnell ziehe ich etwas über und stürze mich in den Swimmingpool. Nach einigen kräftigen Zügen fühle ich mich wohler – und erfrischt. Der afrikanische Morgen hat uns mit Temperaturen um die dreißig Grad begrüßt. Jetzt habe ich einen klaren Kopf und fühle sogar so etwas wie freudige Erwartung in mir. Nach dem Frühstück machen wir uns auf den Weg in die Voltaregion.

Sie ist mit rund 21 000 Quadratkilometern eine der größten Regionen des Landes und zeichnet sich durch eine abwechslungsreiche Landschaft aus. In ihr kann man sowohl den niedrigsten Punkt Ghanas als auch den höchsten Berg, den Mount Asadzato, besuchen. Wenn man durch die Voltaregion fährt, wechseln sich flache Savannen mit Hügelketten und Waldzonen ab.

Hier im südöstlichen Ghana liegt das Gebiet Alavanyo, das sieben größere Dörfer und insgesamt 40 000 Einwohner umfasst. Die Menschen aus Alavanyo haben mir die Ehre angetragen, ihre Königin zu werden. Ihre Erwartungen sind mir klar: Sie wollen, dass ich mich noch mehr für sie einsetze und ihnen helfe, ihr Leben zu verbessern. Das soll künftig meine Aufgabe sein. Zu helfen, ist mir schon seit langem ein wichtiges Anliegen, und mit Alavanyo verbinden mich seit einiger Zeit geschäftliche und freundschaftliche Kontakte. Mein Unternehmen importiert unter anderem Heilpflanzen, und da vor allem in Ghana die traditionelle Medizin zum kulturellen Erbe gehört, reise ich immer gern in dieses schöne westafrikanische Land. Über einen Bekannten, der in Ghana tätig war, hatte ich den Zugang zur traditionellen Heilkunst der Kräuterkundigen gefunden und mein laienhaftes Wissen seitdem zu vervollständigen gesucht. Ursprünglich bezogen wir die Rohwaren für ein pflanzliches Stärkungsmittel aus der Ashanti-Region in Ghana. Durch meine später entstandene Verbindung in die Voltaregion wurden die Aktivitäten dann dorthin verlegt. Von Anfang an habe ich einen Teil des Erlöses für karitative Projekte vor Ort gespendet.

Jetzt also soll ich hier Königin werden, ohne genau einschätzen zu können, was alles auf mich zukommt. Ich weiß lediglich, dass es in der westafrikanischen Republik Ghana neben der modernen politischen Machtstruktur mit Präsident und Ministern noch die alte traditionelle Ordnung der Könige oder Chiefs gibt. Die Könige werden hier seit den frühen Kolonialzeiten mit dem englischen Wort »Chiefs« bezeichnet. Denn die europäischen Königshäuser, insbesondere das englische, anerkannten die afrikanischen Königshäuser nicht als gleichwertig und titulierten deren Oberhäupter kurzerhand als Chiefs.

In der traditionellen Ordnung gibt es bei den Ewe folgende Gruppen: Den Paramount Chief, der oberste König, Togbega genannt. Die Divisional Chiefs, Bezirkskönige, Togbe genannt und mit Bezirkszusatz. Daneben noch Unterbezirkskönige und Stammesfürsten. Die Queenmother, die Königin, Mama genannt, ist weder Mutter noch Frau des amtierenden Königs, sondern sie erfüllt eine eigenständige Funktion.

Es sind nur ungefähr 280 Kilometer von Accra nach Alavanyo. Aber 280 Kilometer sind ohne Klimaanlage und auf teilsweise sehr holprigen Wegstrecken manchmal eine Tagesreise, die nicht zu unterschätzen ist. Endlich erreichen wir die Voltaregion und damit den Voltasee. Mit ihm besitzt Ghana den größten Stausee der Welt mit einer Fläche von circa 8 500 Quadratkilometern, der 1966 von dem damaligen Präsidenten von Ghana, Svame Kgamen Nkrumah, eingeweiht wurde. Es war seinerzeit und ist bis heute das größte und teuerste industrielle Projekt, das jemals in Ghana in Angriff genommen wurde. Über hunderttausend Menschen aus fast siebenhundert Dörfern mussten damals umsiedeln. Das Kraftwerk in Akosombo sorgt dafür, dass Ghana so viel Strom produzieren kann, dass umfassende Exporte nach Togo und Benin möglich sind. Außerdem bietet der See gute Fischgründe, dient der Trinkwasserversorgung und wird für Bewässerung und Transport benutzt. Trotz dieses für seine damalige Zeit überdimensionierten Kraftwerkes hat Ghana heute Probleme mit der Stromversorgung. Fast jeden Tag gibt es Stromausfälle. Der Grund hierfür ist, dass es in den vergangenen Jahren weniger Niederschläge gegeben hat als in den Jahren davor, der Stausee folglich weniger Wasser führt und das Kraftwerk weniger Strom produzieren kann.

Aber immer wieder ist es ein beeindruckendes Erlebnis diesen wunderschönen, riesigen See zu besuchen.

Die ganze Fahrt über lässt mich ein beklemmendes Gefühl nicht los. Die herrliche Landschaft, das saftige Grün der üppig wachsenden Palmen, der eindrucksvolle Anblick des Voltasees mit seiner pittoresken Inselwelt – diesmal nehme ich das alles nicht richtig wahr. Ich träume sehenden Auges. Als unsere Wagenkolonne plötzlich anhält, ist mir, als erwache ich aus einem Traum. Alle außer mir sind hungrig. Auf der Straße herrscht reges Treiben: Straßenhändler bieten ihre Waren feil. Bunte Körbe, selbst gewebte Stoffe, Wasser in den unterschiedlichsten Behältern, Kokosnüsse und viele, für uns Europäer undefinierbare Esswaren werden von den Frauen auf dem Kopf getragen. Doch zu unserer Erleichterung führt uns Céphas Bansah in ein »Restaurant«. Dort werden auf dem offenen Feuer unterschiedliche Fleischsorten gegrillt und gekocht, dazu gibt es Fufu, einen Brei aus in großen Mörsern gestampften Maniok- und Yamwurzeln. Zwischen den Feuerstellen stehen selbst gezimmerte Tische und Bänke. Wir setzen uns. Argwöhnisch betrachten meine Mitreisenden – allesamt Afrika-Neulinge – die Zubereitung der Speisen. Céphas Bansah und Kosi bestellen etwas.

»Was ist das für Fleisch?«, fragt irgendjemand von uns.

»Ratte, schmeckt ausgezeichnet«, antwortet Bansah.

Sofort hat keiner meiner Mitreisenden mehr Hunger. Alle schauen sich betreten an. »Hast du dir das alles so schlimm vorgestellt?«, fragt mich einer von ihnen.

Er vergisst in diesem Augenblick seiner persönlichen Bestürzung, dass ich all das längst kenne und es für mich ganz normal geworden ist. Wir sind nicht auf Fotosafari, wo man in den schönsten Lodges kampiert und ausgezeichnetes Essen entsprechend dem europäischen Geschmack serviert bekommt. Hier ist das reale Afrika, nicht die Traumwelt der Touristen. Sara, meine Tochter, ist mutig. Sie probiert die Ratte – übrigens ein Wasserkaninchen und nicht, wie von vielen angenommen, unsere gemeine Hausratte – und stellt fest, dass diese ähnlich schmeckt wie Wild. Natürlich haben die Ratten hier wenig mit den unseren gemeinsam. Es gibt keine Kanalisation, sie leben in freier Wildbahn und werden auch dort gejagt. Und sie ernähren sich nicht wie bei uns von Abfall, sondern aus der Natur. Aber allein der Begriff »Ratte« schreckt uns Europäer natürlich erst einmal ab.

So sind wir alle, die wir hungrig und durstig sind, inzwischen auch ich, froh, als eine bildhübsche Ghanaerin vorbeikommt, die auf ihrem Kopf eine hölzerne Schale mit Kokosnüssen trägt. Wir kaufen ihr welche ab. So haben wir zwei Fliegen mit einer Klappe geschlagen, die Milch stillt unseren Durst und das Fleisch sättigt uns. Die frisch geschlagenen Kokosnüsse munden uns köstlich. Sie schmecken ganz anders als bei uns nach ihrer weiten Reise über die Ozeane. Auf dem Weg zum Auto kaufen wir vorsorglich noch ein paar Apfelsinen und Bananen; Marschverpflegung für die nächsten Stunden.

Mir scheint die Straße endlos, und weil ich so wenig geschlafen habe, nicke ich immer wieder ein. Schlaglöcher reißen mich ab und zu aus meinen Träumen von Geistern, Masken und rituellen Tänzen. Ich habe Angst, als Fremde in eine Welt von Traditionen und Riten einzubrechen, in der ich nicht zu Hause bin und in der ich nicht weiß, was mich erwartet. Ich kann mit niemandem darüber reden und tue so, als ob dies alles ganz selbstverständlich für mich sei. Dabei bin ich ganz allein mit meinen Gedanken und mir. Ich sehne das Ende dieses Tages herbei, und zugleich fürchte ich mich davor.

Plötzlich hören wir lautes Trommeln. Der Wagen wird langsamer. Vergeblich versuche ich, in dem dichten Busch links und rechts der Straße zu erkennen, woher die Musik kommt. Wir halten an.

»Wir sind bei der Medizinfrau«, sagt Kosi.

Mir ist in meinem schweren ghanaischen Überwurf, den ich vor der Fahrt angezogen habe, plötzlich ganz heiß. Darunter trage ich meine europäische Kleidung. Die ganze Fahrt über habe ich trotz der immensen Temperaturen nicht geschwitzt, eher gefroren. Wir steigen aus und bahnen uns einen Weg durch ein Wäldchen. Die Trommeln werden lauter. Plötzlich stehen wir auf einer Lichtung. Um uns herum tanzen Frauen und Kinder in Baströcken, mehrere Männer schlagen die Trommeln. Wir sind in einem winzigen Dorf mit wenigen, Gras gedeckten Lehmhäusern. Hier also lebt die Medizinfrau. Ich bin ganz benommen von der Musik, den Feder tragenden Tänzerinnen, der Hitze und der Erwartung, was nun mit mir geschehen wird.

Nach einigen Begrüßungsworten in Ewe, der Sprache, die ich (noch) nicht verstehe, werde ich von den Frauen umringt und in eine der Hütten geschoben. Hier herrscht absolute Dunkelheit. Kein Lichtstrahl dringt in den fensterlosen Raum. Daran muss ich mich erst gewöhnen. Jetzt habe ich keinen Dolmetscher mehr. Niemand spricht Englisch, und ich spreche nicht Ewe. Ich fühle mich total allein. Mir wird bedeutet, dass ich mich ausziehen möge. Ich entkleide mich bis auf die Unterwäsche. Dann reicht man mir ein sackähnliches Gewand, das einen seltsamen Geruch verströmt. Wie ich später erfahre, handelt es sich um ein jahrhundertealtes Gewand der Ahnen, in dem schon viele Vorfahren die kommende Zeremonie, die ich noch vor mir habe, durchlebt haben. Außerdem bekomme ich einen Busch aus der Mähne eines Tieres in die Hand und ein Hütchen aus Korb auf den Kopf. Eine Kriegerhaube aus alten Zeiten, wie mir später erklärt wird. Dann wird mein Körper mit Ornamenten aus Kalk bemalt. Einen Moment denke ich noch

– ganz Europäerin – wie albern ich wohl aussehen mag. Doch dann nimmt mich die Zeremonie gefangen, und ich bin froh und dankbar, dass ich offensichtlich beginne, afrikanisch zu denken und zu fühlen. Ich verstehe die Medizinfrau jetzt ohne Worte.

Wir treten aus dem Dunkel der Hütte hinaus in das gleißende Sonnenlicht. Wieder kann ich einen Moment nichts sehen. Aber intuitiv weiß ich, was ich zu tun habe. Ich soll tanzen. Barfuß trete ich, die Hüften wiegend, von einem Bein auf das andere, so wie die anderen Frauen und die Kinder es tun. Stundenlang, so scheint es mir, mache ich immer und immer wieder die gleichen Bewegungen zu den dumpfen Klängen der Trommeln. Zwischendurch werden mir Ketten um den Hals gelegt. Ketten aus Holz und aus wunderschönen Glasperlen in verschiedenen Mustern und Längen. Ich habe noch das Gefühl, dass ich gleich in Trance falle, dann weiß ich nichts mehr, bis der Klang der Trommeln plötzlich verstummt und ich das Gefühl habe, aus tiefem Schlaf gerissen worden zu sein. Dieser Teil der Zeremonie scheint zu Ende zu sein. Ich werde tanzend zurück in das Dunkel der Hütte geleitet.

Mehrere ältere Frauen mit von der Sonne gegerbten, aber interessanten Gesichtern schauen mich wohlwollend an. Ehe ich es mich versehe, ziehen sie mir mit geschickten Händen das Gewand der Ahnen aus. Plötzlich stehe ich fast nackt vor ihnen. Doch ebenso schnell, wie sie mich entkleidet haben, werfen sie mir ein wallendes weißes Kleidungsstück über, das einer Tunika ähnelt. Über meine Haare wird ein Turban gebunden. Außerdem bekomme ich wieder einige Ketten umgelegt, diesmal aus Muscheln und einem Material, das wie Knochen aussieht. Sie scheinen sehr alt zu sein. Dann werde ich durch einen Vorhang in den hinteren Teil der Hütte geführt.

In dem schummerigen Licht nehme ich eine Art Altar wahr, auf dem viele Gegenstände wie aufgebahrt stehen. Ich sehe irdene Töpfe, Kalebassen, die aus den getrockneten und ausgehöhlte Früchten des Flaschenkürbis hergestellten Behälter, die als Ess-, Trink- und Opfergefäße hier überall noch in Gebrauch sind, einen Schädel, Knochenteile und vieles mehr, das ich nicht definieren kann. Es ist sehr dunkel, und ich bin sehr aufgeregt.

Niemand hat mich auf all dies vorbereitet. Ich fühle mich ganz plötzlich wieder elend und hilflos. Ich frage mich, was mir das Recht gegeben hat, in diese Welt einzudringen, und ob es richtig war. Viel Zeit bleibt mir nicht für meine trübsinnigen Gedanken, denn schon erklingt wieder eine Trommel und mir wird bedeutet, mich zu setzen. Ich nehme auf einem kleinen Schemel Platz. Später erfahre ich, dass in diesem Moment die Ahnen beschworen wurden, mich in ihren Kreis aufzunehmen und mich als eine der ihren zu akzeptieren. Die Medizinfrau beginnt einen Sprechgesang zum Klang der Trommel. Ab und zu stimmen die anderen drei Frauen in einer Art Refrain ein. Palmwein wird aus einer Kalebasse in Richtung Altar vergossen, und ich mache, mit der einen Hand den Federbusch schwingend, mit der anderen Musik mit einer Rassel.

Wieder vergeht eine lange Zeit, in der mir nicht bewusst wird, wie lang sie eigentlich wirklich ist. Die Geister sind jetzt vertrieben, ich bin eine der ihren. Jetzt muss nur noch mein Körper gereinigt werden. Dazu werde ich wieder nach draußen geleitet. Dort gehen die Medizinfrau und ich gemeinsam zu einer mystischen

Pflanze, deren Namen ich nicht kenne. Sie steht in einem irdenen Topf, tief im Wasser. Mit diesem Wasser werde ich gereinigt. Dann werde ich zu einer Art Opferstock geleitet, über den das Blut einer Ziege gelaufen ist. Dunkelrot schimmert es in der nun abendlichen Sonne. Oben ist ein Ei befestigt. Ich muss beides berühren und einige Minuten verharren. Mir wird später erklärt, dass ich dem Land Fruchtbarkeit bringen soll, und durch diese Zeremonie wird mir die Möglichkeit dazu gegeben. Ich fühle mich unendlich müde, nehme meine Umwelt kaum noch wahr, sehe irgendwo meine Tochter und meine Begleiter und frage mich, ob ich mich in einem Traum befinde.

Es ist Abend geworden über dieser Zeremonie, die mir endlos erschien und die ich allein durchleben musste. Die Quarantäne, in der ich allein mit mir und den Frauen war, die mich traditionelle Tänze lehrten, nach alten Bräuchen meinen Körper und Geist reinigten, mich auf mein Amt vorbereiteten, ist beendet. Erleichtert schlüpfe ich in meine europäischen Kleider, darüber trage ich wieder den ghanaischen Überwurf, der mich bei der kommenden Begrüßung in den sieben größeren Dörfern Alavanyos als Ghanaerin »ausweisen« soll.

Céphas Bansah, und das ist selten für ihn als Afrikaner, wird nervös. Über der Zeremonie ist der ganze Tag wie im Flug vergangen. Stundenweise war ich wie in eine andere Dimension seltsam entrückt. Plötzlich sehe ich an dem ganz besonderen Licht des afrikanischen Himmels, dass der Abend naht. Und mit dem Abend beginnt in Afrika gleichzeitig die Nacht. Wie ein Vorhang senkt sich um kurz nach sechs das Dunkel über die Landschaft. Bis in das erste Dorf Alavanyos sind es noch ungefähr dreißig Kilometer, und die Zeiger der Uhr stehen auf halb fünf, wir werden also erst in etwa einer Stunde dort sein.

»Wir müssen uns beeilen«, sagt er, »die Menschen warten schon seit zwei Stunden im ersten Dorf auf Ihre Ankunft.«

In Kosi haben wir einen schnellen und waghalsigen Fahrer, der selbst über die unwegsamsten Pisten in einem unglaublichen Tempo jagt. Deshalb ist mir unbehaglich, und ich dränge zum Aufbruch. Denn die Straße nach Alavanyo ist mehr ein Weg und in der Regenzeit nur sehr schlecht passierbar. Sofort geht die Jagd los. Kosi setzt sich wohlüberlegt an die Spitze unserer Wagenkolonne, denn er weiß, dass die anderen Autos hinter uns im Staub der roten afrikanischen Erde verschwinden werden. Rechts und links der Piste steht meterhohes Elefantengras. Ab und zu führt ein schmaler Pfad in das unwegsame, hügelige Gelände, dorthin, wo sich die Menschen ihre Hütten gebaut haben. Hin und wider begegnen wir Frauen und Kindern mit Reisig, Bananen oder Kokosnüssen auf dem Kopf, die schnell im hohen Gras verschwinden, um der unvermeidlichen Staubwolke zu entgehen.

»Bitte nicht so schnell«, sage ich, doch manchmal tut Kosi, als verstehe er kein Englisch.

Eigentlich liebe ich die Fahrt in dieses Gebiet, weil der Weg etwas so typisch Afrikanisches hat. Doch heute, müde und abgespannt, will ich nur noch ans Ziel. Endlich öffnet sich die Landschaft und die Sicht wird weiter. Neben der Straße erheben sich die sanften, baumbewachsenen Hügelketten Alavanyos, die mich immer an die grünen Hügel Afrikas aus Hemingways Erzählungen erinnern. Wie kleine Knäuel oder Flocken sehen die grünen Bäumchen und Büsche aus. Dazwischen hohe Palmen und Bananenstauden, vereinzelt ein Baobabbaum, der uns als afrikanischer Affenbrotbaum bekannte Riese, den ich so liebe. Bis zu zwanzig Meter Höhe können diese Bäume mit den fast waagerechten Ästen erreichen. Eigentlich sind sie charakteristisch für die afrikanische Savanne, umso mehr freue ich mich, sie hier zu sehen. Seine Stämme liefern ein weiches Holz und Bast, aus dem Seile und grobe Textilien hergestellt werden. Es ist eine liebliche, fast immer grüne Landschaft. Die Feuer vor den Hütten sind bereits angezündet, und der afrikanische Himmel beginnt sich in den schönsten Farben zu verfärben, als wir in Abehenease, dem ersten größeren Dorf Alavanyos, einfahren.

Wir steigen aus. Rechts von der Straße, auf einem großen Dorfplatz, sitzen und stehen hunderte von Menschen in ihren farbenfrohen Gewändern und schauen uns erwartungsvoll an. Schnell laufen zwei bildhübsche Mädchen auf mich zu und übergeben mir einen wunderschönen Strauß tropischer Blumen. Trommeln und Gesang setzen ein, und dazwischen höre ich immer wieder vereinzelte »You are welcome«-Rufe. Vor uns auf der Straße steht eine Delegation aus Stammesfürsten, Frauen und Mädchen bereit, die uns zum Dorfplatz geleiten werden. Doch erst einmal wird Palmwein aus Kalebassen vor mir vergossen, ein traditioneller Teil des Begrüßungsrituals, von nun an Bestandteil eines jeden Besuches von mir. Ich hatte nicht erwartet, dass so viele Menschen da sein würden, um mich in Empfang zu nehmen. Ich bin gerührt. Dann nehme ich mit meinen Begleitern gegenüber den Einwohnern Alavanyos Platz. Wieder wird Palmwein vor uns vergossen, ein altes Ritual, dass die Ahnen einladen soll, an der Feierlichkeit teilzunehmen. Dann kommen die Stammesfürsten und die Ältesten zu uns herüber, um uns zu begrüßen. Danach gehen wir zu ihnen und begrüßen sie unsererseits noch einmal. Es ist Tradition, dass derjenige, der gekommen ist, zuerst begrüßt wird, dann folgt die umgekehrte Reihenfolge. Damit zollt man sich gegenseitigen Respekt.

Es folgt eine lange Ansprache in Ewe, die ich natürlich nicht verstehe. Ich blicke in die freundlichen, erwartungsvollen Gesichter meiner Gegenüber und frage mich, was der Einzelne von ihnen wohl denken mag. Einige Frauen tragen Papierröllchen im Haar, um für das morgige große Fest der Krönungszeremonie hübsch zu sein, andere gar ganz fortschrittlich moderne Lockenwickler. Plötzlich erwache ich aus meinen Gedanken. Es folgt die Ansprache in Englisch, eine Rede, die unbeabsichtigt die Last der Verantwortung auf meine Schultern legt.

Die Freude, dass ich die Ehre des Amtes annehmen wolle, sei groß unter der Bevölkerung Alavanyos, sagt Paramount Chief Togbega Atakora VII., denn sie wüssten, dass ich nicht ruhen würde, ihre Lebensbedingungen zu verbessern, das hätte ich schon mit meinem Engagement in der Vergangenheit bewiesen.

Meine Gedanken schweifen ab, und ich nehme die Begrüßungsworte und Höflichkeitsfloskeln wie durch einen Schleier wahr. Ich denke an Schulen, an ein Krankenhaus, an Kindergärten, an die Wasserversorgung, und mir wird ganz plötzlich bewusst, dass ich viel Geduld, Zeit und Geld brauchen werde, um hier wirkliche Hilfe leisten zu können. Hilfe, wie ich sie mir vorstelle.

In meiner typisch europäischen Denkweise erscheint mir die Geldbeschaffung als größtes Problem. Zu diesem Zeitpunkt weiß ich noch nicht, dass mein größtes Problem die Geduld sein wird.

Inzwischen hat sich die Nacht über den Dorfplatz gesenkt, die Musik der Trommeln beendet die Versammlung. Fackeln beleuchten jetzt die Gesichter, und der Geruch der Feuerstellen und das Zirpen der Grillen wecken in mir heimische Gefühle. Überall wird die Erde von tausenden von Glühwürmchen erleuchtet, so wie damals, als ich Kind war.

Doch der offizielle Teil ist noch nicht beendet. Später erfahre ich, dass in allen sieben größeren Dörfern Alavanyos die Menschen auf mich gewartet haben. Durch den Einbruch der Dunkelheit können wir jedoch nur noch eines besuchen, das Dorf von Togbega Atakora VII. Es ist Tradition in Ghana, dass jeder König oder jede Königin, die nach einer Abwesenheit wieder in ihr Gebiet einreist, als erstes um eine Audienz beim Paramount Chief ersucht. Mit ihm werden die Dinge durchgegangen, die während der Abwesenheit passiert sind, Schwierigkeiten, die aufgetaucht sind oder bewältigt wurden. Alles Wichtige wird besprochen. Auf diese Weise kehrt kein König unwissend in sein Gebiet zurück. Ab morgen werde ich Königin sein, also ist dieser Besuch Pflicht, erklärt mir Céphas Bansah, als ich müde frage, ob wir ihn nicht auf morgen verschieben können. Ich werde noch viel lernen müssen, das wird mir jetzt klar, denn ich weiß viel zu wenig über diese afrikanischen Traditionen. In der Literatur habe ich so gut wie nichts gefunden, wenn auch der Wille zum Lernen da war. Und, wie sich später herausstellt, wurde ich in vielen Dingen bewusst unwissend gelassen, um mir die Angst vor der Aufgabe zu nehmen.

Nach wenigen Kilometern erreichen wir Kpeme. Menschentrauben stehen winkend links und rechts der Straße. Farbenfrohe Tücher werden geschwenkt. Trommeln erklingen. »You are welcome!«, höre ich. Wir bahnen uns einen Weg durch die Menge. Immer wieder muss ich warten, bis vor mir große Tücher auf den Boden gebreitet werden, über die ich schreiten soll. Eine Ehrbezeugung, erklärt mir Kosi, vergleichbar unserem roten Teppich. Über schmale Steige, zwischen Steinhäusern und Lehmhütten hindurch, vorbei an gackernden Hühnern, meckernden Ziegen und vielen, vielen Kindern, erreichen wir das Haus von Togbega Atakora VII., der stolz mit seinem Gefolge unter einem Schilfdach Platz genommen hat. Hier wiederholt sich die Begrüßungszeremonie aus dem ersten Dorf in allen Einzelheiten. Besuch bei uns, Besuch auf der gegenüberliegenden Seite.

Erfreut bemerke ich zwischen uns auf dem Boden einen großen Bastkorb mit frisch geschlagenen Kokosnüssen und einer Machete. Meine Zunge klebt am Gaumen und mein Magen rumort. Ich verspüre ganz plötzlich einen immensen Durst und ein großes Hungergefühl. Deshalb bin ich froh, dass ein Teil der Begrüßungszeremonie die Bewirtung der ankommenden Gäste ist, was offensichtlich aus Zeitmangel im ersten Dorf vergessen wurde. Und so trinken wir die Milch der Kokosnüsse und essen das schmackhafte, weiche Fleisch, das wir in Europa nur hart kennen. Danach folgen verschiedene Ansprachen, und ich erfahre endlich einen ungefähren Ablauf der kommenden Tage: Um uns den größtmöglichen Komfort zu bieten, werden wir die Nacht in einem katholischen Kloster verbringen. Dort gibt es Duschen in jeder Zelle und einen richtigen Speiseraum, in welchem uns eine warme Mahlzeit erwartet, erklärt uns der Paramount Chief. Am nächsten Morgen werden wir um acht Uhr abgeholt, um neun beginnt die Krönungszeremonie, die bis zum Abend dauern soll.

Ich schaue auf die Uhr. Es ist schon fast zehn, als wir endlich zu unserem Nachtquartier aufbrechen. Ich fühle mich sehr erschöpft. Die Hitze des Tages und das Hetzen von einem Termin zum anderen haben ihre Spuren hinterlassen. Und bis jetzt haben wir auch noch nichts gegessen, was wir in Europa unter einer normalen Mahlzeit verstehen würden.

Nach einer halbstündigen Fahrt über die sandigen Pisten Alavanyos erreichen wir das Kloster, in dem wir übernachten wollen. Reverend Martin, ein stattlicher, hoch gewachsener Mann mit stolzem Gesicht, empfängt uns vor einem monumentalen Prachtbau, der selbst für europäische Verhältnisse beeindruckend ist. In der Dunkelheit erkennen wir mehrere großzügig angelegte Gebäudekomplexe. Wir werden in den Vorraum der Kapelle geführt, in dem wir kurz Platz nehmen und ein Wasser trinken. Dann geht es zu unseren Schlafräumen. Die ganze Zeit folgen mir jetzt mehrere Mädchen auf Schritt und Tritt. Ich habe das zwar schon vorher bemerkt, mir aber nichts dabei gedacht. Die Klosterzelle, in der ich mit Sara wohne, ist geräumig und sehr sauber. Und ein für afrikanische Verhältnisse sehr komfortables Bad mit fließend Warmwasser erwartet uns.

Es klopft. Kosi erklärt mir, dass die Mädchen jetzt zu mir gehören, dass sie mein Hofstaat seien. Sie sollen meine Koffer auspacken und mir beim Umkleiden helfen. Ich nehme unwillkürlich eine Abwehrhaltung ein. So bequem ich auch manchmal sein kann, ich will keinen Hofstaat und niemand außer mir soll meine Koffer auspacken. Kosi schaut mich ungläubig an und geht unverrichteter Dinge. Schon nach wenigen Minuten klopft es wieder an der Tür. Es ist Céphas Bansah.

»Sie waren heute bei der Medizinfrau und morgen werden Sie zur Königin gekrönt«, sagt er sehr bestimmend. »Das bedeutet, dass Sie sich ab jetzt bestimmten Regeln fügen müssen. Der Hofstaat ist eine Ehre, die Ihnen zuteil wird; und für die Mädchen ist es eine Ehre Ihnen zu helfen. Sie müssen kein schlechtes Gewissen haben, diese Hilfe anzunehmen.«

Ich denke bei mir, dass ich künftig schon meine eigenen Regeln diesbezüglich aufstellen werde, aber vorerst füge ich mich.

Obwohl wir uns alle auf ein Bad gefreut hatten, haben inzwischen alle großen Hunger. Also gehen wir verschwitzt, aber guter Dinge in den Speiseraum, eine Art Patio mit Fliegenfenstern. Wir freuen uns darauf, endlich eine Zigarette zu rauchen und ein Glas Weinschorle zu trinken. Doch kaum haben wir unsere aus Accra mitgebrachte Flasche Wein geöffnet und die erste Zigarette angezündet, kommt Schwester Maria herein. Zigaretten und Alkohol seien im Gotteshaus nicht erlaubt, sagt sie streng. Der Reverend hat es verboten. Widerwillig fügen wir uns. Mit der erwarteten Gemütlichkeit ist es ohnehin nicht sehr weit her, grelles Neonlicht scheint auf uns herab und der lärmende Motor des Ventilators übertönt das Zirpen der Grillen in der afrikanischen Nacht. Auf dem Tisch stehen verschiedene Fleisch- und Fischspeisen. Da wir nicht wissen, welches Fleisch und welcher Fisch hier zubereitet wurden, entscheiden wir uns alle für die exotischen Früchte und den Reis, welchen wir mit Tabasco und Chili würzen. Gleich nach dem Essen kommt Schwester Maria wieder herein. Der Reverend möchte uns sprechen.

Wir werden in einen großen Raum geführt, der wie ein Klassenzimmer aussieht. Reverend Martin sitzt in einem blütenweißen Gewand an seinem Pult und bedeutet uns, Platz zu nehmen. Wir setzen uns und sind sehr gespannt, was er mit uns besprechen möchte.

»Alkohol und Zigaretten sind sehr schädlich für die Gesundheit«, hebt er an, »und wird von Gott nicht gern gesehen.«

Es folgen viele Worte, Gleichnisse und Zitate aus der Bibel, die uns alle eines sagen sollen: Konsumiert keine Drogen. Ich versuche ihm unsere Sicht der Dinge klarzumachen, aber er bleibt unbeeindruckt, erhebt sich und wünscht uns eine gute Nacht. Wie gemaßregelte Pennäler schleichen wir aus dem Haus, setzen uns in einiger Entfernung auf die Steine und unterhalten uns. Plötzlich wird die Tür des Haupthauses geöffnet.

»Das Kloster braucht Ruhe«, sagt der Reverend, »das Licht wird gleich ausgeschaltet. Bitte gehen Sie auf Ihre Zimmer.« Er versäumt es nicht, uns noch mitzuteilen, dass wir bei der Frühmesse um sechs in der Kapelle willkommen seien.

Als Sara und ich unsere Zelle betreten, bemerken wir die mit rosafarbener Barbie-Bettwäsche bezogenen Etagenbetten. Kindheitserinnerungen werden in mir wach, diese Bettwäsche war einst mein ganzer Stolz. Viele Dinge wiederholen sich im Leben, denke ich noch, als plötzlich das Zimmer im Dunkeln liegt. Das Licht wurde abgeschaltet. Es ist fast zwölf. Für ein Bad ist es jetzt zu spät – und wir haben kein Licht. Also gehen wir ungeduscht zu Bett.

Ich falle in einen unruhigen Schlaf. Immer wieder wache ich auf. Nicht weit von uns höre ich das beruhigende Plätschern eines Wasserfalles. Durch Alavanyo, nahe dem Ort Abehenease, wo wir uns befinden, fließt der Tsadatsu. Das Wasser des Flusses fällt aus großer Höhe hinunter ins Tal, und der dadurch entstehende Wasserfall ist ein wunderschöner Anblick

Ich wünsche mir jetzt nichts so sehr wie ein Telefon, mit dem ich Philipp anrufen könnte. Ich möchte von der Zeremonie erzählen und mir Mut machen lassen für den morgigen Tag. Aber das nächste Telefon, mit dem ich nach Europa telefonieren könnte, ist viele hundert Kilometer weit entfernt, in Accra. Zuletzt schaue ich um halb vier auf die phosphoreszierenden Zeiger meiner Uhr. Dann falle ich erschöpft in einen tiefen Schlaf.

Lautes Klopfen reißt mich aus einem Traum von Schlangen und bösen Geistern. Vor Schlangen habe ich in Afrika immer am meisten Angst gehabt. Schweißgebadet wache ich auf. Kosi steht vor der Tür. Entsetzt sehe ich, dass es schon fast acht Uhr ist. Um neun soll ich für die Krönungszeremonie in Alavanyo umgekleidet werden. Duschen, frühstücken, kilometerweit fahren, wie sollen wir das schaffen? Ich fühle mich plötzlich sehr müde. Am liebsten würde ich mich in meinem Bett verkriechen, weiß aber natürlich, dass das nicht geht. Also stehe ich auf.

»Mami, das Duschen war herrlich, aber das Abtrocknen ist ein Problem«, sagt Sara, die vor mir aufgestanden ist. »Diese kleinen Handtücher fusseln furchtbar.«

Sie steht vor mir, und ich muss lachen, sie ist über und über mit kleinen weißen Flocken bedeckt, und auch in ihrem nassen Haar sehe ich überall kleine weiße Punkte. Noch habe ich selbst nicht geduscht, und so finde ich die Situation sehr komisch. Doch das Lachen vergeht mir, als ich aus der Dusche komme und versuche, mir mit dreißig mal dreißig Zentimeter kleinen Lappen die Haare abzutrocknen. Sofort bin auch ich mit den Fusseln bedeckt. Ich brauche über zwanzig Minuten, um meine Haare wieder in den Normalzustand zu bringen. In der Zeit ist allerdings mein Körper durch die warme Luft von allein getrocknet. Leider funktionieren die Steckdosen nicht, und so kann ich mein Haar nicht fönen.

Ich wundere mich über mich selbst, früher wäre ich wütend geworden, doch jetzt erfasst mich eine unerklärliche Ruhe. Ich schminke mich, ziehe mich an und gehe mit nassen Haaren vor die Tür, wo mich Bellinda und Joyce schon erwarten. Etwas befremdet schauen sie mich an. Sie alle tragen kunstvolle Frisuren und traditionelle Gewänder. So haben sie sich ihre zukünftige Königin nicht vorgestellt. In einem schlichten, ärmellosen Kleid mit nassen Haaren. Zum Frühstücken ist jetzt keine Zeit mehr, schnell essen wir einige Bananen und trinken etwas Wasser. Dann kommt ein großes Auto mit Ladefläche vorgefahren, und ich sehe zum ersten Mal meinen »Thron«, einen kunstvoll gearbeiteten Schemel, hier »Stuhl« genannt. Die Inbesitznahme des königlichen Stuhles, die Krönung, bezeichnet man als »Enstoolment«. Fast alle Stühle besitzen eine identische Grundform und unterscheiden sich nur in den Details unterhalb der Sitzfläche, deren Seiten leicht nach oben gebogen sind und die so den zunehmenden Mond darstellen sollen. Dem Schemel kommt eine große Bedeutung zu, die sich zum Beispiel darin zeigt, dass es eigens eingerichtete Stuhlhäuser gibt, in denen die Stühle verstorbener Herrscher über Generationen aufbewahrt werden, um den Geist dieser Persönlichkeiten fortleben zu lassen. So einen Stuhl bekomme ich nun.

Auch wird mir ein Zepter mit dem eigens für mich entworfenen Wappen überreicht. Ich bin gerührt. Ein geschnitzter Löwe blickt stolz auf mich herab. Er ruht unter einem Baobab, meinem afrikanischen Lieblingsbaum. Die Sonne scheint auf ihn herab. Unten kreuzen zwei Speere das Wappen, das Symbol für den Jäger. Die Jagd ist zu Ende, denke ich, als ich das Wappen sehe. Ich habe Afrika etwas genommen, jetzt werde ich dem Kontinent etwas geben.

Auf der Fahrt nach Alavanyo teilt mir Kosi mit, dass wir als erstes das Haus meiner afrikanischen Eltern besuchen werden. Dort soll ich von den Frauen des Dorfes in mein traditionelles Gewand, mein Ornat, gekleidet werden. Ich bin erstaunt. Afrikanische »Eltern?« Niemand hat mir etwas davon gesagt, dass ich mit Beendigung der Krönungszeremonie auch afrikanische »Eltern« haben werde. Das Haus meiner »Eltern« wird auch mein Haus sein, so erklärt er mir, jedenfalls so lange ich kein eigenes habe.

Schlagartig wird mir klar, dass ich eigentlich gar nichts weiß, dass ich das bin, was man im afrikanischen Sprachgebrauch »eine Unwissende« nennt. Und offenbar hat niemand Interesse daran, diesen Zustand zu ändern. Es wird einfach erwartet, dass ich selbst dafür sorge. Und dieser Zustand macht mir Angst, denn wer nichts weiß, kann sich auch nicht schützen.

Ich beruhige mich. »Du musst Vertrauen haben, in die Situation, in dich«, hat Philipp mir mit auf den Weg gegeben. Aber mein deutscher Perfektionismus lässt Vertrauen nicht immer so einfach zu. Hier also liegen die Grenzen, denke ich, als wir in meinem Gebiet einfahren.

Kurz streift mich die Erinnerung an Karen Blixen. Ich habe keine Farm in Afrika. Ich habe nicht einmal ein Haus. Jetzt aber soll ich ein Zuhause haben. Ohne meine afrikanischen »Eltern« kann ich nicht zur Königin gekrönt werden. Also wurden sorgfältig »Eltern« für mich ausgewählt und ich wurde sozusagen »adoptiert«, wenn auch ohne mein Wissen. Ich frage mich, welche Überraschungen dieser Tag noch für mich bereithalten wird.

Wir sind da! Das Haus liegt in einem der größeren Dörfer von Alavanyo, in Kpeme, wo auch der Paramount Chief wohnt. Viele Menschen erwarten uns. Trommelmusik und Gesang begleiten mich auf meinem Weg in das Gebäude. Mit ausgebreiteten Armen erwarten mich auf der offenen Veranda Francis und Josephine Psekpo, meine »Eltern«.

»Unser Haus wird ab heute auch dein Haus sein«, sagt Josephine. »Schau es dir erst einmal an.«

Mein Schlafzimmer besteht aus einem selbst gezimmerten Bett und einem Stuhl. Vor dem Fenster, das zum Hof hinaus liegt, gackern Hühner. Das Wohnzimmer und die Veranda sind für Audienzen geeignet, die während meiner jeweiligen Besuche mehrfach täglich stattfinden werden, wird mir erklärt. Nach den traditionellen Begrüßungsritualen und Zeremonien werden dort die Sorgen und Probleme der Bevölkerung besprochen. Gleich neben dem Wohnbereich liegt das Esszimmer, mit einem Tisch und Stühlen ausgestattet. In der Ecke entdecke ich einen Fernseher, der aber, wie meine erstaunte Nachfrage ergibt, nicht funktionstüchtig ist. Immerhin symbolisiert er den Fortschritt, dessen Vertreterin ich ja hier sein soll. Ich bin erleichtert, denn wenn ich auch auf der einen Seite alles dafür tun möchte, um die Lebensbedingungen der Bevölkerung zu erleichtern, ferngesehen habe ich in Afrika während keiner meiner zahlreichen Reisen. Meinetwegen kann es ewig dauern, bis hier ein richtiger Fernsehapparat steht.

Wir setzen uns auf die mit Plastik bezogenen Polster. Es ist jetzt schon sehr warm, und das Plastik klebt an meinen Beinen. Wie schrecklich, denke ich und in Gedanken sehe ich ein amerikanisches Ferienhaus vor mir, in dem ich vor Jahren einmal war. Plastik, in Ghana in Form von Möbeln, Schüsseln und vielen anderen Dingen Inbegriff des Fortschritts schlechthin, jetzt also auch hier in Alavanyo, ist der ganze Stolz seiner Besitzer. Das macht mich traurig. Die wunderschönen Stoffe, hergestellt in den traditionellen Batik- oder Webtechniken, werden durch Plastik ersetzt. Ich nehme mir vor, darauf hinzuweisen, wenn man mir Gelegenheit dazu gibt.

Wieder trinken wir, köstlich erfrischend, die Milch aus gerade eben geschlagenen Kokosnüssen. Dann entdecke ich in der Menschenmenge vor dem Haus meine Helferinnen, die mich in mein Zimmer geleiten. Dort liegt mein Ornat bereit, das ich jetzt das erste Mal zu Gesicht bekomme.

Der schwere, handgewebte Kente, das seidene Königsgewand, in seinen wunderbaren Farben, alte Glasperlenketten, die schon viele Menschen vor mir getragen haben, mein goldener Arm- und Beinschmuck, die schwere Königskette, unzählige Ringe und schließlich die Krone.

Geschickt ziehen die Frauen mich aus. Dann umwickeln sie meinen Körper mit zahlreichen baumwollenen Tüchern. Ich brauche ein paar Minuten, um in Erfahrung zu bringen, warum diese unpraktische Unterkleidung unerlässlich sein soll. Eine Königin muss stattlich sein, wird mir erklärt. Die Frauen finden mich zu dünn, ich entspreche nicht dem afrikanischen Schönheitsideal. Ich werde nachdenklich und erinnere mich an meine ständigen Diäten, an meinen ewigen Kampf gegen überflüssige Pfunde. Von Kopf bis Fuß wie eine Mumie eingewickelt, werde ich trotzdem energisch. Diese Tradition werde ich nicht dulden, denn vor mir liegt eine neunstündige Zeremonie unter afrikanischer Sonne. Mit dem viele Kilo schweren Kente werde ich stattlich genug sein. Ich bestehe also darauf, wieder ausgewickelt zu werden. Ungläubig staunend schauen mich die Frauen an. Aber niemand wagt zu widersprechen, und so erinnert innerhalb von wenigen Minuten nur noch ein immenses Knäuel Baumwollstoff an die vergängliche Stattlichkeit der künftigen Königin.

Der Kente wird mir mit geschickten Händen so schnell um den Körper drapiert, dass ich nicht mitbekomme, wie ich ihn jemals wieder in der gleichen Form anlegen kann. Als ich sage, dass ich es gern noch einmal selbst probieren würde, macht sich Erstaunen breit. Auch künftig soll ich immer angekleidet werden, das gehört zur Tradition. Ich brauche es nicht zu lernen, erklärt mir Bellinda. Es ist nicht der Tag und nicht die Zeit, um neue Regeln aufzustellen, also füge ich mich. Es dauert fast eine halbe Stunde, bis ich in vollem Ornat vor den Frauen stehe und ein anerkennendes Gemurmel hervorrufe. Jetzt fehlen nur noch die Schuhe. Riesige goldfarbene Sandalen, die ich bisher nicht für die meinen gehalten hatte, werden mir angezogen. Könige schreiten auf großem Fuße ... Der Steg zwischen den Zehen macht mir Probleme. Schnell wird der Schuhmacher geholt, der Steg wird gelöst und neu verknotet. Stolz lächelnd betrachtet er sein Werk, während ich mich frage, wie ich mich auf diesen »Schneeschuhen« vorwärts bewegen soll. Langsames »königliches Schreiten« wird mir mit diesem Schuhwerk große Mühe bereiten.

Sara findet die Situation sehr komisch, hält sich aber zurück. Lachen, das weiß sie, kann beleidigend sein. Sie selbst hatte sehr mit ihrem Kente zu kämpfen, erst war er zu lang, dann zu kurz gewickelt worden. Dann zu locker. Da die Stoffbahnen nur drapiert werden, besteht die Gefahr, dass sie sich lockern und herunterfallen können. Jetzt aber sind wir endlich fertig, und dem Einzug auf dem Festplatz steht nichts mehr im Wege.

UNERSCHROCKENSEIN,
DURCHHALTEWILLE

Die Krönungszeremonie

Was du auf dem Feld
deines Lebens anbaust,
ist wichtiger als die Größe
des Feldes.
Afrikanisches Sprichwort

Vor dem Haus erwartet mich mein »Hofstaat«, bestehend aus zwei Fächermädchen, wunderschön anzusehen in ihren bunten Gewändern, den vielen bunten Ketten und den um den Kopf geschlungenen Tüchern. Die mit Samt bezogenen und mit Gold besetzten Fächer bringen mir angenehme Kühle bei Temperaturen, die jetzt schon bei ungefähr 35 Grad liegen dürften. Vor ihnen schreiten mehrere junge Frauen, die stolz erhobenen Hauptes mächtige Schalen mit bunten Stoffen auf dem Kopf tragen, meine Aussteuer. Traditionelle Stoffe, die ich fortan zu offiziellen Anlässen in Alavanyo tragen werde. Neben mir meine Adjutantin, die mein Zepter trägt, und – ich bin angenehm überrascht – ein Schirmträger, der das mächtige Dach des königlichen gelb-goldenen Sonnenschutzes über uns ausbreitet. Vor mir sehe ich in der Menge meinen Thron, den jemand auf dem Kopf trägt. Bei dem Schirmträger bilden sich kleine Schweißtropfen auf der Stirn. Er hat eine ziemliche Last zu tragen und dreht den Schirm fortwährend, und sein Dach dämpft das grelle Licht des Tages.

Der Schirm ist eines der Hoheitszeichen afrikanischer Könige. Wann immer ich mich später bei offiziellen Anlässen erhebe, wird mich mein Schirm begleiten. Ein uralter Glaube sagt, dass Gott nicht die Krone auf dem Kopf des Königs sehen soll.

Vor uns geht in blütenweißen Kleidern eine Gesangsgruppe, die, begleitet von Trommeln, eines meiner afrikanischen Lieblingslieder singt. Langsam nähern wir uns dem Festplatz, der inmitten der sanften Hügelketten von Alavanyo und umgeben von Palmen liegt. Noch ist er für mich nicht einsehbar. Ich bin sehr gespannt, was mich erwartet – und sehr aufgeregt. Dann endlich erreichen wir den Platz, der die Größe mehrerer Fußballfelder hat. Ich fühle mich plötzlich ganz elend – tausende Menschen erwarten mich. So hatte ich mir das nicht vorgestellt. Schon immer habe ich Menschenansammlungen gehasst, bin auf jede Veranstaltung und jeden Event möglichst früh gegangen, um auch früh wieder weggehen zu können. Und jetzt schauen mich unzählige Augenpaare erwartungsvoll an. Jeder Schritt wird mir zur Qual. Die riesigen Sandalen lasten wie Blei an meinen Füßen. Wie in Trance lasse ich mich zu meinem Platz geleiten.

Erst dann werde ich etwas ruhiger und schaue mir mein Umfeld genauer an. Rund um den riesigen Platz wurden aus Bambusstangen und Palmwedeln Tribünen gefertigt, in deren Schatten jetzt, wie mir Paramount Chief Atakora VII. stolz zuflüstert, über zehntausend Menschen auf die kommende Zeremonie warten.

Immer noch ziehen neue Gäste ein, Stammesfürsten, die auf Sänften getragen werden, begleitet von Hörnerstößen und Trommelklängen, Könige der umliegenden Gebiete unter wunderschönen Schirmen, die kunstvoll gefertigt sind, und unzählige Gesangs- und Tanzgruppen. Die Frauen, ihre Säuglinge in Tüchern auf dem Rücken tragend, wiegen ihre Hüften zum Klang der Trommeln.

Hinreißend schön und farbenprächtig sind die Festgewänder der Königinnen und Könige anzusehen. Doch auch alle anderen haben sich zur Feier des Tages besonders festlich gekleidet. Schon bei meinen allerersten Besuchen in diesem schönen Land habe ich festgestellt, dass Ghana, was die traditionelle Kleidung betrifft, das Paris Afrikas ist. Elegante, lange Kleider mit üppigen Volants und Rüschen, dazu kunstvolle Frisuren und fantasievolle Kopfbedeckungen bieten nun den schönen Rahmen für die Krönungszeremonie. Mit Erstaunen stelle ich fest, dass es sogar ein Mikrofon gibt, und frage mich, woher der Strom dafür kommt, denn weitab der Häuser habe ich ihn nicht erwartet. Wie ich später erfahre, wurden die Dörfer in Alavanyo bereits 1998 als Teil des ländlichen Elektrifizierungsprojektes ans Überlandnetz angeschlossen, was jedoch längst nicht bedeutet, das jeder Haushalt auch über Strom verfügt.

Nachdem die erste Tanzgruppe ihre Darbietung beendet hat, ergreift der Paramount Chief Atakora VII. das Wort.

Er sagt, dass sein Volk und er sich glücklich schätzen, mir die Ehre erweisen zu dürfen, mit dem heutigen Tag durch die Krönungszeremonie eine der ihren zu werden.

»Unsere künftige Königin hat Liebe zu den Menschen und zu dem Land bewiesen, indem sie selbstlos und ohne Erwartungshaltung etwas für uns und unser Land getan hat. Aus Dankbarkeit dafür, so haben die Bürger von Alavanyo entschieden, möchten wir sie heute zu unserer Königin krönen. Doch auch wenn wir dann eine Königin haben, die sich um den Fortschritt in unserem Land bemühen wird, dürfen wir nicht untätig sein. Wir müssen auch selbst und gemeinsam mit ihr arbeiten. Durch die bisherige Arbeit unserer künftigen Königin hat Alavanyo schon einen großen Schritt nach vorn machen können. Mit dem Baubeginn der Secondary Technical High School haben wir den Grundstein dafür gelegt, die Schulbedingungen entscheidend verbessern zu können.

Wir freuen uns, dass Cornelia von Wülfing die Ehre angenommen hat, die wir ihr vor über einem Jahr angetragen haben, und dass wir hier und heute mit ihr gemeinsam diesen Festakt vollziehen dürfen.«

Verschiedene musikalische Darbietungen folgen. Es sind fast ausschließlich Frauen, die singen und tanzen. Da sind zum Beispiel die barbusigen Wasserträgerinnen mit ihren Körperbemalungen aus weißem Kalk, die wie aus dem letzten Jahrhundert anmuten. Aber auch kirchliche Gesangsgruppen in fast europäischer Kleidung machen ihre Aufwartung. Überall freudige, freundliche Gesichter. Ghana, das Land des Lächelns in Afrika, denke ich, während ich anfange mich wirklich über die Schönheit der Darbietungen und die Besonderheit des Tages zu freuen.

Die Anspannung weicht aus meinem Körper, und ich fühle mich das erste Mal heute wohl, obwohl die Sonne mich blendet und es sehr heiß ist. Ich gebe mich Tagträumen hin und denke, wie schön es ist, dass sich die unterschiedlichen Völker und Stämme ihre alten Rituale und Bräuche bewahrt haben.

Plötzlich steht meine Adjutantin mit dem Zepter vor mir, und ich höre meinen Namen. Es ist Zeit, die eigentliche Zeremonie beginnt.

Ich komme mir vor, als wäre ich aus tiefem Schlaf erwacht. Ich werde zu meinem Thron geleitet, den jetzt ein wunderschön besticktes gelbes Kissen mit grünen

Troddeln schmückt. Der Paramount Chief flüstert mir etwas zu. Ungläubig schaue ich ihn an. Meine Freude ist mit einem Schlag verflogen. In der Ferne höre ich Gesang und Trommeln. Dann sehe ich mehrere große Schirme, unter denen Könige und Königinnen des Umlandes auf den Festplatz geleitet werden. In ihrer Mitte sehe ich eine Ziege, die laut meckert. Mir wird unerträglich heiß. Man hat mir gerade erklärt, dass das Schlachten einer Ziege unumgänglich sein wird. Keiner meiner Einwände hat den Rat der Ältesten umstimmen können. Eine Königin muss, um für ihre künftige Aufgabe unverwundbar zu sein, barfuß durch das Blut eines frisch geschlachteten Opfertieres schreiten. Die königlichen Familien bilden einen Halbkreis um mich. Ich schaue in die Ferne, damit ich die Ziege nicht sehe. Aber ihr Meckern geht mir durch Mark und Bein. Ein Sprecher ergreift das Wort.

»Unsere Königin muss stark sein und unverwundbar«, sagt er, »deshalb bringen wir ihr diese Ziege als Opfer.«

Palmwein wird auf das saftige Grün des Platzes gegossen, der Boden wird »geweiht«. Plötzlich ist es ganz still. Ich schaue auf den Ort, wo vorher die Ziege gestanden hat. Sie ist fort. Stattdessen eine Lache frischen Blutes auf dem Gras. Schnell ziehen mir einige Frauen die Sandalen aus. Ein wichtiges Ritual. Noch bin ich nicht gekrönt. Denn jeder direkte Kontakt mit der Erde bedeutet Verunreinigung und Kraftverlust, erklärt man mir, und Kraftverlust des Königs kann Krankheiten und Unglück über das Volk bringen. Später dürfe ich nie mehr den Boden mit nackten Füßen berühren. Dann wird mir bedeutet, durch das Blut zu gehen. Dreimal wiederhole ich das Ritual. Ich fühle mich entsetzlich. Auf den Fotos, die in diesen Minuten gemacht wurden, sehe ich sehr ernst aus.

Die Königin einer Nachbarregion, Tsolenyanu III. ist eine zierliche Person, auf deren ebenmäßigem schwarzen Gesicht sich kleine Schweißperlen bilden. Sie hat die verantwortungsvolle Aufgabe übertragen bekommen, mich zu krönen. Energisch hebt sie das Schwert und schlägt mich unter lauten Zurufen zur Königin von Alavanyo. Ich verstehe nichts, aber ich höre das erste Mal meinen afrikanischen Namen: Ngoyifianyonu Akosua I. Er bedeutet: »Die an einem Sonntag geborene Königin des Fortschritts«.

Dann schwöre ich den Großen Eid auf mein Land:

»Ich, Ngoyifianyonu, Königin von Alavanyo, schwöre den Großen Eid dem Paramount Chief, den Bezirkskönigen und den Menschen von Alavanyo Traditional Area, dass ich sie, soweit es in meinen Mächten steht, in den Fortschritt führen werde. Ich schwöre, dass ich für die Menschen Tag und Nacht da sein werde, in der Not, in Kummer und Leid, und allzeit helfen werde, dem Gebiet Hilfestellung zu geben. Ich schwöre, dass ich zu den großen Versammlungen, bei denen meine Stimme wichtig ist, vor Ort sein werde und dass ich den Namen Alavanyo immer und überall in Ehren halten und ihm Ehre machen werde. Ich bin darüber aufgeklärt worden, dass das Nichterfüllen meiner Pflichten als Bruch des Großen Eides angesehen wird. Ich schwöre, dass Alavanyo für immer mein Zuhause sein wird.«

Königin Tsolenyanu III. geleitet mich nach dem Eid zu meinem Thron. Zweimal werde ich sanft auf ihn gesetzt und wieder hochgezogen. Dann darf ich sitzen bleiben. Ich habe meinen Stuhl »in Besitz genommen«. Dann tritt

Tsolenyanu III. hinter mich und setzt mir feierlich meine Krone auf. Die Menschen rufen auf Ewe: »Willkommen. Unsere Königin, du bist auf immer und ewig unsere willkommene Königin.«

Ich bin sehr gerührt. Dann wird mir feierlich das Königsschwert überreicht. Es ist reich an goldenen Verzierungen und hat einen goldenen Knauf. In seine sanft gebogene eiserne Klinge sind verschiedene Muster gestanzt. Von der Inthronisation an wird dieses Schwert nun mein Leben als Königin von Alavanyo begleiten.

Viel Zeit bleibt mir nicht, es zu bewundern, denn schon treten mehrere Frauen auf mich zu und heben mich auf ihre Arme. Unter lautem Gesang werde ich über den Festplatz getragen, vorbei an allen Königinnen und Königen, die mir freudig, aber verhalten lächelnd zuwinken. Togbega Atakora VII., der mich vorher in einige Benimmregeln eingeweiht hat, hatte mich bereits darauf hingewiesen. Als Königin soll man nicht lachen, sondern stolz blicken und nur verhalten lächeln.

Ich bin sehr durstig. Die Sonne steht inzwischen hoch am Himmel, es muss schon Mittag sein. Langsam werde ich zurück zu meinem Platz getragen. Wasser, denke ich, jetzt endlich kann ich etwas trinken. Doch die Zeremonie ist noch lange nicht zu Ende. Und eine Königin trinkt und isst nicht während einer Zeremonie. Jetzt kommen die Frauen der Dörfer zu mir und überreichen mir Geschenke, vor allem wertvolle alte Glasperlen, die auf Bänder aufgezogen worden sind und an mein Handgelenk geknotet werden. Immer wieder kommen Frauen, um mir die eine oder andere Perle zu überreichen. Mein Arm ist weiß von Bändern, die über den Ellenbogen hoch bis zum Oberarm reichen.

Mehr als in jedem anderen Teil dieser Erde sind Perlenarmbänder in Afrika Bestandteil des täglichen Lebens. Sie werden seit Jahrhunderten zum Schutz, zur Stammesidentifikation, als Zeichen des persönlichen Wohlstands, für Gesundheit und Kraft getragen. Sie dienen als Schmuck für den Körper, sind in den Lebensraum integriert und gelten als Kultobjekte. Bis zum Ende der Kolonialherrschaft dienten Perlen in vielen afrikanischen Ländern als Tauschobjekte für Handelswaren, sowohl zwischen europäischen Händlern und Afrikanern als auch zwischen den afrikanischen Nationen selbst. Perlen sind traditionell von jeher in Ghana getragen worden. In den vergangenen Jahrhunderten, als es noch keine Zahlungsmittel gab, wurden sie aus Europa mitgebracht und für Gold, Elfenbein, Palmfett und Sklaven getauscht (für eine besonders schöne Perle wurden bis zu sieben Sklaven eingetauscht). Perlen zu tragen galt und gilt als Zeichen von Wohlstand. Ein uralter Glaube sagt, dass man durch ihr Tragen zu Reichtum und Glück gelangt.

Die alten Perlen sind rar geworden, nur Könige und alte Stammesfürsten tragen sie noch. Die aktuellen Perlen werden heute nach alten Mustern und Formen gefertigt. Jede Perle wird von Hand geformt, gebrannt und bemalt. Sie sind ein besonderer Schmuck, und je länger sie getragen werden, desto schöner werden sie. Es gibt Perlen für besondere Tage, für Liebe und Familienglück. Während der Pubertät werden Zeremonienperlen auf vielen Schnüren von jungen Frauen um die Taille getragen. Innerhalb der Familie gelten sie als »Schatz« und werden auf traditionelle Weise vererbt. Sie werden in gewebten Körben, bedeckten Kalebassen und irdenen Töpfen aufbewahrt und an geheimen Orten vergraben.

Wenn der Besitzer der Perlen plötzlich stirbt, gehen die Perlen den Abkömmlingen verloren, weil niemand ihr Versteck kennt. Die Ältesten erzählen daher ihren Nachkommen ihr Geheimnis, bevor sie sterben.

Ich freue mich sehr über diese besonderen Geschenke, die ich später als Armbänder tragen werde.

Wieder folgen mehrere Tanz- und Musikdarbietungen. Ich fühle mich sehr müde und nehme alles wie durch einen Schleier wahr. Doch dann tritt meine Adjutantin auf mich zu, es ist Zeit für meine Krönungsrede. Nach dem Protokoll hätte ich noch eine halbe Stunde Zeit gehabt, und so bin ich völlig überrascht. Schnell sehe ich mich nach Sara um, die meine geschriebene Rede vorsichtshalber mitgenommen hat, und lasse mir die Seiten geben. Ich gehe zum Mikrofon.

»König Atakora VII., Königshäuser des Umlandes, Minister, Regierungsbeamte, Bürgermeister, Bewohner von Alavanyo. Ich möchte mich bei Ihnen und Ihrem Volk, das ich jetzt auch als das meine betrachte, für die große Ehre bedanken, die mir hier zuteil geworden ist.

Als Sie mir vor über einem Jahr die Königinnenwürde angetragen haben, musste ich mir Bedenkzeit erbitten. Dies mag Ihnen ungewöhnlich erschienen sein. Ich jedoch wollte nicht einfach eine Aufgabe annehmen, der ich vielleicht nicht gerecht werden könnte. Für mich bedeutet der Titel ›Königin von Alavanyo‹ die Verknüpfung von Pflichten mit meiner Person, wie zum Beispiel ein weit reichendes soziales und wirtschaftliches Engagement oder auch die Förderung des kulturellen und geistigen Brückenbaus zwischen den Menschen in Deutschland und in Ghana. Diese Aufgaben, die ich mir selbst stelle, sind für mich mit viel persönlichem und zeitlichem Einsatz verbunden. Und mir war nicht klar, ob ich den eigenen Ansprüchen, die ich damit verbinde, überhaupt gerecht werden kann. Daher der von mir geäußerte Wunsch um Bedenkzeit. Nachdem ich über die Angelegenheit Wochen und Monate nachgedacht habe, bin ich zu dem Schluss gekommen, dass ich gar keine andere Wahl habe, als diese Aufgabe und Verpflichtung zu übernehmen. Denn damit geht all das einher, was mir schon lange am Herzen liegt.

König Atakora VII., ich möchte Ihnen persönlich dafür danken, dass Sie meine wirtschaftlichen Aktivitäten in Bezug auf den Import von Heilpflanzen aus Ghana so selbstlos und ausgiebig unterstützt haben. Ohne Ihre Hilfe wäre vieles nicht möglich gewesen. Afrika, das ich sehr liebe und vielfach bereist habe, und insbesondere Ghana, ist jahrhundertelang durch den Kolonialismus ausgebeutet worden. Ich habe versucht im Hinblick auf unsere geschäftlichen Unternehmungen dafür Sorge zu tragen, dass ein fairer Austausch erfolgt.

Ich habe mich intensiv mit der Geschichte der afrikanischen Heilpflanzen beschäftigt und halte es für wichtig, die Erkenntnisse aus alten afrikanischen Überlieferungen auch den Europäern zugänglich zu machen. Und ich hoffe und glaube, dass dies auch künftig, wie schon in den letzten zwei Jahren, den Ghanaern wirtschaftlichen Erfolg bringt und somit auch Arbeitsplätze sichern kann. Das tradierte Wissen der Herbalisten, der Kräuterheilkundigen, das sich diese über Generationen angeeignet haben, ist in abgewandelter Form auch für uns Europäer anwendbar. Warum sollen natürliche Substanzen auf uns nicht die gleiche Wirkung haben wie auf die Afrikaner? Wir haben es uns zur Aufgabe gemacht, den Europäern diese Pflanzenextrakte als natürliche

Alternative zur »chemischen Keule« näher zu bringen und hoffen, dass noch viele Menschen künftig zu diesen natürlichen Mitteln greifen. Bei der Ernte der Pflanzen, die wir für die Produktion benötigen, entstehen zwar keine Lücken in der Natur. Wir aber wollen in die Natur investieren, indem wir Pflänzlinge setzen. Wir wollen einen Teil des Geldes, das uns die Vermarktung dieses Produktes in Europa einbringt, wieder in Ihr Land fließen lassen, indem wir vielfältige soziale Projekte fördern.

Ich war überrascht und gerührt zugleich, dass Sie mir schon aufgrund des – in meinen Augen relativ geringen – sozialen Engagements in Alavanyo, diese hohe Ehre zuteil werden lassen wollen. Ich habe mir jedoch überlegt, dass ich hier direkt vor Ort ungleich bessere Voraussetzungen dafür schaffen kann, um noch viel mehr zu tun.

Ich hoffe, dass ich der Ehre gerecht werden kann, die mir hier zuteil wird. König Atakora VII., ich danke Ihnen und Ihrem Volk dafür, dass Sie mir Gelegenheit dazu geben wollen.«

Ich setze mich. Inzwischen ist der bequeme Sessel verschwunden und ich sitze auf meinem Thron, der keine Rückenlehne hat. Der Minister der Voltaregion ergreift das Wort. Alle Reden werden in Ewe gehalten und danach noch in Englisch, damit auch ich sie verstehen kann. Deshalb kommen sie mir endlos vor. Ich habe großen Durst und ein schlechtes Gewissen, weil sich die Menschen hier so viel Mühe geben und ich nur daran denke, wie ich an etwas Wasser kommen könnte.

Nach den zahlreichen Dankesworten des Ministers folgt eine Ansprache der Ministerin für Familie, die von der Regierung in Accra zu uns gesandt wurde. Sie legt mir besonders die Frauen der Region ans Herz, deren Arbeitstage noch immer um die sechzehn Stunden dauern und die mit Feldarbeit, Wasser holen, Essen kochen und Kindererziehung rund um die Uhr beschäftigt sind.

Und natürlich werden die schulischen Einrichtungen besprochen, die trotz aller Bemühungen nicht ausreichend sind. In Ghana ist in den letzten Jahren die Zahl der Analphabeten, jetzt bei über 50 Prozent, wieder angestiegen. Damit einher geht eine steigende Arbeitslosigkeit. Alavanyo benötigt vor allem Schulen, in denen die Kinder auch wohnen können, weil es weder öffentliche Verkehrsmittel noch Schulbusse gibt.

Dem Protokoll entnehme ich, dass jetzt, bis auf die Übergabe der Krönungsurkunde und die Schlussworte des Pfarrers der katholischen Kirche, erst einmal keine Rede mehr folgt. Ich werde ungefähr eine halbe Stunde Zeit haben, um mich zurückzuziehen. Also winke ich meiner Adjutantin und teile ihr meine Absicht mit. Doch so einfach, wie ich mir das vorgestellt habe, ist es nicht. Fächermädchen, Schirmträger, Adjutantin, sie alle müssen mich selbst auf diesem Gang begleiten. Und so gehen wir die fünfhundert Meter in das nächstgelegene Dorf. Der bretthharte Ledersteg zwischen meinen Zehen schmerzt sehr. Ich habe eine große Blase. Dann endlich erreichen wir das Dorf, in dem sich die nächste Schwierigkeit auftut. Mit meinem Gewand kann ich nicht allein auf die Toilette gehen. Also hilft mir meine Adjutantin, mich aus- und wieder anzukleiden. Ich setze mich in den Schatten einer Palme und lasse mir eine Kokosnuss bringen. Genüsslich trinke ich deren Milch und ruhe mich ein wenig aus. Es ist herrlich, so unbeobachtet einfach nur dazusitzen. Doch viel zu schnell wird mir das

Zeichen zum Aufbruch gegeben, wir müssen zurück. Meine mit Ziegenblut verklebten Füße schmerzen sehr.

Gerade rechtzeitig erreichen wir den Platz, als ich schon meinen afrikanischen Namen höre. Eine Delegation von Königinnen steht in einem Halbkreis, die Krönungsurkunde in den Händen. Sie warten bereits auf mich.

»Ngoyifianyonu Akosua I., wir sind froh, Sie nunmehr als eine der unseren begrüßen zu dürfen und möchten Ihnen hiermit die offizielle Krönungsurkunde überreichen. Weiter erhalten Sie die Verfassung des Staates Ghana und die Verfassung des Königsamtes.«

Kaum habe ich die Urkunde dankend in Empfang genommen, findet sich eine Gruppe traditioneller Jäger auf dem Platz ein. Sie führen mehrere Gehörne mit sich, Speere und Jagdbogen. Einige von ihnen singen und tanzen zum Klang der alten Trommeln. Über diese Darbietung freue ich mich besonders, bin ich doch selbst vor Jahren als Großwildjägerin das erste Mal nach Afrika gekommen. Die Jägerkulturen Ghanas sind sehr alt. Früher lebten die Menschen hier ausschließlich von und mit der Natur. Sie sammelten, fingen oder jagten, was ihnen die Natur an Pflanzen, Früchten und Tieren hergab. Heute sind es nur noch Randgruppen, die ein Nomadenleben führen. Es sind zumeist Gruppen mit zehn bis zwanzig Personen, die sich aus Kleinfamilien zusammensetzen. Ein älterer Mann, der an Erfahrung den anderen überlegen ist, übernimmt die Führungsposition der jeweiligen Gruppe und genießt besondere Autorität. Die Frauen sammeln Früchte, Beeren, Pilze und Kräuter, die Männer gehen auf die Jagd. Für Jagdromantik, wie Europäer und Amerikaner sie in Afrika erleben dürfen, ist bei den traditionellen Jägern kein

Platz. Hier herrscht der Kampf ums Überleben. Weite Fußmärsche in unwirtliche Gebiete lassen nur das Nötigste an Ausrüstung zu. So wird auf dem Rücken und auf Tragen alles mitgeführt, was man zum Aufenthalt in den entlegensten Winkeln benötigt, die aber den größten Wild- und Nahrungsreichtum bieten. Als Behausung dienen Höhlen oder einfache Hütten aus Zweiggeflecht. Ich finde es schön, dass es diese alten Kulturen hier noch gibt. In wesentlichen Teilen Afrikas ist die Jagd seit der Kolonialherrschaft den Ausländern vorbehalten. Während ich den alten Jagdgesängen lausche, sehe ich, dass sich der Himmel über uns in seinen schönsten Farben zeigt – der Tag neigt sich dem Ende zu.

Am Anfang der Zeremonie hat ein evangelischer Pfarrer die Begrüßungsworte zur Einleitung der Krönungszeremonie gesprochen, jetzt schließt ein katholischer Pater sie ab. Doch wir müssen noch lange sitzen bleiben, nämlich bis sämtliche königliche Familien an uns vorbei den Festplatz verlassen haben und auch der letzte Stammesfürst auf seiner Sänfte herausgetragen wurde.

Unter festlichem Geleit gehen wir dann zum Haus meiner afrikanischen Eltern, um mich umzukleiden. Wesentlicher Teil der alten Traditionen ist eine würdige Verabschiedung. Nachdem ich also wieder meine europäische Kleidung trage, nehmen wir noch auf der Veranda Platz.

Mir gegenüber sitzen der Ältestenrat, der Paramount Chief und andere offizielle Vertreter der Dörfer. Kokosnüsse werden gereicht, und es wird über den denkwürdigen Tag resümiert, der den Bewohnern Alavanyos eine deutsche Königin beschert hat. Und mir eine Menge Verantwortung aufgebürdet, der ich mir zu diesem Zeitpunkt noch nicht in ihrer ganzen Konsequenz bewusst bin. Lange nach Einbruch der Dunkelheit brechen wir auf.

Kosi fragt uns, ob wir wieder in dem Kloster schlafen möchten. Da unsere Gruppe so groß ist, müssen wir die Möglichkeit, privat oder bei meinen afrikanischen Eltern zu wohnen, ausschließen. Also entscheiden wir uns für ein Hotel mit dem verheißungsvollen Namen »Hotel Geduld«, das im ungefähr zwanzig Kilometer entfernten Hohoe sein soll. Die Besitzerin, so heißt es, habe einige Zeit in Deutschland gelebt. Wir machen uns auf den Weg, in freudiger Erwartung einer Dusche.

Das Hotel besteht aus mehreren zweistöckigen Gebäuden, die hufeisenförmig angeordnet sind, und aus einem zauberhaft angelegten Garten mit Palmen, Bougainvillae sowie anderen tropischen Pflanzen. Nachdem wir uns kurz ausgeruht haben, gehen Sara und ich die anderen suchen. Unmittelbar neben unserem Zimmer sehen wir einen Raum, über dem die Inschrift »Bar« zu lesen ist. Am Ende des Raumes stehen vereinzelt Flaschen. Ein Mädchen begrüßt uns freundlich lächelnd. Vor der Bar sitzt schon ein Teil unserer Gruppe. Wir sinken in das weiße Plastikgestühl, das Statussymbol des Fortschritts. Die anderen schauen mich betreten an.

»Hier gibt es nichts zu essen«, sagt Kay.

Doch mich kann nichts mehr aus der Ruhe bringen. »Dann trinken wir eben etwas und essen eine Banane«, sage ich.

Entgeistert schauen mich alle an. So hatte sich sicherlich keiner von ihnen die Reise mit einer Königin vorgestellt. Um die Stimmung etwas zu heben, erkläre ich, dass unser Nachtquartier ja eigentlich in dem Kloster hätte sein sollen, dort wäre das Abendessen vorbereitet gewesen. Doch unter den Augen des strengen Reverend Martin hätten wir nicht unter dem wunderbaren afrikanischen Sternenhimmel bei einer Zigarette und einem Glas Wein beisammen sitzen können. Dieser Aspekt überzeugt alle und lässt die Bananen wundervoll schmecken.

Das Mädchen kommt zu uns an den Tisch und fragt nach unserem Getränkewunsch. Ich schaue mich um und sehe Cola, Gin und Bitter Lemon. Ich bestelle Mineralwasser und frage nach Wein. Kein Problem, sagt das Mädchen, um kurz darauf mit einer Flasche deutschen Weines zurückzukommen. Der Korken ist bereits geöffnet und die Flasche halb leer. Wie lange wohl schon? Damit hat sich die Weinschorle in einen unerfüllten Traum aufgelöst.

Aber wir haben uns viel zu erzählen, jeder hat die Eindrücke des Tages auf eine andere Weise erlebt, und ich merke, dass ich selbst am wenigsten mitbekommen habe. Es ist weit nach Mitternacht, als wir auf unsere Zimmer gehen.

Stickige Luft empfängt Sara und mich. Wegen der Moskitos machen wir kein Licht mehr an, sondern entkleiden uns im Dunkeln. Völlig erschöpft falle ich in einen traumlosen Schlaf, aus dem ich mehrfach durch das surrende Geräusch der Moskitos aufwache.

DIE AUGEN DES KÖNIGS –
ER SIEHT ALLES

Der erste Tag als Königin

Wir fangen als Narren an
und werden weise an Erfahrung.
Afrikanisches Sprichwort

Am nächsten Morgen werden wir, viel zu spät, von lauten Stimmen im Hof geweckt. Unsere Fahrer warten schon, es ist Sonntag und die Pflicht der Königin, in den verschiedenen Kirchen des Gebietes dem Gottesdienst beizuwohnen. Hastig dusche ich und rufe nach Bellinda, die mir beim Anlegen des Kente helfen soll. Danach gehe ich zu den anderen in den Speiseraum. Wir haben Schwarzbrot mitgebracht, darauf freue ich mich jetzt.

Doch dann tritt Hilda auf den Plan, die Besitzerin des Hotels. Sie entschuldigt sich dafür, dass sie keine Butter hat. Unser Kommen wurde nicht angekündigt und habe sie völlig überrascht, da es zurzeit keine anderen Gäste gäbe. Immerhin gibt es Instantkaffee, den wir mitgebracht haben, trockenes Brot und Bananen. Satt werden wir. Und für den nächsten Tag werden uns Eier und Honig versprochen. Viel Zeit bleibt uns nicht für trübe Gedanken.

In rasantem Tempo fährt Kosi uns zurück in das Dorf meiner Eltern, Kpeme. Dort werden wir bereits erwartet. Wir scheinen hier andauernd zu spät zu kommen, was mir ein schlechtes Gewissen bereitet. Wie ich später lernen werde, kommen Könige immer zu spät, das ist Teil der Tradition. Damit werde ich mich aber niemals abfinden können. An diesem Morgen habe ich verschlafen, doch auch bei meinen kommenden Verabredungen werde ich, trotz rechtzeitigen Aufbruchs meinerseits, niemals pünktlich sein, dafür wird stets von anderer Seite gesorgt werden.

Wunderschöne Gospelmusik erwartet uns. Frauen und Kinder singen und tanzen zum Klang der Trommeln. Verschiedene Gruppen in schön anzusehenden Kleidern machen ihre Aufwartung vor dem Haus meiner Eltern. Wir stehen auf der Veranda und lauschen den Gesängen. Es ist zehn Uhr, und die Sonne steht bereits hoch über uns. Es ist sehr warm. Hunderte von Menschen sind gekommen, um mich zum Kirchgang abzuholen. Auch mein »Hofstaat« ist wieder vertreten. Vor mir mein Thron, hinter mir der Schirmträger, die Fächermädchen, meine Adjutantin mit dem Zepter. Immer mehr Menschen schließen sich uns beim Gang durch das Dorf an. Ich blicke in freundliche Gesichter. Meine große Besorgnis war, dass mir mit Misstrauen begegnet werden würde. Das scheint nicht der Fall zu sein, stelle ich erfreut fest. Der Paramount Chief erklärt mir auf meine dahin zielende Frage, dass die Menschen aus Alavanyo mich ja als Königin ausgesucht und gewählt hätten.

Nach vielen hundert Metern Fußmarsch in meinem immer noch gewöhnungsbedürftigen Schuhwerk erreichen wir die katholische Kirche, einen Steinbau mit durchbrochenen Fenstern. Direkt neben dem Altar nehmen wir Platz. Es ist sehr warm und stickig. Ich bin froh, dass ich meine Krone heute nicht aufsetzen musste. Die Predigt in Englisch und auf Ewe wird immer wieder durch schöne Gesänge unterbrochen. Und es gibt die

Aufforderung zum Tanzen. Auch ich soll dabei sein, schließlich hat man mir die traditionelle Art des Tanzens ja beigebracht.

Doch es wird noch lange dauern, bis ich wirklich das Gefühl habe, es nur im Ansatz den Einheimischen gleichtun zu können. Schon winzig kleine Kinder haben Musik im Blut, wiegen die Hüften zum Klang jedes noch so schlichten Musikinstruments. Blechschüsseln mit hölzernen Kochlöffeln sind zum Beispiel noch immer Bestandteil einer jeden Musikgruppe. Ich habe lange gebraucht, um unsere europäischen Tänze halbwegs zu beherrschen, hier jedoch fange ich ganz von vorne an. Aber der gute Wille steht für die Tat, und so versuche ich es einfach. Schweißtropfen bilden sich auf meiner Stirn, doch tapfer wiege ich die Hüften mehr oder weniger im Takt zu dem Gesang der Frauen.

Nachdem wir wieder Platz genommen haben, frage ich Kosi leise, wie lange der Gottesdienst dauert. Normalerweise vier bis fünf Stunden, sagt er, aber wir müssen nach zwei Stunden in die evangelische Kirche, um auch dort am Gottesdienst teilnehmen zu können. Eine plötzliche Müdigkeit überkommt mich bei der Vorstellung, bei den unerträglichen Temperaturen noch zwei Stunden in der Kirche sitzen zu müssen. Doch die Freude und Schönheit der Menschen, die wunderbare Musik und das Vollkommene der Bewegungen beim Tanzes lassen mich die Zeit vergessen.

Als wir aufbrechen, warten vor der Kirche mehrere Autos auf uns. Das Dorf, in dem sich die evangelische Kirche befindet, liegt einige Kilometer entfernt. Nach unserer Ankunft wiederholt sich die Zeremonie. Mir fällt auf, dass nicht ganz so viele Menschen zu diesem Gottesdienst gekommen sind, der sich aber nicht wesentlich von dem vorigen unterscheidet. Um kurz nach eins verlassen wir die Kirche. Bei der Verabschiedung überreicht mir der Pfarrer einen Brief, den ich bitte, das legt er mir ans Herz, sorgfältig lesen möge, um zu prüfen, ob ich seine Bitte erfüllen könne. Es ist der erste Brief, den ich nach meiner Krönung erhalte. Und ich verspreche ihm eine Antwort, nicht wissend, wie viele Briefe ich im Laufe dieses Tages noch bekommen werde.

Dann fahren wir zurück zum Haus meiner Eltern, wo eine Versammlung stattfindet. Die Stammesfürsten haben sich eingefunden und der Ältestenrat. Auf der Veranda sitzen und stehen außerdem viele Menschen, die auf mich warten. Kosi erklärt mir, dass ich mich ihren Sorgen und Nöten später noch widmen müsse. Fortan wird es zu meinen Pflichten gehören, »Audienzen« abzuhalten. Wo immer ich mich aufhalte, werden die Menschen zu mir kommen und mich um Rat fragen. Doch all das weiß ich heute noch nicht, und ich bin froh darüber, dass ich Schritt für Schritt, *learning by doing*, immer etwas dazulerne. Hätte mich irgendjemand vorher über meine künftigen Pflichten aufgeklärt, so hätte ich diese Aufgabe wahrscheinlich nie angenommen.

Auf dieser Reise bereue ich erstmalig, dass ich die Sprache der Ewe nicht spreche. Ich weiß, dass es unumgänglich für mich sein wird, sie zu lernen. Nicht allein, dass ich ein ungeduldiger Mensch bin und jedes Gespräch durch die notwendigen Übersetzungen endlos zu dauern scheint, auch die Feinheiten der Sprache gehen in der Übersetzung oft verloren. Und es gibt hier natürlich viele Leute, die des Englischen nicht mächtig sind. Der Paramount Chief erhebt sich, die Ältesten folgen seinem Beispiel.

»Wir freuen uns, Sie das erste Mal in diesen Räumen als unsere Königin begrüßen zu dürfen«, hebt er an.

Die Versammlung ist eröffnet. Wir diskutieren über Bildungsstätten, Wasserversorgung, den katastrophalen Zustand der Straßen, die nicht asphaltiert sind, über das Handwerk und vieles mehr. Die Zusammenkunft soll dazu dienen, mir ein Bild über die wichtigsten Anliegen der Bevölkerung zu verschaffen. Nach fast einer Stunde ist das Wesentliche abgehandelt, und ich habe viel und doch sehr wenig erfahren. Es ist für mich als Europäerin hier sehr schwierig, Prioritäten zu setzen, denn dafür fehlen mir zu diesem Zeitpunkt noch die nötigen Hintergrundinformationen.

Ich war irgendwann mit einem Konzept hierher gekommen, das hieß Arbeitsplätze zu schaffen. Heute stellt sich alles vielschichtiger dar, meine laienhaften Ideen sind so einfach nicht in die Tat umzusetzen, das begreife ich jetzt. Was hat Philipp damals zu mir gesagt, als es um die Entscheidung ging? »Alles, was du tun wirst, und wenn es nur wenig ist, ist mehr als nichts.« Dass jedoch die Aufgabenstellung so vielseitig sein könnte, hatte ich nicht erwartet. Doch die Ansprüche stelle ich mir selbst, nicht die anderen. Immer, wenn ich mich auf dieser Reise überfordert fühle, werde ich plötzlich sehr müde. So auch jetzt. Ich bin froh, als das Verabschiedungsritual beginnt und das Zeichen zum Aufbruch gegeben wird.

Als ich aus der Tür trete, erinnere ich mich an die Worte Kosis. Draußen stehen immer noch dicht gedrängt die Menschen auf der Veranda. Die meisten möchten unsere Adressen haben. Andere übergeben uns Briefe.

Ein Mann fällt mir besonders auf. Er bewegt sich mühsam vorwärts, an Krücken, die wahrscheinlich schon sehr alt sind. Die Auflageflächen für die Arme sind mit vielen Lumpen umwickelt. Er blickt uns sehr freundlich an, und ich begrüße ihn, indem ich ihm den Arm drücke. Kinderlähmung, denke ich. Eine Vermutung, die ich später bestätigt bekomme. Doch auch die Krücken helfen ihm kaum, sich menschenwürdig vorwärts zu bewegen. Ich frage ihn nach seinem Namen.

»Kwame«, sagt er. »Ich war Lehrer an der hiesigen Schule, bevor meine Krankheit so schlimm wurde.«

Ich lade ihn ein, ein Stück im Auto bis zu seinem Dorf mit uns zu fahren und beschließe, ihm sobald wie möglich einen Rollstuhl zu schicken, sage aber nichts. Denn ich habe während meiner zahlreichen Afrika-Aufenthalte gelernt, dass hier das Wort für die Tat steht, das heißt, die Umsetzung des Versprochenen wird schnell erwartet. Den anderen verspreche ich, alle Briefe zu beantworten, und dann breche ich mit meinen Begleitern zum Hotel auf.

Auf der Fahrt nach Hohoe bricht die Dämmerung herein. Ich rieche den einmaligen Geruch der afrikanischen Erde, der sich mit den abendlichen Feuern der Dörfer vermischt. Ich liebe diese Fahrt über die Sandpiste und frage mich, wie lange dieses Stück Romantik Alavanyo noch erhalten bleibt. Natürlich ist es sehr egoistisch so zu denken, denn während der Regenzeit ist die Straße kaum passierbar, Sturzbäche ergießen sich über sie und die Fahrzeuge versinken im lehmigen Schlamm. Endlich sind wir im Hotel. Es bleibt uns eine gute Stunde für die Abendtoilette.

Heute Abend sind wir bei Céphas Bansah zu einem traditionellen Tanzabend, einem Bo-Bobo-Fest, eingeladen. Ich dusche, sofern man den dünnen Strahl als Dusche bezeichnen kann. Aber herrlich erfrischt fühle ich

mich dennoch. Nur meine Beine ... Ich blicke an mir hinab. Sie sind über und über mit Stichen bedeckt. Flöhe. Schon einmal hatte ich dieses Problem, damals in Simbabwe. Ich bin entsetzt. Nach ungefähr zwei Tagen fangen die Stiche bestialisch an zu jucken, das weiß ich aus Erfahrung. Fast hysterisch suche ich die Antihistaminsalbe in meinem Koffer, bedecke die Beine mit einer dicken Schicht der weißen Paste und nehme noch zwei Tabletten gegen den Juckreiz. In Simbabwe war ich richtig krank, konnte nächtelang nicht schlafen. Damals hatte ich allerdings weder Salbe noch Tabletten dabei. Gegen die Moskitos, die mich immer regelrecht überfallen, beuge ich vor. Aber mit Flöhen hatte ich hier nicht gerechnet.

»Sieh mal, Mami«, sagt Sara, »wir haben einen Brief von Céphas Bansahs Sohn bekommen. Er bittet um die Finanzierung seiner Ausbildung.«

Ungläubig schaue ich auf das Kuvert. Tatsächlich steht der Name des Königssohnes auf dem Umschlag. Ich nehme mir vor, heute Abend Bansah danach zu fragen. Schnell lese ich noch den Brief des Pfarrers. Vielleicht ist auch er heute eingeladen, und es würde respektlos erscheinen, ihm nicht zu antworten. Der Pfarrer schreibt, dass er dringend ein Auto brauche, damit er die Kranken und Sterbenden außerhalb der Dörfer besuchen könne. Ein Golf sollte es sein. Aber ein Gebrauchtwagen wäre natürlich auch kein Problem ...

Wäre ich der afrikanische Vogel Strauß, würde ich spätestens jetzt den Kopf in den Sand stecken. Ungefähr fünfzig ungeöffnete Briefe liegen noch auf dem Bett. Ich vergehe in Selbstmitleid. Das habe ich nicht gewollt. Einzelschicksale, so hatte ich mit dem Paramount Chief besprochen, können nicht Teil meiner Arbeit sein. Aber das weiß niemand hier. Jeder denkt, ich werde mich seiner Person annehmen. Das ist die Strafe, denke ich, die Strafe dafür, mich in einen fremden Kulturkreis integrieren zu wollen, ohne mich vorher ausreichend informiert zu haben.

Resigniert gehe ich zum Auto. Der Chauffeur fährt uns zu Céphas Bansah, der etwas abgelegen am Rand von Hohoe residiert. Vor seinem Haus, das für hiesige Verhältnisse überaus komfortabel ist, haben sich sehr viele Menschen versammelt. Trommelmusik empfängt uns. Im Innenhof des Gebäudekomplexes singen und tanzen schon die ersten Besucher. Unter einem mit Schilf gedeckten Rondell sitzt die Familie einschließlich der neunzigjährigen Mutter. Immer wieder bin ich fasziniert von der jugendlichen Ausstrahlung dieser Frau, die sich wie ein junges Mädchen bewegt und kaum Falten hat. Wunderschöner Perlenschmuck schmückt ihren Hals und ihre Hände. Sie ist eine Spezialistin in der Beschaffung alter Perlen und herrlicher Stoffe und kennt selbst die entlegensten Winkel, in denen es diese Raritäten noch gibt. Wir nehmen Platz. Unter dem Baldachin, der wie ein riesiger Schirm über uns gebreitet ist, befindet sich ein runder Tisch. Auf ihm sind die Speisen angerichtet, es gibt Fufu, Reis und Rindfleisch. Und – wir können es kaum glauben – eine Flasche Wein steht auch für uns bereit.

Nachdem wir uns gestärkt haben, entdeckt Sara plötzlich in der Menge den Jungen, der uns den Brief übergeben hat. Ich frage Céphas Bansah nach ihm und zeige ihm den Brief. Schon in der nächsten Sekunde bereue ich diesen Schritt. Wütend gestikulierend ist der König aufgesprungen und winkt den Jungen heran, der jetzt völlig aufgelöst vor uns steht. Wir sind sehr erschrocken, verstehen aber nicht, worum es bei der Diskussion eigentlich geht. Eine dumpfe Ahnung aber sagt uns, dass dieser junge Mann kein Sohn Céphas Bansahs sein kann. Dieser ist außer sich. Er winkt den Polizeipräsidenten mit seinen Leuten heran und übergibt ihnen den Jungen mit der Anweisung, ihn ins Gefängnis zu bringen. Sara fängt an zu weinen. Das haben wir natürlich nicht gewollt. Wir versuchen, Céphas Bansah zu besänftigen. Doch dieser bleibt hart.

»Was dieser Junge gemacht hat, ist Urkundenfälschung«, sagt er. »Er wird für einige Tage ins Gefängnis gehen. Und das Gefängnis hier ist nicht mit einem in Deutschland vergleichbar. Fast fünfzig Menschen sind in einer Zelle. Er wird etwas Derartiges nie wieder tun.«

Wir sind entsetzt. Doch all unsere Einwände erweichen ihn nicht. Hier herrschen raue Gesetze. Einen Prozess gibt es nicht. Jedenfalls nicht in diesem Fall. Unsere Stimmung ist getrübt, und all die schönen Tänze und Darbietungen, die nun folgen werden, können daran nichts ändern. Schon nach ungefähr einer Stunde brechen wir traurig zu unserem Hotel auf.

Am nächsten Morgen freuen wir uns auf unser Schwarzbrot, den angekündigten Honig und die Eier. Doch als wir in den Speiseraum kommen, schauen uns Kay und Marcelle mit betretenen Mienen an, vor ihnen auf dem Teller ein undefinierbares weißes Gebilde.

»Was ist denn das?«, frage ich und breche, als ich die Eier erkenne, in lautes Gelächter aus. Spiegeleier haben die beiden bestellt.

Mein nächster Gang führt mich in die kleine Küche. Auf dem Herd steht noch ein Blechtopf mit heißem Wasser und den Überresten der Eier. Verschüchtert blickt mich ein junges Mädchen an. Offensichtlich weiß sie nicht, wie man Spiegeleier macht, sie hat die Eier ohne Schale einfach in das kochende Wasser geworfen.

»Ich werde dir zeigen, wie man Spiegeleier zubereitet«, sage ich zu dem Mädchen.

Unter dem Herd finde ich eine Pfanne. Einen Pfannenheber gibt es nicht. Sofort kleben die Eier an. Und so werden auch die meinen nicht gerade das, was man unter einem normalen Spiegelei versteht, sondern geraten eher zu Klumpen. Marcelle und Kay stehen in der Tür und lachen.

»Ihre königliche Hoheit braten selbst«, sagt Kay.

Dann taucht Hilda auf. Sie ist eine stattliche, Respekt einflößende Erscheinung und findet es gar nicht komisch, dass ich in der Küche stehe. Sofort maßregelt sie mich.

»Für diese Arbeit haben wir Dienstboten«, sagt sie. »Sie können hier keine Eier braten, das untergräbt Ihre Position.«

Auf meinen Einwand, dass das Mädchen gar nicht wüsste, wie man Spiegeleier brät, hat sie sofort eine Antwort parat. Es könnte ja irgendein anderer aus unserer Gruppe die Eier braten. Nur gerade ich nicht. In diesem Moment beschließe ich, Hilda nicht zu mögen, nicht ahnend, wie sehr ich sie später in mein Herz schließen werde.

Nach dem Frühstück fahren wir wieder nach Alavanyo. Heute wollen meine Mitreisenden sich ansehen, wie traditionelle Medizin hergestellt wird, was mir bereits aus vorherigen Reisen vertraut ist. Wir fahren auf den Dorfplatz von Dzogbedze, einem der größeren Dörfer meines Gebietes. Hier befinden sich die Fertigungsstätten der Rohsubstanzen einer afrikanischen Medizin, die nach alten Rezepturen überall in Ghana zu kaufen ist.

Die Ghanaer sind, wie viele andere Völker Afrikas, für ihre Pflanzenheilkunde bekannt. Während der Kolonialzeit war traditionelles Heilen in allen Staaten Afrikas offiziell verboten. Seit 1976 jedoch hat die Welt-Gesundheits-Organision die Kunst der alten Heiler und Medizinmänner als gleichberechtigt mit der Schulmedizin anerkannt. Es fehlt in vielen Gebieten Afrikas einfach an modernen medizinischen Einrichtungen, so dass die Anwendung von traditionellen Heilmethoden oft sehr viel einfacher und auch günstiger ist.

Uns bietet sich das typische Beispiel eines afrikanischen Arbeitstages. Zum Klang der Trommel wird hier von mehreren Männern auf dem Boden sitzend die Rinde des Khayabaumes in kleine Stücke gehackt. Die Produktion ist für afrikanische Verhältnisse sehr fortschrittlich, weil überdacht und auf sauberem Untergrund. Überall sind Planen ausgebreitet und keine Substanz kommt direkt mit dem Boden in Berührung. Unter freiem Himmel stehen mehrere lange, tischähnliche Konstruktionen, auf denen die Wurzeln des Kokosnussbaumes zum Trocknen ausgebreitet sind. Andere Männer sind dabei, die Wurzeln in kleine Stücke zu schneiden.

Im Gegensatz zur Feldarbeit, die fast ausschließlich von Frauen verrichtet wird, sieht man hier nur Männer bei der Arbeit. Frauen, die mit ihren Kleinkindern überall herumsitzen, sind hier, um sich mit den Männern zu unterhalten. Zeit kostet in Afrika nicht viel, der Arbeitslohn liegt bei einem halben Euro pro Tag, so kann ein Plausch nebenher nicht schaden. Mich würde interessieren, ob die Menschen hier immer so fröhlich bei der Arbeit sind, oder nur, weil wir sie besuchen. Um mich herum sehe ich nur lächelnde Gesichter.

Hinter dem Platz liegt eine bescheidene Lehmhütte, in der sich – ein Zeichen des Fortschritts – die mit Diesel betriebene Mühle befindet. Normalerweise werden die einzelnen Substanzen in großen Mörsern mit riesigen Stößeln so klein gestoßen, dass sie zu einem feinen Pulver werden. Das ist der aufwändigste Teil der Produktion, da er sehr zeitraubend und körperlich anstrengend ist. Meistens wird er von Frauen verrichtet, die auf diese Weise auch Mahlzeiten zubereiten. Um Zeit und Mühe zu sparen, hatte ich vor einiger Zeit diese mit Diesel betriebene Mühle hierher gebracht.

Viele Kinder stehen staunend um uns herum, hierher kommen selten Weiße. Auf dieser Reise habe ich außer uns noch keinen Einzigen gesehen. Daher bin ich nicht überrascht, als ein kleines Kind plötzlich in lautes Weinen ausbricht. Andere schließen sich an. Ich bücke mich, um das kleine Mädchen zu beruhigen, doch es läuft schreiend vor mir davon. Ich denke an ein Erlebnis meiner Kindheit, als ich zu Weihnachten eine damals so genannte Negerpuppe geschenkt bekam, vor der ich schreckliche Angst hatte. Eines Nachts hatte ich einen schlimmen Traum. Schreiend wachte ich auf und bat meine Mutter, sie aus dem Zimmer zu nehmen. Ich habe die Puppe nie wieder gesehen. Heute bin ich hier und kleine Kinder laufen vor mir weg. Sie haben dieselbe Angst vor mir, so wie ich sie damals hatte. Ironie des Schicksals …

Eine Frau winkt uns heran. Nachdem wir alles angeschaut haben, sollen wir eine Kostprobe von dem fertigen Gebräu nehmen. In einem Topf wird über einer Feuerstelle Wasser aufgekocht und das Pulver hineingemischt. Mit hölzernen Löffeln kosten wir. Es schmeckt für unseren europäischen Gaumen sehr gewöhnungsbedürftig. Viele Augenpaare beobachten mich. Ich bemühe mich, keine Miene zu verziehen und blicke freundlich lächelnd in die Runde. Die Feuerprobe ist bestanden. Jetzt wollen alle probieren. Niemand verzieht das Gesicht, alle tun es mir gleich. Meine Mitreisenden werden hier, was das Essen betrifft, ohnehin auf eine harte Probe gestellt. Ich habe unauffällig zur Kenntnis genommen, dass sich Marcelle und Kay seit Tagen nur von Reis und Fufu mit ein wenig Soße ernähren. Das Fleisch rühren sie nicht an. Sara und Hartwig sind da mutiger, haben wie ich schon alles probiert. Nur bei Fischgerichten sind wir alle wegen der Hitze etwas skeptisch. Trotz unseres mitgebrachten Tabascos, das sich auf allen meinen Afrikareisen als Essenszusatz sehr bewährt hat, rühren wir Fisch nicht an.

Über der Besichtigung ist die Zeit im Fluge vergangen. Mit Erstaunen stelle ich fest, dass der Abend naht. Und mit ihm die lang ersehnte Freizeit. Heute Abend gibt es kein Programm. Wir können uns im Hotel entspannen und uns regenerieren. Darauf freuen wir uns alle.

Es wird ein harmonischer Abend im Palmengarten des Hotels. Das erste Mal können wir miteinander über die Eindrücke der letzten Tage ausführlich sprechen. Wir sind ausnahmslos der Meinung, dass die Aufgaben, die mir hier gestellt werden, ohne fremde Hilfe kaum zu lösen sind. Bisher war ich zufrieden mit dem, was ich spontan und ohne viel zu fragen in Afrika geleistet habe, wie zum Beispiel die Unterstützung kleinerer Projekte. Aber das ist jetzt vorbei. Diese Reise hat mir endgültig klar gemacht, dass das romantische Abenteuer Afrika jetzt Arbeit bedeuten wird und viele Pflichten, die ich mir zum Teil selbst auferlege. Ich fange an, mich auf diese Arbeit zu freuen, nicht ahnend, wie viele Probleme sie aufwerfen wird.

Nach der allabendlichen Moskitojagd gehen wir ins Bett. Meine zerstochenen Beine schmerzen sehr. Ich wache nachts auf und beginne zu weinen. Der Juckreiz macht mich wahnsinnig. Ich kratze so lange, bis die Stiche blutig sind. Dann dusche ich, um die Beine zu kühlen. Völlig erschöpft schlafe ich im Morgengrauen wieder ein.

Am nächsten Morgen wiederholt sich die Prozedur der Eierzubereitung. Immerhin können wir jetzt ein Eigelb erkennen. Aber nach ein paar Tagen, diese Erfahrung habe ich immer wieder gemacht, ist das Essen nicht mehr wichtig. Ich habe beobachtet, dass die Menschen hier ganz andere Essgewohnheiten haben. Glücklicherweise muss in Alavanyo niemand hungern. Es gibt Kokosnüsse in Hülle und Fülle, Bananen, Okkra, Yamwurzeln und Beerenfrüchte. Man kann sich aus der Natur bedienen. Doch auch Mais aus eigenem Anbau, Fisch, Wild, Geflügel, Schaf und Ziege stellen eine wichtige Basis für die Mahlzeiten dar.

Die Menschen essen nur dann, wenn sie wirklich Hunger verspüren. Feste Zeiten gibt es daher für die Mahlzeiten prinzipiell nicht. Das gleiche gilt für das Schlafen. Wer müde ist, legt sich irgendwo in den Schatten eines Baumes und schläft. Sogar in Accra habe ich Menschen beobachten können, die sich, ungeachtet des Verkehrs, an den Straßenrand legten, um ihr Bedürfnis nach Schlaf zu befriedigen. Bei uns würde man die Betreffenden für Obdachlose halten, in Afrika ist das nichts Ungewöhnliches. In den Tag hinein leben, nennen wir das, hier sagt man »mit dem Tag leben«.

Hier ticken die Uhren anders. Zeit wird bewusst nur dann wahrgenommen, wenn man sich eines öffentlichen Verkehrsmittels bedient, vorausgesetzt, dass man eine Uhr hat. Das ist, besonders im ländlichen Bereich, nicht immer selbstverständlich. Bei vielen Menschen, gerade in abgelegenen Gebieten, wird das Zeitempfinden auch heute noch mit der Sonnenbewegung verbunden. Längere Zeitabschnitte richten sich nach den Eckpunkten der jeweiligen Aussaat- und Erntezeit, Regen- und Trockenzeit. Die Monate werden nach dem Umlauf des Mondes gemessen und nach zunehmendem und abnehmendem Mond geteilt.

Nach dem Frühstück wollen wir die im Bau befindliche Schule besuchen. Wieder geht die Fahrt nach Alavanyo. Und wieder beginnt das mir jetzt schon bekannte Ritual: Begrüßung im Haus meiner Eltern, Palmweinopfer, kurze Diskussion über künftige Projekte.

Die Wasserversorgung liegt allen besonders am Herzen und stellt ein großes Problem dar. Ich verspreche feierlich, mich nach meiner Rückkehr nach Deutschland zu informieren, welche Möglichkeiten es gibt, um bei meinem nächsten Besuch die beste Lösung vorzustellen. Dann fahren wir zur Schule.

Schön gelegen, unterhalb einer sanften Hügelkette, liegt das noch nicht fertige Schulgebäude. Die Gelder hierfür sind aus einem Teil der Produktionserlöse der afrikanischen Heilpflanzen geflossen. Als ich das Gebäude sehe, bin ich sehr erstaunt. Anders als bei uns werden die Wände zuletzt gezogen und dann der Boden betoniert. Jetzt stehen wir vor einer Pfahlkonstruktion, auf der bereits das Dach gedeckt wurde. Ich frage mich, ob der Abstand der Bausteine zum Dach genau abgemessen wurde, oder ob der Boden sonst einfach noch ein wenig ausgehoben wird. Der Direktor empfängt mich. Ich bin überrascht, denn er spricht ein sehr gutes Deutsch. Herr Oswald Adzu ist der Leiter des Gymnasiums, das von sehr vielen Schülern besucht wird. Das neue Schulgebäude soll an die bereits bestehende Secondary Technical High School angegliedert werden. In ihm sollen handwerkliche Berufe erlernt werden können. Handwerksberufe haben Tradition, und das Angebot an Ausbildungsstätten ist viel zu gering. Deshalb war ich von dem Vorschlag der traditionellen Führer und Ältesten, eine solche Schuleinrichtung zu schaffen, sofort begeistert. Ich freue mich sehr, als der Paramount Chief mir verspricht, dass die Schule bei meinem nächsten Besuch im Frühjahr fertig gestellt sein würde.

Anschließend besichtigen wir ein Stück Bauland, auf dem – noch Zukunftsmusik – ein Wohnheim für Mädchen entstehen soll. Die Kinder in Ghana sind sehr wissbegierig und lernwillig. Im Allgemeinen gehen sie gern zur Schule. Doch leider fehlt es an Nahverkehrssystemen. Viele Kinder können aufgrund der langen Wege die Schule nicht regelmäßig besuchen. Daher wird ein Wohnheim dringend benötigt.

Ich habe den Wink verstanden. Wasserversorgung, Mädchenwohnheim, Schulbus werden die Projekte sein, für die ich in nächster Zeit vorrangig Spendengelder beschaffen muss. Doch Sorge macht mir, dass ich noch nicht weiß, wie ich das anfangen soll. Aber ich lächele freundlich, höre mir alles an und denke daran, dass ich bisher so ziemlich alles gemeistert habe – learning by doing.

Wir verabschieden uns. Ich möchte noch ein wenig von der schönen Landschaft sehen, bevor wir morgen nach Accra reisen, wo ich noch einige wichtige Termine wahrnehmen muss.

Und so fahren wir durch die schöne Bergregion mit ihren versteckten Wasserfällen, von denen wir einen besichtigen, zu Kalksteinhöhlen und Grotten. Außerhalb der größeren Dörfer Alavanyos sind wir ganz tief im Herzen Afrikas. Hier leben die Menschen in runden Lehmhütten mit Strohdach. Man sieht sowohl kleine Gemeinschaftswohnanlagen als auch einzelne Hütten, die weit abseits der Straßen liegen. Lehm als Baumaterial wird noch immer viel verarbeitet. Das liegt daran, dass er leicht zu beschaffen ist. Außerdem bietet er hinreichenden Schutz vor der Hitze afrikanischer Tage sowie der Kühle der Nächte. Das kühlende Strohdach ist in den größeren Dörfern schon vielfach dem nicht so schönen Wellblechdach gewichen, das als modernes Statussymbol gilt. Es bietet nur den einen Vorteil: Man muss es nach der Regenzeit, in der oft wolkenbruchartige Regenfälle die Dächer verwüsten, nicht neu decken.

Die kleineren Dorfgemeinschaften liebe ich. Natürlich wollen die Menschen hier etwas ganz anderes. Die Großstadt zieht viele von ihnen magisch an. Aber Accra ist sehr weit weg, und so lebt man ganz traditionell wie schon vor hundert Jahren. Es sind eben diese Dörfer, die mir immer wieder den Widerspruch meiner Arbeit hier klarmachen. Der Fortschritt ist nicht aufzuhalten, und ich will meinen Teil dazu beitragen. Dennoch hoffe ich ganz egoistisch, dass ich, solange ich hierher komme, noch ein Stück von diesem wunderschönen traditionellen Teil Afrikas sehen kann. Es ist ein sehr karges, arbeitsreiches und hartes Leben, das die Menschen hier führen.

Aber auch ein harmonisches Beispiel für das Miteinander. Die alten Riten, die traditionelle Medizin, die Jagd und das Beerensammeln, um nur einiges zu nennen, sind Dinge, die hoffentlich nie in Vergessenheit geraten. Die Kolonialherrschaft hat hier zum Glück keine Spuren hinterlassen. Mir hat der Besuch in solchen Dörfern immer große Freude bereitet, sei es bei den Massai im Hochland Tansanias oder hier in der Voltaregion – die Gastfreundschaft ist überall sprichwörtlich. Nachdem wir mehreren Dörfern unseren Besuch abgestattet haben, gesättigt durch unzählige Kokosnüsse und deren Milch, treten wir den Heimweg an.

Im Hotel sichten wir unsere Garderobe. Sara und ich haben nichts Sauberes mehr anzuziehen. In Accra werden wir im Hotel einiges waschen lassen. Und morgen, so nehme ich mir vor, ziehe ich endlich meine heiß geliebte Jeans an. Denn morgen gibt es keine offiziellen Termine mehr – denke ich.

Am nächsten Morgen sind wir recht früh auf. Wir wollen vor der Mittagshitze in Accra sein. Um sieben sind wir bereit zur Abfahrt, doch unser Fahrer kommt nicht. Stattdessen sitzen ungefähr fünfzig Leute aus Alavanyo geduldig wartend auf der Hotelterrasse. Ich frage mich, wer ihnen unsere Abreisezeit bekannt gegeben hat. Sie alle wollen mich sprechen – es ist meine erste Audienz. Ich bin ganz allein, kein Paramount Chief, keine Adjutantin ist in der Nähe. Niemand – und das ist normalerweise Tradition – hat mir ihr Kommen angekündigt.

Nachdem ich vor die Tür getreten bin, gibt es kein Zurück mehr. Also nehme ich vor ihnen Platz und höre mir die Probleme an. Jene von ihnen, die kein Englisch sprechen, haben Übersetzer mitgebracht. Hier geht es um Arbeitsplätze und Schulausbildung, den Wunsch nach Nähmaschinen, Werkzeug und sogar Computern. Geduldig höre ich mir alles an, mache mir Notizen. Dann beschließe ich im Stillen, mit Atakora VII. zu sprechen. Er muss den Menschen verständlich machen, dass ich für Einzelne, außer in Notfällen wie einer schweren Krankheit oder einer Behinderung, nichts tun kann. Zwei Stunden habe ich hier zugebracht und kann eigentlich nicht wirklich helfen. Und was ist mit den Menschen, die trotz vieler Probleme den weiten Fußmarsch zu mir nicht gemacht haben? Ich bin erleichtert, als ich Kosi kommen höre und mich aus der Verantwortung stehlen kann. Ich verabschiede mich von allen und danke ihnen für ihr Kommen.

Wir alle freuen uns jetzt auf Accra. Der offizielle Teil dieser Reise ist vorüber.

Das Verstauen unserer Gepäckstücke gestaltet sich als schwierig. Meine Aussteuer mit den vielen Stoffen nimmt eine Menge Platz ein. Sara und ich sitzen im Fond des ersten Fahrzeuges, zwischen uns ein großes Paket, das uns sehr beengt. Aber es sind ja nur einige Stunden bis nach Accra …

Kosi fährt los. Im Ortskern von Hohoe biegt er in Richtung Alavanyo ab. Inzwischen ist es schon fast zehn Uhr.

»Warum fahren wir diesen Weg?«, frage ich.

»Weil die Menschen in Alavanyo Ihnen Lebewohl sagen möchten.«

»Aber wir haben uns doch gestern ausgiebig verabschiedet.«

»Eine Königin verabschiedet sich immer an dem Tag,

an dem sie sich letztmalig in der Nähe ihres Gebietes aufhält«, erklärt er mir.

Wieder habe ich etwas dazugelernt.

Die Idee, vor der Mittagshitze Accra zu erreichen, rückt in weite Ferne. Trotzdem freue ich mich, noch einmal den malerischen Weg in mein Gebiet zu fahren, vorbei an Palmenhainen und Bananenstauden. Außer Sara jedoch ist keiner meiner Mitreisenden so richtig begeistert.

Es ist ein schöner Morgen. Wir sehen viele Frauen vom Feld kommen, auf dem Kopf Stauden und Yamwurzeln. Wasserträgerinnen gehen mit wiegenden Hüften die Straße entlang zurück in ihre Dörfer. Viele von ihnen winken uns zu und rufen: »Miawoe Zc Lo!« Was in Ewe soviel wie »Guten Tag, willkommen« bedeutet.

In dem ersten größeren Dorf Alavanyos erwartet uns eine große Menschenmenge. Trommelmusik empfängt uns. Gesangsgruppen haben sich formiert und singen und tanzen ihre traditionellen Tänze. Ich bin erstaunt. Niemand hat mir etwas von dieser Zeremonie gesagt. Und dies wird nur die erste sein. Insgesamt sieben Dörfer wollen sich von mir verabschieden. In meiner Jeans und meinem T-Shirt, das wird mir sofort klar, bin ich natürlich völlig falsch angezogen. Die Frauen haben ihre Festkleider angelegt und die Männer tragen fast ausschließlich traditionelle Kleidung. Ich spüre, dass die Menschen von meiner so unstandesgemäßen und gar nicht festlichen Kleidung enttäuscht sind. Doch sie sind zu höflich, es mir zu zeigen. Ich werde noch viel lernen müssen, denke ich.

Der Fußmarsch führt uns von einem Dorf ins nächste. Zum Glück begleitet mich wieder ein Schirmträger, der mich bereits erwartet hat. Jeder der Dorfplätze ist festlich hergerichtet, und kleine Kinder erfreuen uns mit ihren Darbietungen. Jeder Dorfälteste hält eine Ansprache, und wir bekommen noch einmal Geschenke in Form von Glasperlen. Außerdem gibt es die üblichen Kokosnüsse sowie die jeweilige Begrüßungs- und Abschiedszeremonie. Als wir das letzte Dorf verlassen, ist die Sonne bereits am Sinken. Wir werden Accra erst spät in der Nacht erreichen.

Völlig erschöpft verschlafe ich fast die ganze Fahrt. Außer dem regen Treiben in den größeren Dörfern, die wir passieren, können wir in der Dunkelheit der unbeleuchteten Straßen ohnehin nichts erkennen. Kurz vor Mitternacht erreichen wir unser Hotel. Sofort stürzen wir in das Restaurant, das bis Mitternacht geöffnet ist, und bestellen uns eine europäische Mahlzeit – ein ganz normales Steak. Dann rufe ich das erste Mal nach sechs Tagen zu Hause an. Die »Zivilisation« hat uns wieder.

Nachdem wir am nächsten Morgen unsere organisatorischen Dinge, wie Kleidung zur Reinigung geben und Ähnliches, erledigt haben, gehen wir alle im Meer schwimmen. Der Strand hier ist traumhaft schön und man sieht nur vereinzelt Menschen. Danach wollen wir den Kunstmarkt besuchen, auf dem hunderte von Handwerksbetrieben ihre Arbeiten ausstellen.

Mit dem Auto geht es durch das dichte Verkehrsgewühl Accras. Nur schleichend kommen wir voran. Rechts und links der Autoschlangen bieten Straßenhändler ihre Waren feil. Hier bekommt man fast alles. Früchte, Nahrungsmittel, aber auch Toilettenpapier, Haushaltswaren, Uhren und vieles mehr kann man direkt im Auto sitzend erwerben. Trauben von Händlern stehen um uns herum und klopfen an die Scheiben, um ein Geschäft mit uns zu machen. Endlich erreichen wir unser Ziel, den Kunstmarkt. Hier schließe ich meine erste Freundschaft in Accra. Vor dem Eingang sitzt ein Rollstuhlfahrer. Wie leblos hängen seine Beine herab. Er sieht uns traurig an. Sofort beschließe ich, ihm ein Geschenk zu machen, und trete auf ihn zu. Auf die Frage nach seinem Namen antwortet er: »Kofi.« Ich bin Cornelia, sage ich. Dann überreiche ich ihm mehrere tausend Cedis und wünsche ihm viel Glück. Danach verabschieden wir uns. Ich werde Kofi auf jeder meiner Reisen wiedersehen.

Der Kunstmarkt ist ein riesiges Gelände mit unzähligen Ständen, an denen man handgewebte Stoffe, Holzschnitzereien, Schmuck und vieles mehr erwerben kann. Die traditionelle Handwerkskunst lässt hier keine Wünsche offen. Wir kaufen einige Geschenke für unsere Angehörigen und fahren dann zurück ins Hotel.

Die Fahrt durch die pulsierende Hauptstadt des Landes ist immer sehr interessant. Als eine der wichtigsten Metropolen Westafrikas ist sie sehr dicht besiedelt, und wer Accra das erste Mal besucht, ist von dem regen Treiben auf den Straßen und den zahlreichen Märkten fasziniert. Ich komme immer wieder gern hierher. Die Stadt ist von vielen grünen Wohngebieten und baumreichen Alleen durchzogen. Trotz regen Außenhandels hat sie sich ihren typisch afrikanischen Charakter bewahrt. Umgeben von vier Lagunen, einem See und dem Meer, hat sie einen besonderen Reiz, den auch der Trubel und die Hektik der vielen Autos nicht trüben kann. Die unzähligen Märkte, allen voran der Makola-Markt, bieten dem Besucher eine Vielzahl von typisch ghanaischen Eindrücken. In den vielen Bauten der Gründerzeit kann man noch immer unschwer den kolonialen Einschlag erkennen. Doch der Wechsel ist teilweise krass. Zwischen den alten monumentalen Gebäuden stehen kleine wellblechgedeckte Hütten und Unterstände. Die Armut ist unübersehbar. Dennoch hat Accra seinen eigenen Reiz, und wer es liebt, kommt immer wieder hierher. Nach einer Stunde erreichen wir das Hotel. Wir machen uns kurz frisch und fahren dann zum Flughafen.

Dort herrscht dichtes Gewühl. Aber alles ist perfekt organisiert. Wir müssen uns nicht in die lange Schlange der Wartenden einreihen. Unser Gepäck wurde vom Hotel schon vorher aufgegeben. Nur um den horrenden Preis von fünfhundert Dollar für Übergepäck bin ich nicht herumgekommen. Ich beschließe, das nächste Mal nur das Nötigste mitzunehmen und meine traditionelle, sehr schwere Kleidung hier zu lassen. Aber jetzt hätte man mir übel genommen, wenn ich die zahlreichen Geschenke zurückgelassen hätte. Trotzdem überschlage ich, dass ich für fünfhundert Dollar fast zehn Menschen in Alavanyo ein ganzes Jahr ernähren könnte. Ich habe wieder etwas dazugelernt. Leider nicht genug, denn solche Fehler werden mir immer wieder passieren.

Nachdem wir alle Formalitäten erledigt haben, gehen wir in ein kleines Restaurant, das gegenüber dem Flughafengebäude liegt und in dem wir unsere letzte Mahlzeit unter dem wunderschönen afrikanischen Sternenhimmel zu uns nehmen. Unsere Abschiedsdelegation ist im Laufe des Tages immer größer geworden. Wir sind jetzt mehr als zwanzig Personen. Viele von ihnen schauen uns traurig an. Eines der bildhübschen Mädchen hat sich unsterblich in einen meiner Begleiter verliebt, der jetzt wieder mit uns nach Deutschland reist. Ihre großen schwarzen Augen überzieht ein Tränenschleier. Es ist der Traum vieler Mädchen hier, in den vermeintlichen Garten Eden Deutschland mitgenommen zu werden. Sie träumen vom großen Glück und erleben oft eine bittere Enttäuschung. Eine unerwiderte Liebe ist dabei oft noch das geringste Übel, auch wenn das Warten auf Männer, die nie wiederkehren, eine entsetzliche Qual ist. Doch sofern eines dieser jungen Mädchen tatsächlich nach Deutschland kommt, erwartet es oft eine totale Isolation. Wirklich glücklich sind nur sehr wenige.

Die Zeit der Verabschiedung ist gekommen. Wir bedanken uns für alles und versprechen, schon bald wiederzukommen.

Im Flugzeug überfällt mich eine bleierne Müdigkeit. Die letzten Tage waren sehr anstrengend. Aber ich habe auch eine tiefe Freude in mir. Ich weiß, dass ich etwas bewegen will und kann, mir ist nur noch nicht klar, wie ich am besten vorgehen soll. Meine zerstochenen Beine schmerzen unerträglich. Immer wieder wache ich durch das Jucken auf. Dennoch verschlafe ich fast den gesamten Flug.

MOND UND STERNE –
TREUE, MILDE, VERTRAUEN

Wieder in Deutschland

Hast du beschlossen,
einen Fluss zu durchwaten,
beklage dich nicht darüber,
dass dein Bauch nass wird.
Afrikanisches Sprichwort

Am Flughafen werden Sara und ich von Philipp erwartet. Wir sind erst einige Monate zusammen, und so erschien uns die vierzehntägige Trennung endlos. Vor allem, weil wir nicht miteinander telefonieren konnten. Doch Sehnsucht habe ich jetzt vor allem nach einer Dusche, denn seit meiner letzten Begegnung mit Wasser sind fast vierundzwanzig Stunden vergangen. Nachdem wir am Flughafen noch einen Kaffee mit Sara getrunken haben, fährt sie in ihre Wohnung.

Zu Hause angekommen, ist Philipp entsetzt über meine völlig geschwollenen, mit blutigen Pusteln übersäten Beine. Alle Cremes haben nicht geholfen. Sofort ruft er seinen Arzt an. Der rät zu einem alten Hausmittel … Ungläubig schaue ich Philipp an. Jetzt, wo ich so herrlich sauber und geduscht bin? Doch er ist unnachgiebig. »Der Arzt sagt, dass es wirklich hilft«, meint er und schickt mich zurück ins Bad. Dort unterziehe ich mich der ekligen Prozedur. Dann ziehe ich mir eine lange Hose an und fühle mich entsetzlich. Das Wiedersehen hatte ich mir anders vorgestellt. Aber der Juckreiz lässt nach und das versöhnt mich.

Wir kochen Tee, machen es uns gemütlich und ich erzähle ausführlich von meinem afrikanischen Abenteuer.

Am nächsten Morgen hat mich der deutsche Alltag schnell wieder. Ich fahre in mein Büro. Schon im Treppenhaus liegt ein langer Läufer aus rotem Krepppapier, der, geschmückt mit Fähnchen in den Landesfarben Ghanas, bis in mein Büro führt. Meine Mitarbeiter wollen mir eine Freude bereiten. Alle sind natürlich sehr gespannt, wie die Reise verlaufen ist, und ich erzähle noch einmal alle Einzelheiten. Ich hoffe, auch sie für meine Aufgabe in Ghana begeistern zu können, denn ich weiß, dass ich ihre Unterstützung brauchen werde.

Auf meinem Schreibtisch türmen sich Berge unerledigter Post, und die Telefonliste ist endlos lang. Ich jedoch sitze lethargisch auf meinem Stuhl, schaue nach draußen in den regnerischen Tag und weiß nicht, wo ich eigentlich beginnen soll. Ich bin noch gar nicht ganz hier, sondern weit weg in einem Land, wo fast immer die Sonne scheint. Dann klingelt das Telefon. Am Apparat ist Hartwig, der Fotograf, der mich auf meiner Reise begleitet hat.

»Die Fotos sind sehr schön geworden«, meint er. »Wenn ich auch ständig Probleme mit deinem ernsten Gesicht gehabt habe.«

Trotzdem bin ich mutlos. Was nützen mir schöne Erinnerungsfotos, ich brauche Geld für die nächsten Projekte in Alavanyo. Aus privaten Mitteln werde ich das alles nicht finanzieren können. Ich habe mich entschlossen, die mir angetragene Ehre anzunehmen, um vor Ort mehr Einfluss bei der Verwendung der von mir gesammelten Spendengelder zu haben. Doch wenn keine Spendengelder eingehen, kann ich keinen Gebrauch davon machen. Wie überzeuge ich Menschen am besten von meinem Anliegen? Wie erreiche ich sie und ihre Hilfsbereitschaft?

In meiner Unschlüssigkeit brauche ich dringend freundschaftlichen Rat. Also rufe ich meine Freundin Daggi an, die Journalistin ist, und erzähle ihr die ganze Geschichte, um ihre Reaktion zu testen. Nur meinem allerengsten Kreis hatte ich vorher von der Krönung erzählt. Sie, natürlich ganz professionell, ist erstaunt, aber auch begeistert. So ein Thema gebe es nicht jeden Tag. Eine Deutsche ist Königin in Ghana.

»Was die Leute denken, sollte dir gleichgültig sein«, sagt sie. »Du musst versuchen, dich ganz einzubringen, ohne Wenn und Aber. Jetzt hast du die Gelegenheit dazu. Die Geschichte wird man überall drucken. Ich besorge dir einen Kontakt zur Deutschen Presse-Agentur.«

Mir bleibt kaum Zeit zum Nachdenken, als meine Sekretärin mir schon einen Herrn von dpa durchstellt. Er hört sich ganz begeistert an, will noch am Nachmittag vorbeikommen. Doch ich bitte mir eine Schonfrist bis zum nächsten Tag aus. Ich, ganz Vogel Strauß, möchte nur noch einen Tag ganz genüsslich meinen Kopf tief in den Sand stecken dürfen.

Am nächsten Morgen erwarten mich enttäuschte Gesichter bei meinem Team, weil ich sie gebeten habe, den roten Teppich zu entfernen. Ich erkläre ihnen, dass ich die Idee sehr lustig gefunden hätte, bei Journalisten jedoch könnte sie falsch verstanden werden. Außerdem sind die Fotos eingetroffen. Ich bin enttäuscht. Ich sehe wirklich sehr ernst aus. Besonders auf den Krönungsfotos. Kurz darauf treffen die Herren von der Deutschen Presse-Agentur ein. Ich bin sehr aufgeregt. Das Interview dauert fast zwei Stunden. Dann treffen wir die Fotoauswahl. Außerdem einigen wir uns darüber, dass in jedem Fall das Spendenkonto erwähnt wird, was normalerweise nicht üblich ist. Nachdem die Journalisten gegangen sind, frage ich mich, ob meine Entscheidung, an die Öffentlichkeit zu gehen, die richtige war. Ich beruhige mich. Meistens sind Spontanentscheidungen von mir immer gut gewesen. Warum sollte das jetzt anders sein?

In dieser Nacht schlafe ich schlecht. Ständig wache ich auf und denke darüber nach, was jetzt auf mich zukommen wird. Ich weiß viel zu wenig, um auf seriöse Fragen nach Politik und Wirtschaft in Ghana vernünftig antworten zu können. Und auch meine Bildung in Bezug auf die Geschichte und Traditionen ist noch immer mehr als mangelhaft. Zu schnell haben sich die Ereignisse überschlagen, als dass ich mir diesbezüglich ein vernünftiges Fundament hätte schaffen können. Plötzlich habe ich große Sehnsucht nach den fröhlichen Menschen in Ghana. Ich wünsche mich weit weg und weiß dabei noch gar nicht, welches Medienspektakel mich am nächsten Morgen erwartet.

Erst gegen zehn Uhr wache ich durch das Klingeln meines Handys auf. Meine Sekretärin ist am anderen Ende der Leitung. Völlig aufgeregt erklärt sie mir, dass schon drei Fernsehsender angerufen hätten, um Drehtermine mit mir zu vereinbaren. Mir ist schwindelig. Die durchwachte Nacht und der Stress der letzten Wochen machen sich bemerkbar. Außerdem habe ich, wie immer, unter der Malaria-Prophylaxe zu leiden. Leicht depressiv, in Weltuntergangsstimmung, mache ich mich auf den Weg ins Büro. Dort erwartet mich das totale Chaos. Die *Bild*-Zeitung, das *Hamburger Abendblatt* und die *Morgenpost* warten auf Rückrufe, außerdem der *Spiegel*. Verschiedene Redaktionen von Sat 1, ZDF und ARD stehen ebenfalls auf meiner Telefonliste. Offensichtlich hat die

Deutsche Presse-Agentur ganze Arbeit geleistet. Das Telefon klingelt ununterbrochen. Tageszeitungen, von denen ich noch nie etwas gehört habe, rufen an. Ich lehne mich in meinem Schreibtischstuhl zurück und komme mir vor wie in einem Traum. Völlig unpassend fällt mir in diesem Moment der komische Film *Der Prinz von Zamunda* mit Eddie Murphy ein. Das trägt nicht gerade zu einer Verbesserung meiner Stimmung bei. Aber ich selbst denke viel kritischer als die Menschen, in deren Interesse ich jetzt urplötzlich stehe und vor denen ich regelrecht Angst verspüre.

Doch dann denke ich an meine Arbeit für Alavanyo und finde zurück zu meinem Selbstbewusstsein. Ich bin nicht der fiktive Prinz von Zamunda, ich bin die reale Königin von Alavanyo. Und ich will und muss etwas erreichen für die Menschen dort. Ich greife zum Telefon und vereinbare die ersten Termine.

Die kommenden Wochen vergehen zwischen Interview- und Drehterminen wie im Flug. Nach den ersten Gesprächen werde ich zunehmend professioneller. Natürlich lockt die Medien die exotische Geschichte einer deutschen Geschäftsfrau als Königin in Ghana. Mir jedoch liegt es am Herzen, den Menschen die alten Traditionen der Königshäuser in Ghana zu erklären. Ihnen klar zu machen, warum ich diese Ehre angenommen habe und was ich mit meiner Arbeit in Ghana erreichen möchte. Keine leichte Aufgabe, doch ich habe großes Glück, die Medien zeigen wirkliches Interesse an meiner Arbeit, hinterfragen, gehen milde mit mir um, haben Verständnis für meine Wissenslücken.

Das Ergebnis sind viele positive Berichterstattungen und der Eingang erster Spendengelder für unseren Verein Alavanyo e. V., für dessen Logo wir Zeichen der

Adrinka-Symbolsprache verwenden. Wir wählen die Symbole für »unnachgiebig«, »selbstlos bereit zu Dienst und Kraft« und »Ausdauer und Zuversicht«. Diese alte ghanaische Zeichensprache diente seit jeher zur Vermittlung von Lebensweisheiten ohne wortreiche Erklärungen und findet auch noch heute überall Anwendung, zum Beispiel gestickt oder gedruckt auf traditioneller Kleidung.

Verwöhnt von den Anfangserfolgen und positiven Stimmen, meine ich, dass es nun immer so weitergehen müsse, und plane im Geiste schon wahllos neue Projekte. Aber ich muss auch Misserfolge einstecken. In einer Talkshow am Samstagabend, in die ich eingeladen werde, fragt mich der Moderator vor der Sendung, was ich im Interview nicht gefragt werden möchte. Das mache er immer so. Also erkläre ich ihm kurz, dass ich – eine Erfahrung aus den vorangegangen Sendungen – nicht danach gefragt werden möchte, über wie viele »Untertanen« ich »herrsche«. Erstaunt blickt er mich an. Ich erkläre in kurzen Worten meine Funktion und warum diese Begriffe in Alavanyo für mich keine Bedeutung haben.

Die Ghanaer sind ein stolzes Volk. Die Menschen von Alavanyo haben mich zu ihrer Königin gewählt, weil sie mich als eine der ihren akzeptiert haben. Und ich sie, indem wir partnerschaftlich Projekte realisiert haben. Meine Position als Königin stellt jedoch keine Machtfunktion im herkömmlichen Sinn dar, vielmehr ist sie als Austausch von Geben und Nehmen zwischen den Kulturen zu sehen. Die Begriffe »Untertan« und »herrschen«, wie man sie aus den europäischen Machtstrukturen früherer Zeiten kennt, finden zwar auch noch immer in einigen alten Königshäusern Afrikas Anwendung, mein Titel jedoch sei als der einer Mittlerin zwischen den Welten zu sehen.

Er nickt zustimmend und erklärt, dass er verstanden habe. Neben mir in der Maske sitzt eine Serienschauspielerin, die aus Ghana kommt. Ihr gilt zu dieser Zeit ein allgemeines Medieninteresse, weil sie angeblich ein Verhältnis mit Boris Becker gehabt haben soll. Der Moderator fragt sie, ob sie mich kenne. Nein, sie kenne mich nicht, antwortet sie, aber ihre Mutter hätte auch zur Königin gewählt werden können, wenn sie gewollt hätte. Sie habe diese Ehre aber nicht annehmen wollen, weil sie ja in Deutschland lebe. Aber gerade dann, denke ich bei mir, könnte sie ja viel mehr bewegen. Das werde ich noch hinterfragen, nehme ich mir vor, dann kommt mein Auftritt.

In gleißendem Scheinwerferlicht nehme ich neben dem Moderator Platz. Nach der Begrüßung die erste Frage. Über wie viele Untertanen ich denn in meinem Königreich herrsche? Ich erstarre zur Salzsäule. Schweißperlen treten mir auf die Stirn. Aber dann fange ich mich. Am liebsten würde ich auf unseren Gedankenaustausch in der Maske hinweisen. Aber das nimmt mir die Zeit für das Wesentliche, was ich herüberbringen möchte. Also gehe ich ganz kurz darauf ein, erkläre die Situation, was wir in Alavanyo bewirken wollen. Dass wir dort keine Wasserversorgung haben, das Hauptproblem, nicht überall Elektrizität und kein Telefonnetz, was mir die Kommunikation mit den Menschen vor Ort sehr erschwert.

Ich freue mich, dass ich so viel Zeit bekomme um all das zu erwähnen, woran mir gelegen ist, und ich sogar noch Gelegenheit habe, das Spendenkonto zu nennen.

Trotz der anfänglichen Schwierigkeiten freue ich mich über das doch noch, wie ich finde, gelungene Interview.

Dann folgt der Auftritt der Serienschauspielerin. Kaum sitzt sie auf ihrem Platz, wettert sie schon los. Also, das möchte sie klarstellen, Ghana sei ein hoch zivilisiertes Land mit allen technischen Einrichtungen wie Internet, Fernsehen, Hörfunk, Telefonnetz und Videorekordern. Und fließend Wasser gebe es auch. Von mir wäre ein völlig falscher Eindruck vermittelt worden. Ich erschrecke. Was mag diese Frau dazu bewegen, derart die Augen vor den Tatsachen zu verschließen? Natürlich gibt es in Accra eine entsprechende Technologie, auch in den größeren Metropolen wie zum Beispiel Kumasi. Aber war diese Frau jemals im Norden oder in der Voltaregion? Ich wage es sehr stark zu bezweifeln. Sie tut gerade so, als hätte ich die Ghanaer als unkultivierte Primitivlinge dargestellt. Und überhaupt, auf die Frage, ob das Volk Ghanaer oder Ghanesen hieße, hätte ich ebenfalls falsch geantwortet. Beides sei richtig, hatte ich gesagt. Da ich es anfangs selbst nicht wusste, hatte ich den Brockhaus bemüht. Und der sagte mir, dass beides richtig wäre. Dementsprechend hatte ich geantwortet. Ich weiß nicht, was ich dieser Frau eigentlich getan hatte, dass sie so vehement Stellung gegen mich beziehen musste. Leider konnte ich ihr nicht widersprechen, denn mein Interview lag vor dem ihren. Ich hatte nur von dem Gebiet in der Voltaregion gesprochen, weder von Accra noch von Kumasi. Das schöne Gefühl, was ich nach dem Interview hatte, löste sich in ein Nichts auf. Ich wäre am liebsten im Boden versunken.

Doch dann spüre ich Philipps Hand auf meinem Arm, eine Geste, die mir sagt, dass nicht immer alles so glatt gehen kann, wie ich es gerne hätte. Engagement braucht

Mut, sagt er, Mutlosigkeit können wir uns nicht leisten. Schnell finde ich zu alter Form zurück, freue mich auf das Abendessen mit seinen Freunden.

Monate später werde ich von demselben Sender zu einem Ball eingeladen, der im Fernsehen übertragen wird. Eine Einladung, die ich gerne annehme, soll ich doch vor laufenden Kameras life die Möglichkeit haben, über das Engagement in Ghana zu berichten. Außerdem fließen alle Gagen, die ich für derartige Auftritte erhalte, in voller Höhe direkt auf das Spendenkonto. Der Moderator ist offenbar über meine Arbeit in Alavanyo kaum informiert, obwohl unser Verein ihm Informationsmaterial zugesendet hat. Schon nach der Anmoderation merke ich, dass er gar nicht weiß, was ich dort tue, stellt mich gar als Frau eines Stammesfürsten vor. Ständig unterbricht er mich, so dass ich die falschen Darstellungen nicht richtig stellen kann. In diesem Moment beschließe ich, einfach darauf los zu reden und so viel von unserer Arbeit wie möglich in dem kurzen Interview unterzubringen. Nach einiger Zeit sehe ich, dass der Moderator beginnt nervös zu werden, rede aber lächelnd und bestimmt immer weiter. Hinter ihm sehe ich die Regie mit der Klappe. Sendezeit vorbei! Ich spreche immer noch. Nachdem ich geendet habe, bedanke ich mich freundlich für das Gespräch.

Innerlich bin ich wütend und enttäuscht. Aber das darf ich nicht zeigen. Ich muss froh sein, dass ich eine Plattform bekomme, auf der ich darstellen darf, was wir in Ghana erreichen wollen. Der Abend ist für mich gelaufen. Natürlich muss nicht jeder den Weg gut finden, den ich für mich gewählt habe, aber zumindest wäre es fair, mir die Gelegenheit zu geben, etwas dazu sagen zu dürfen ohne mir ständig das Wort abzuschneiden.

Doch auch diesmal tröstet mich Philipps starke Schulter. Er hat meine Erregung während des Interviews gespürt, macht mir Mut. Zum Glück, so denke ich viel später, ist es bei diesen beiden Ärgernissen geblieben.

WEISHEIT, WISSEN UND VORSICHT

Der Beginn einer großen Liebe

Alles, was ich wollte, war,
nach Afrika zurückkommen.
Wir haben es noch nicht verlassen,
aber wenn ich nachts aufwachte,
lag ich lauschend da,
bereits voller Heimweh danach.
Ernest Hemingway

Oft werde ich gefragt, wie ich eigentlich nach Afrika gekommen sei. Das ist eine lange Geschichte. Mein Weg zu diesem Kontinent begann *Oben in Michigan,* nach dem gleichnamigen Roman von Ernest Hemingway. Ende der Siebzigerjahre sah ich im Fernsehen einen Dokumentarfilm über diesen großen Schriftsteller. Passagen aus seinen Romanen kommentierten die Stationen seines Lebens. Vor langer Zeit hatte ich *Der alte Mann und das Meer* gelesen, sein nobelpreisgekröntes Werk, doch das sollte für lange Zeit das einzige Werk sein, das ich von ihm hatte. Plötzlich jedoch war mein Interesse neu geweckt, und ich las fast alle seiner Romane, so auch *Die grünen Hügel von Afrika,* ein Text, der für mich bei aller Bewunderung für Hemingways literarisches Werk ein eher abschreckendes Beispiel jagdlicher Aktivitäten von Großwildjägern darstellte. Selbst seit einigen Jahren Jägerin, nahm ich mir vor, niemals in Afrika zu jagen.

Sosehr die wunderschöne Beschreibung der afrikanischen Natur mich auch gefangen nahm, die Liebe zu diesem Land, dem auch Hemingway hoffungslos verfallen war, sosehr schreckte mich die gnadenlose Jagd auf immer größere Trophäen ab.

Sehr viel später jagte ich selbst einmal mit einem seiner Führer, der inzwischen weit über siebzig Jahre alt war, und konnte mir ein eigenes Urteil bilden. Dieser sprach mit großer Zuneigung von Hemingway als einem sehr besonnenen Jäger, mit dem jeder Jagdtag ein ganz besonderes Erlebnis gewesen sei. Abends am Lagerfeuer wurde ich nicht müde, mir die Erlebnisse der beiden Jagdgefährten anzuhören.

Wenn ich mehrere Werke eines Schriftstellers gelesen habe, fange ich an, mich für sein Leben zu interessieren. So auch hier. Ich besorgte mir sämtliche Biographien über Hemingway und sein bewegtes Leben. Und kurze Zeit später rundete ein mehrteiliger Fernsehfilm meine Kenntnisse ab. Während einer Geschäftsreise nach Miami machte ich einen Abstecher nach Key West und sah mir die Originalschauplätze des Filmes an. Als geborene Romantikerin nahm ich mir nun vor, dass ich irgendwann einmal auch Afrika besuchen würde.

Ungefähr zwei Jahre später fragte mich ein Freund, ob ich nicht Lust hätte, auf eine Jagdreise nach Südafrika mitzukommen. Südafrika, das klang relativ ungefährlich, und so stimmte ich neugierig zu. Doch bei aller Romantik hatte ich ein wenig Angst vor Afrika. Wilde Geschichten portugiesischer Eroberer spukten in meinem Kopf herum, die von schlimmen Krankheiten, giftigen Schlangen und schrecklichen Temperaturen berichtet hatten. Und, so hatte ich mir sagen lassen, all diese Krankheiten gäbe es auch heute noch. Ich hatte Angst vor wilden Tieren und vor allem vor Reptilien und Skorpionen.

Mein naiver erster Eindruck von Afrika, das ich bisher nur aus der Literatur kannte, sah keine Kulturen, keine Menschen, keine Flora und Fauna dieses wunderschönen Kontinents. Nur Angst. Und diese Angst wurde noch geschürt. Jeder, dem ich von meinem bevorstehenden Abenteuer erzählte, fragte mich, ob ich mir das wirklich antun wolle. Entsetzen bei meiner Mutter: »Du hast eine kleine Tochter!«

Es ist doch nur Südafrika, beruhigte ich alle und nicht zuletzt mich selbst. Und ich fuhr.

Diese erste Afrikareise werde ich niemals vergessen. Sie ist eines der schönsten Erlebnisse in meinem Leben und zugleich der Grundstein für eine lebenslange Liebe. Auf der anderen Seite jedoch ist sie mir als abschreckendes Beispiel menschenverachtenden Verhaltens ins Gedächtnis eingebrannt. Ich habe mit eigenen Augen gesehen, wie weiße Menschen schwarze Bedienstete geschlagen und getreten haben. Wie schon gebückt gehende und Angst in den Augen habende Menschen in Grund und Boden gebrüllt wurden. Ich habe gesehen, was es heißt, keinen Respekt zu haben, sich wie Herrenmenschen aufzuführen. Menschen wurden wie Tiere behandelt, und mir wurde deutlich vor Augen geführt, was die Kolonialherrschaft hier angerichtet hatte. Ich war entsetzt.

Mir fiel die schwarze Venus ein, die zu Anfang des letzten Jahrhunderts nach Europa gebracht wurde, damals ein junges Mädchen mit für europäische Verhältnisse abnormen Körperformen. Jahrelang auf Jahrmärkten nackt ausgestellt, starb sie mit nur achtundzwanzig Jahren in Paris. Doch auch mit ihrem Tod fand sie keine Ruhe, eine originalgetreue Statue wurde fortan zur Besichtigung freigegeben. Erst lange nach ihrem Tod sind wir Europäer zu der Ansicht gekommen, dass die Ausstellung eines menschlichen Wesens entwürdigend ist. Im Südafrika der Achtzigerjahre hatte sich kaum etwas geändert.

Fast genauso schlimm war, dass ich während der Durchreise auf einer Farm einen Leoparden im Käfig sah. Auf meine Frage, was mit ihm geschehen sollte, wurde nicht geantwortet. Am nächsten Tag war das Tier nicht mehr da. Stattdessen traf ich einen Amerikaner, der uns stolz Polaroids seines vor kurzem erlegten Leoparden zeigte. Angewidert wendete ich mich ab. Die Freude an diesem wunderschönen Land wurde von diesen Erlebnissen nachhaltig getrübt, und auch der Krüger-Nationalpark mit seiner einmalig schönen Landschaft und der vielfältigen Tierwelt konnte mich nicht versöhnen. Ich habe Südafrika nie wieder besucht.

Vielleicht begann aber mit diesen Erlebnissen auch eine erste vorsichtige Annäherung an die Menschen, die so viel von ihrem ursprünglichem Stolz eingebüßt hatten. Ich würde Südafrika nicht wiedersehen, wohl aber andere Länder dieses Kontinents, und ich denke mit Freude daran, dass mir diese erste Reise Afrika näher gebracht und die Furcht vor dem Unbekannten genommen hat.

Viele Jahre später reiste ich geschäftlich mit dem legendären Professor Christiaan Barnard, der 1967 weltweit Furore durch die erste Herzverpflanzung am Groote-Schuur-Krankenhaus in Kapstadt gemacht hatte, durch Deutschland. Ich lernte ihn als einen Gentleman kennen, der stets zu Scherzen aufgelegt war. Doch bei dem Thema Apartheid wurde er sehr ernst. Ich erzählte ihm von meinen Eindrücken in Südafrika und er bedauerte, dass ich mich offensichtlich in falscher Gesellschaft befunden hatte, konnte aber meine Erlebnisse nur bestätigen.

»Man kann unser Gesellschaftssystem mit dem Naziregime vergleichen«, sagte er mir. Am nächsten Abend brachte er mir zwei Amateurvideos mit und bat mich, diese deutschen Fernsehsendern zugänglich zu machen. »Bei ihnen sind sie in guten Händen«, meinte er zum Abschied.

Die Videos übertrafen schon in den ersten Minuten all das, was ich in Südafrika erlebt hatte. Ich habe sie mir bis heute nicht bis zu Ende ansehen können. Die Bilder zeigten Menschen, die wie Tiere behandelt wurden. All meine Bemühungen, die Videobänder der Öffentlichkeit zugänglich zu machen, sind damals jedoch gescheitert. Vielleicht habe ich die falschen Leute bei den falschen Sendern angesprochen, vielleicht aber wollten wir auch die Augen verschließen. Das Thema war zu brisant. Als ich Professor Barnard zwei Jahre später wieder traf und ihm von meinen enttäuschenden Erlebnissen mit den Fernsehsendern erzählte, sagte er: »Sehen Sie, ich hatte es zuerst selbst versucht. Doch mir ist es nicht gelungen. Die Menschen sehen mich in meiner Jetset- und Glamourwelt. Da passt dieses Thema nicht hinein. Aber ich hatte gehofft, dass Sie es schaffen würden.«

Es machte mich damals traurig, »es nicht geschafft zu haben«, und ich habe mich oft gefragt, ob die Freude an meinem späteren Engagement in Afrika vielleicht auf diese Begegnung zurückzuführen ist. Trotz mehrfacher Einladungen Christiaan Barnards bin ich nicht mehr nach Südafrika zurückgekehrt. Wohl aber nach Afrika.

Auch das zweite Mal ist es eine Jagdreise, die mich zurück nach Afrika, diesmal nach Tansania, bringt. Wir landen in Tansanias Hauptstadt Dar es Salam. Schon am Flughafen spürt man den immensen Unterschied zu dem vergleichsweise hoch zivilisierten Südafrika. Das Gebäude ist sehr klein und schon halb verfallen. Für die Übernachtung haben wir das einzige Hotel gewählt, das den Ruf hat, annähernd europäischem Standard zu entsprechen. Es ist jedoch schmutzig und voller Ungeziefer. Kakerlaken und Moskitos bevölkern unser Zimmer. Dic Klimaanlage ist ausgefallen. Zum Duschen ziehe ich meine Wollsocken an, weil ich mich nicht barfuß in den undefinierbaren Schmutz der Wanne stellen mag. Ich freue mich auf unser Buschcamp. Denn mir ist es lieber, in einem Zelt mit sauber gefegtem Boden in freier Wildbahn zu schlafen als in einem unsauberen Hotel.

Am nächsten Morgen fliegen wir mit einer kleinen Propellermaschine mehrere hundert Kilometer in das Selousgebiet von Tansania.

Von oben sehen wir die rote Erde der kleinen Landebahn inmitten dichten Buschwerks. Der Landeanflug beginnt. Plötzlich reißt der Pilot die Maschine wieder hoch. Ich erschrecke fürchterlich. Unter uns kreuzt eine große Elefantenherde die Landebahn. Wir kreisen einige Minuten, bis die Herde in sicherer Entfernung ist, und landen dann. Zwei Jeeps stehen bereit. Unser Gepäck wird umgeladen und wir fahren querfeldein zu unserem Camp, das wir kurz vor Einbruch der Dunkelheit erreichen.

Hier erlebe ich Afrika das erste Mal so, wie ich es aus den Büchern kenne. Es ist lange vor dem Film *Jenseits von Afrika*, und Tania Blixen habe ich zu diesem Zeitpunkt noch nicht gelesen. Wohl aber die alten Afrika-Klassiker von Theodore Roosevelt, Frederick Courteney Selous und vielen anderen mehr.

Unser Camp besteht aus mehreren Zelten, die halbkreisförmig angeordnet sind. Jedes von ihnen besitzt ein eigenes Dusch- und Toilettenzelt. Das Wasser für die Dusche wird in großen Tonnen, unter denen ständig ein Feuer züngelt, geheizt. Dann wird es in die an den Bäumen hängenden Säcke gefüllt. Jetzt beginnt der Wettlauf mit der Zeit. Wenn der Boy »Come!« ruft, laufe ich, nur in ein Handtuch gewickelt, unter den Baum, um jeden Wasserstrahl zu erhaschen, denn schon nach kurzer Zeit ist das Vergnügen vorbei, der Sack ist leer. Den Luxus einer Dusche erlauben wir uns vorerst nur am Abend, denn frühmorgens, wenn wir aufbrechen, ist es noch empfindlich kühl. Wir sind im afrikanischen Winter nach Tansania gekommen.

Das Speisezelt bildet den Mittelpunkt des Camps. Hier herrscht reges Treiben. Hinter dem Zelt befindet sich unter freiem Himmel die »Küche«, ein zum Schutz vor wilden Tieren eingezäuntes Gelände, wo auf offenem Feuer die schmackhaftesten Speisen zubereitet werden. Als Kühlung für unsere Getränke sind Vertiefungen in den Boden gegraben, in denen einige der Flaschen Platz finden, andere lagern in großen Tongefäßen im Schatten eines Baumes.

Der erste Abend in diesem Camp wird mir immer in Erinnerung bleiben. Der Tisch im Speisezelt ist aufwändig gedeckt. Es gibt sowohl schwere Silberleuchter und Silberbestecke als auch Kristallgläser, guten Wein und Champagner. Die Boys servieren uns das Essen mit weißen Handschuhen. Ich fühle mich ein Jahrhundert zurückversetzt. Über uns der afrikanische Himmel in seinen schönsten Farben. Es ist Romantik pur, so, wie ich es mir immer vorgestellt habe.

Auch heute noch erinnere ich mich gern an diese erste richtige Safari, die unter sehr privilegierten Umständen stattgefunden hat. Die wilde Landschaft des Selous wurde später abgelöst von den weiten Steppen des Massailandes. Beides hatte seinen besonderen Reiz. Und Tansania mit seinen breiten Elefantenpfaden aus alten Zeiten ist mir als das schönste Land Afrikas in Erinnerung geblieben, das ich je bereist habe.

Im Massailand liegt unser Camp direkt neben einem Kral an einem kleinen Flusslauf. Gleich am ersten Abend stattet uns der Häuptling einen Besuch ab, der uns vor einem *Man-Eater* warnt, einem starken Schwarzmähnen-Löwen, der in der Gegend sein Unwesen treibt. Jeden Morgen kurz nach sechs, wenn die Sonne aufgeht, stehen in sicherer Entfernung, ungefähr hundert Meter von unserem Camp entfernt, einige auf ihre Speere gestützte Massaikrieger. Sie geben ein malerisches Bild ab mit ihren sehnigen, mit Lehm beschmierten Körpern, ihren farbenprächtigen Umhängen und den schönen, ebenmäßigen Gesichtern. Aber bis auf den ersten Abend, an dem uns der Häuptling warnen wollte, betrachten uns diese stolzen Männer nur aus der Entfernung.

Jeden Tag vollzieht unser Fährtensucher, nachdem wir unsere Zelte aufgesucht haben, ein allabendliches Ritual, das wir zunächst nicht verstehen. Wir vernehmen das Kratzen des Reisigbesens auf den sandigen Wegen unseres Camps, mit dem der Boden glatt gefegt wird. Später erfahren wir, dass es eine Sicherheitsmaßnahme ist, um zu prüfen, ob sich des Nachts der Löwe ins Camp gewagt hat. Und tatsächlich, nach einigen Tagen hören wir eines Morgens ein lautes »Simba, kuba«, was »großer Löwe« in Kisuaheli bedeutet. Der Löwe hatte uns besucht. Direkt vor unseren Zelten war er entlanggewandert, bis ihn offensichtlich irgendetwas gestört hatte. Die erste Stippvisite des Man-Eater ängstigt mich zugegebenermaßen, und ich beschließe, nur noch bei Tageslicht zu duschen.

In der darauf folgenden Nacht werden wir von lautem Geschrei aus der »Küche« geweckt, wo die Köche auch ihre Lagerstelle haben. Der Löwe war dort gewesen, hatte sich aber erst einmal mit einer Antilope zufrieden gegeben, die ich tagsüber erlegt hatte und die uns eigentlich die nächsten Tage als Mahlzeit dienen sollte. In spätestens zwei Tagen wird er wieder hungrig sein.

Eine allgemeine Hektik breitet sich aus. Eilends werden drei Gestelle mit einer Plattform auf hohen Pfählen errichtet. Hier herauf schafft jeder von uns seinen Schlafsack sowie Gewehr, Fernglas und Munition. Nach dem Abendessen nimmt jeder von uns seinen Platz auf der Plattform ein. Ich bin nicht schwindelfrei, und bei dieser ungeplanten Jagd ist mir sehr mulmig zumute. Nach Einbruch der Dunkelheit fallen Heerscharen von Moskitos über mich her. Zum Glück habe ich mein Mückenspray mit hinaufgenommen. Vielleicht hat der Geruch den Löwen davon abgehalten, bei mir vorbeizukommen. Ich mache auf meinem unbequemen Lagerplatz in dieser Nacht kein Auge zu.

Mein Kopf schmerzt vom angestrengten Lauschen. Nachdem der Mond aufgegangen ist und ein leidliches Licht in das dunkle Schwarz der afrikanischen Nacht gebracht hat, werde ich etwas ruhiger. Ständig meine ich, den Löwen zu hören. Dann, gegen Morgen, fällt plötzlich ein Schuss am anderen Ende des Camps aus Kurts Richtung. Lautes Gebrüll folgt. Der Löwe, der bereits mehrere Menschen angefallen und sich anscheinend an diese für Löwen sonst ungewöhnliche Beute gewöhnt hat, ist erlegt.

»Simba kuba kufa« – der große Löwe ist tot. Aufgeregt kommen die Massai aus ihrem Kral herbeigelaufen. Geschmeidig, ja fast tanzend, Speere in den Händen haltend, bewegt sich eine Formation der Krieger auf uns zu. Vier Menschen hat der Man-Eater bereits aus ihren Reihen getötet, und keinem von ihnen war es gelungen, ihn mit dem Speer zu erlegen. Freude steht in ihren Gesichtern. Es ist das einzige Mal in fast drei Wochen, dass ich den Anflug eines Lächelns auf ihren stolzen Gesichtern sehe. Kurt wird auf ihren Schultern durch das Camp getragen. Und wir werden eingeladen, ihren Kral zu besuchen.

Zur Begrüßung bekommen wir ein Gebräu aus Blut mit Milch in einer ausgehöhlten Baumrinde gereicht. Ich trinke aus Höflichkeit einen winzigen Schluck. Die Massai mustern uns freundlich. Es sind wunderschöne Menschen, die ich hier das erste Mal in ihrem Zuhause besuchen darf. Farbenprächtig in die traditionellen roten Tücher gekleidet, Männer wie Frauen mit kunstvollem Schmuck behängt, stehen sie stolz vor ihren kaum mannshohen Hütten.

Die Zeit scheint stehen geblieben zu sein. Tausende von Meilen fernab jeglicher Zivilisation ist es das erste Mal, dass hier ein Buschcamp aufgeschlagen wurde. Die Kinder mustern uns mit weit aufgerissenen Augen. Sie haben noch nie weiße Menschen gesehen, fast alle Erwachsenen wohl ebenfalls nicht. Eine hübsche junge Frau nimmt mich an die Hand und bedeutet mir, mit in ihre Hütte zu kommen. Gebückt trete ich durch die niedrige Öffnung hinein. In der Mitte des Raumes züngelt ein Feuer. Ein kleines Mädchen brät Fleisch an einem Spieß. Die Massai sind Hirten mit großen Herden, an Fleisch mangelt es ihnen nicht. Beißender Qualm steigt mir in die Augen. Unmengen von Fliegen umschwirren uns. Das Mädchen scheint es nicht zu stören, dass sie auch ihre Augen bevölkern.

Sie macht eine einladende Geste. Ich soll Platz nehmen. An den Seiten der Hütte liegen Stoffe auf dem Boden, die Schlafstatt der Familie. Hierauf setze ich mich. Die junge Frau nimmt neben mir Platz. Sie lässt mein langes Haar durch ihre Finger gleiten. Ihren Äußerungen entnehme ich, dass sie es bewundert. Dann reicht sie mir den Spieß. Ich nehme ihn ungern an, habe aber Angst, unhöflich zu erscheinen und beiße ein großes Stück ab. Das Fleisch ist äußerst schmackhaft. Also entschließe ich mich, meine Bedenken zu vergessen, und esse alles auf.

»Asante«, sage ich, danke.

Dann höre ich die Stimme unseres Führers. Wir müssen gehen.

Als ich vor die Hütte trete, sehe ich den Häuptling kommen. Er bedankt sich bei uns dafür, dass wir den Löwen getötet haben. Niemand hier muss mehr Angst vor dem Man-Eater haben. Der Kral kann sein friedliches Leben wieder aufnehmen.

Am letzten Abend kommt einer der Massaikrieger in unser Buschcamp und überreicht mir, weil ich die einzige Frau bin, einen Speer. Ich freue mich sehr darüber, denn das ist eine große Ehre, und ich habe ihn bis heute sorgfältig aufbewahrt.

Diese Safari nach Tansania war der Beginn zahlreicher Reisen nach Afrika, insbesondere nach Simbabwe, wo ich mich lange Zeit wie zu Hause gefühlt habe. Hier habe ich Safari pur erlebt, in einfachen Camps und unter wenig luxuriösen Bedingungen, und hier bin ich später, ganz allein, mit nur einem Führer und zwei Fährtensuchern, mehrere Wochen zu Fuß durch den Busch gestreift und habe in bergigem Gelände gejagt.

Nie werde ich den Geruch der afrikanischen Erde vergessen, im Morgengrauen, wenn der Tau noch auf ihr liegt und die Nebel langsam höher steigen. Die Landschaft, die in jedem Land Afrikas ihre eigenen Reize hat. Die weiten Ebenen mit ihren riesigen Büffelherden, die, mit tausenden von Hufen in Bewegung gesetzt, riesige Staubwolken hinter sich ließen. Die breiten Elefantenpfade Tansanias, auf denen es sich im Jeep bequem reisen ließ, die gebirgige Landschaft Simbabwes, deren Plateaus einen wunderschönen Blick in die Täler freigaben und die Affenbrotbäume, in deren Schatten die Löwen eine Rast einlegten. Den Sambesi, mit seinen Flusspferden und unzähligen Krokodilen, dessen Ufern sich das Wild am Abend vorsichtig näherte, um zu trinken. Die zahlreichen Giraffen in Massailand und die durch Buschbrände geschwärzten Baumstümpfe des Selous, eine bizarre Landschaft, die mich an das Buch *Der kleine Prinz* von Antoine de Saint-Exupéry erinnerte.

Die Sonnenuntergänge und der wunderbare Sternenhimmel mit seiner Milchstrasse werden mir immer in Erinnerung bleiben. Und die afrikanischen Nächte im Zelt, mit ihren vielfältigen Geräuschen, dem Geheule der Hyänen, dem Brüllen der Löwen und dem Trompeten und Stampfen der vorbeiziehenden Elefantenherden. Den Vogel, dessen Namen mir noch niemand sagen konnte und den ich nie zuvor, nur hier in Afrika, gehört habe.

Nie vergessen werde ich auch die Ängste, die mich auf immer mit dem Kontinent verbinden werden. Der Angriff eines Löwenrudels, das sich im hohen Elefantengras niedergelassen hatte, um ein Zebra zu verspeisen. Ein aggressiver Elefantenbulle, der, durch eine Wildererschlinge schwer am Bein verletzt, die Ohren nach vorn gestellt, laut trompetend auf uns zukam. Die Kobra in meinem Zelt, die schwarze Witwe auf dem Moskitonetz, den Skorpion im Schuh.

Und die erschreckende und überwältigende Situation, sich ganz plötzlich mitten in einer Elefanten- oder Büffelherde zu befinden. Die Buschbrände, aus denen wir im Höllentempo fliehen mussten. Und die Nacht, in der wir völlig orientierungslos durch den afrikanischen Busch irrten, ohne zu wissen, wo wir waren. Den Tag, als unser Jeep hundert Meilen vom Camp entfernt stehen blieb und der Fährtensucher, der Hilfe holen sollte, nach Stunden wieder allein zurück zum Auto kam, weil das Gebiet von Elefanten wimmelte. Zwei Tage und Nächte mussten wir im Busch ausharren, bis endlich Hilfe kam. Ein anderer Fährtensucher hatte die Autospur verfolgt und so die Helfer zu uns geführt.

Nie überwinden werde ich eine meiner Urängste, die schwarze Mamba. Sie ist die giftigste aller Schlangen, ihr Biss verlangt große Mengen an Antiserum, nämlich zehn Ampullen, wenn man es zur Verfügung hat. Unbehandelt lähmt das Gift innerhalb von sieben bis fünfzehn Stunden die gesamte Muskulatur, und der Tod tritt ein. Das Serum muss kurz nach dem Biss verabreicht werden, sonst hat es keine Wirkung mehr. Und es muss gekühlt gelagert werden. Unmöglich, wenn man sich mehrere Tage im Busch befindet. Zum Glück stand ich dieser Schlange erst einmal gegenüber; es war eine Begegnung, bei der mir fast das Herz stehen blieb, obwohl uns eine Entfernung von ungefähr zehn Metern trennte.

Aber auch Ängste relativieren sich. Und so habe ich meine hohen Safaristiefel und die langen Hosen, die ich anfangs immer trug, später gegen Bermuda-Shorts und Timberland-Stiefel getauscht. Nie aufgegeben habe ich allerdings die Gewohnheit, in den Schuhen nach Skorpionen und unter dem Feldbett im Zelt nach Schlangen zu suchen.

Seit meiner ersten Reise nach Afrika sind mir die Begegnungen und ersten Annäherungen an die Menschen einer mir so fremden Kultur unvergesslich. Die Dörfer, in denen wir immer freundlich empfangen wurden, die Massai, die erst so verhalten waren und nach Tagen des Beobachtens langsam immer näher kamen, unsere Fährtensucher, die fast nie die Orientierung verloren, denen keine noch so kleine Spur, ein geknickter Zweig oder ein aufgeworfenes Stück Lehm entging, die Köche, die morgens singend das Frühstück zubereiteten und die lange Leinen quer durchs Camp spannten, um in Streifen geschnittenes und in der Sonne getrocknetes Büffelfleisch zu Biltong zu machen. (Biltong hat mich auf allen meinen Safaris als Zwischenmahlzeit im Busch begleitet und ist, wenn auch schwer zu kauen, äußerst schmackhaft.) Die Wildhüter, die mich auf späteren Reisen begleiteten und die mich viel über die Tiere Afrikas lehrten.

Unvergesslich auch das immer währende Bestreben dieser Game-Warden, der Wilderei Herr zu werden. Überall auf meinen Reisen sind wir immer wieder auf zahnlose Elefanten gestoßen, die in Drahtschlingen qualvoll verendet waren und deren Elfenbein schon abtransportiert war, sowie auf von Hyänen und Geiern halb aufgefressene Antilopenkadaver in Fallen und auf Furcht erregend aussehende Wilderer.

Die Faszination, die der Kontinent Afrika auf mich von der ersten Minute an ausübte, ist immer geblieben und hat mich durch sämtliche von mir besuchte Länder begleitet. Obwohl ich anfangs nur wenig über die Menschen und ihre Kultur wusste, habe ich doch sehr schnell eine natürliche Verbundenheit zu den Ländern und ihren Bewohnern entwickelt. Außer in Südafrika hatte ich nie das Gefühl, nicht willkommen zu sein.

Ghana ist ganz anders als die Länder, die ich auf meinen ersten Reisen besuchte. Es hat eine hohe Bevölkerungsdichte und wenige Nationalparks, die touristisch so erschlossen sind, dass man dort komfortabel Urlaub machen kann. Daher kommt es, dass man in Ghana verhältnismäßig wenig Tourismus findet, obwohl es wunderschöne Strände, traumhafte Landschaften, den zauberhaften Voltasee und die sehenswerte Hauptstadt des Ashanti-Gebietes, Kumasi, besitzt. Wer nach Ghana reist, wird – noch – vergeblich nach den luxuriösen Lodges Südafrikas und Simbabwes Ausschau halten. Es gibt sie nicht. Aber wie überall, wird sich dies eines Tages ändern. Denn Tourismus ist auch hier ein wichtiger Wirtschaftsfaktor, der ausgebaut werden soll.

Leider bringt der Tourismus aber auch Veränderungen der Lebensformen mit sich. Die Massai in den touristisch erschlossenen Gebieten Kenias sind ein trauriges Beispiel dafür. Ich bin glücklich darüber, dass ich dieses stolze Volk in einer Region Tansanias besuchen durfte, in der sie noch nach ihren alten Traditionen leben.

Und ich bin froh und glücklich darüber, im heutigen Jahrtausend der Technik und des Fortschritts in einem Gebiet Ghanas ein Zuhause gefunden zu haben, in dem die alten Traditionen fortleben und gepflegt werden. Ich bin dankbar für die afrikanische Kultur, die mir hier nahe gebracht wurde und in der ich während meiner Aufenthalte lebe. Vieles von dem, was ich hier erlernt habe, ist bei uns seit langem in Vergessenheit geraten. Ich bin in Alavanyo, um den Fortschritt zu bringen. Aber ich bemühe mich, den Menschen zu vermitteln, dass dieser Fortschritt nur unter Berücksichtigung der tradierten Lebensformen ein wirklicher Fortschritt sein kann.

Eine der schönen Eigenschaften des ghanaischen Volkes ist das Festhalten an alten Traditionen. Diese Traditionstreue schließt aber keineswegs den Fortschritt aus. In allen Regionen Ghanas strömen die Menschen nach wie vor zu den traditionellen Zeremonien, wie den Begräbnissen, allgemeinen Festlichkeiten – den Durbans – oder der Inthronisierung eines neuen Königs. Überall im Land spürt man den Respekt vor den Traditionen trotz der Anpassung an die heutige Zeit.

Die Königskulturen sind ein wichtiger Teil dieser alten Tradition. Es gibt in Ghana eine Vielzahl von Herrschern, die normalerweise über mehr oder weniger kleinräumige Territorien gebieten. Man sieht in ihnen die Übermittler von Lebens- und Fruchtbarkeitskräften von Land, Vegetation, Vieh und Menschen. Ein König, so verlangt es der Glaube, soll als die verkörperte Garantie für das Heil seiner Untertanen agieren und allzeit gesund, stark und vital sein sowie ohne körperlichen Makel. Die Traditionen bilden um ihn herum eine beträchtliche Anzahl von Verhaltensregeln, die ihn in vielen Bereichen einschränken.

Die Könige stehen so genannten Clans vor. An der Spitze der Clans steht der älteste Mann. Alle Sprecher einer Gruppe oder Ältesten sind in einem Rat versammelt, der den entsprechenden König wählt. Die Macht wird jeweils innerhalb dieser Gruppe weitergegeben. Es gibt jedoch keine Thronfolge durch Erbfolge, sondern mehrere mögliche Anwärter. Ein König, der sich schwerwiegende Dinge zu Schulden kommen lassen hat, kann abgesetzt werden.

Normalerweise wird das Königsamt auf Lebenszeit vergeben. Bei den Ewe wird nach dem Versterben des alten Königs der neue unter den Onkeln, Cousins, Brüdern oder Halbbrüdern väterlicherseits ausgewählt. Die Königinnen, die hier eigenständige Amtsinhaberinnen sind und nicht die Ehefrauen der Könige, haben bei der Auswahl des neuen Königs schon immer einen großen Einfluss gehabt.

Über den Königen kleinerer Gebiete wird der so genannte Paramount Chief als Oberhaupt anerkannt. Obwohl in einer Demokratie vereint, lässt der ghanaische Staat den alten Traditionen ihre Rangordnung und erkennt ihre moralische, soziale und politische Macht an. Ein Dekret aus dem Jahre 1972 bestätigt die Schaffung des nationalen Hauses der Könige, die über den regionalen Häusern der Könige steht. Die Könige haben jeweils Funktionen auf verschiedenen Ebenen in den traditionellen Dorfräten, in den Regionalkammern und in der Nationalkammer. Sie haben gegenüber der Regierung eine beratende Funktion. In der Gemeinschaft seines Volkes hängt der Einfluss eines Königs von seiner Persönlichkeit ab. Im Idealfall stellt er das Bindeglied zwischen Tradition und Moderne dar und führt sein Volk im politischen sowie im sozialen Bereich in den Fortschritt.

Die Könige organisieren jeweils die verschiedenen traditionellen Feste in ihrer Region. Bei diesen Festen finden sich alle Mitglieder der Gemeinschaft ein, auch die, welche außerhalb arbeiten. Hier werden Missstimmigkeiten bereinigt und Streitigkeiten geschlichtet. Die Regierung respektiert die Traditionen und lässt die Könige am täglichen politischen Leben teilnehmen. Auch verlangt sie deren Hilfe, um altmodische, nicht zeitgemäße Bräuche abzuschaffen.

Der Königin kommt eine besondere Rolle zu. Die Königin, hier »Queen Mother« genannt, was irreführend ist, da die Königin nicht die biologische Mutter des Königs ist, muss, um diese Position einnehmen zu können, sich sowohl im politischen wie auch im sozialen Leben durch Klugheit und Respekt Anerkennung verschafft haben. Das Wort Mutter, das auch in meinem Namen vorkommt – Mama – steht hier im übertragenen Sinne für Erfahrung und Weisheit. Eine Königin gilt als Beraterin des Königs, wobei diese nicht durch Eheschließung miteinander verbunden sind, hat aber eine eigene Führungsposition und trifft selbst Entscheidungen. Sie erfüllt somit unabhängig ihre eigenen Aufgaben und wird als eine Art weiblicher Bürgermeister in einem aufwändigen Auswahlverfahren gewählt und auf Lebenszeit ernannt. Weiterreichende politische Entscheidungsgewalt ist ihr jedoch nicht eingeräumt. Diese steht traditionell den Männern zu.

Die Königin gilt als weibliches Oberhaupt eines Clans und erfüllt neben den Repräsentationsaufgaben weitgehend soziale Bedürfnisse. Der Wahl einer Königin geht der Vorschlag eines so genannten Königmachers voran und wird gegebenenfalls durch Wahl bestätigt. Das Amt besteht auf Lebenszeit.

Die traditionellen Symbole ihrer Macht sind auch für die Königin aufwändig geschnitzte Hocker, prunkvolle geschnitzte Königszepter, kostbare gewebte Stoffe sowie das traditionelle Schwert. Zu allen offiziellen Anlässen trägt sie die Krone und den Krönungsschmuck.

Im politischen Bereich nimmt man die Königinnen als Beraterinnen ernst und respektiert sie. Entscheidungsvollmacht haben sie hier jedoch nicht. Erst, wenn eine Königin stirbt, wird eine neue gewählt. Öffentliche Arbeiten werden von ihr organisiert. Alle diese Dinge, bei denen die Bewohner des Gebietes mobilisiert werden müssen, verlangen oft viel Überzeugungskraft, Diplomatie und Organisationstalent von ihr. Eine weitere Aufgabe der Königin ist es, anderen Frauen zu helfen, die sich in Schwierigkeiten befinden. Da in einem Staat wie Ghana Sozialhilfe oder Fürsorge nicht vom Staat geregelt wird, ist die Königin auch hierfür zuständig.

Der Status der Queen Mother als hochrangige Frau an afrikanischen Königs- oder Fürstenhöfen entspricht dem eines Mannes, dessen Kleidung sie auch trägt. Sie gebietet über einen eigenen Hofstaat und hat als einzige Frau das Recht, Befehle zu erteilen. Sie verkörpert in der Gemeinschaft das Ideal der Mutterschaft, selbst wenn sie kinderlos bleibt, und ist das emotionale Bindeglied zu den Ahnen. In Streitfällen besitzt ihr Wort großes Gewicht, bei schwierigen Entscheidungen beruft man sich auf sie als letzte Instanz.

DEMUT, LERNBEREITSCHAFT
UND WEISHEIT

Zwischen Tradition und Moderne – Die Rückkehr als Königin

Benutzt du deinen Reichtum,
geht er zu Ende;
benutzt du dein Wissen,
vermehrt es sich.
Afrikanisches Sprichwort

Diesmal ist alles anders. In Accra gelandet, erwartet uns schon auf dem Rollfeld eine schwarze Limousine, die uns zum Flughafengebäude bringen soll. Dort angekommen werden wir in den VIP-Bereich geführt und mit kühlen Getränken versorgt. Der Security Service lässt sich unsere Kofferabschnitte geben und kümmert sich um unser Gepäck. Es ist angenehm, anzukommen und sich nicht dem Gewühl des Flughafentreibens aussetzen zu müssen. Dennoch fühle ich mich unwohl. Mir ist es lieber, ganz normal behandelt zu werden. Ich habe die Blicke der Menschen registriert, als wir einfach an den langen Schlangen der Wartenden vorbeigehen, und förmlich gespürt, wie wir ob dieser Sonderbehandlung argwöhnisch betrachtet wurden. Nach nur zwanzig Minuten erhalten wir unser Gepäck und können wieder in die Limousine steigen. Der Fahrer schaltet das Radio ein. Wir hören die Nachrichten und bekommen gerade noch mit, dass unsere Ankunft vom Sender bekannt gegeben wird. Ich freue mich, dass unser Engagement auch hier so wohlwollend aufgenommen wird, dass es sogar eine Meldung wert ist.

So früh wie dieses Mal waren wir noch nie im Hotel. Und so können wir den Abend noch bei einem ausgedehnten ghanaischen Essen genießen. Wir, das sind dieses Mal meine Freundin Uschi, Marcelle, die Fotos macht, und wieder Kay, der Kameramann.

Am nächsten Morgen stehe ich früh auf. Ich habe einen Termin mit Herrn Baumann, einem Schweizer Geschäftsmann, der in Accra lebt und dort verheiratet ist. Auf einer meiner letzten Reisen ist mir die Idee gekommen, die wunderschönen ghanaischen Armbänder aus Glasperlen in Deutschland zu verkaufen und einen Teil des Erlöses nach Alavanyo zu spenden. Dadurch, so erhoffe ich mir, werden wir die Möglichkeit haben, neue Arbeitsplätze zu schaffen und den Menschen eine Verdienstmöglichkeit zu geben. Aisha, eine Bekannte aus Ghana, hat mir einige Muster mit nach Deutschland gebracht. Diese habe ich sorgfältig ausgewählt und katalogisiert, um sie über das Internet anbieten zu können.

Durch das Einschalten von Herrn Baumann hoffe ich, die Schwierigkeiten umgehen zu können, die oft mit einem Geschäft zwischen Afrikanern und Europäern verbunden sind. Bei unserem Treffen erkläre ich ihm, dass ich bis zu meiner Abreise je zehn Muster der von mir vorgelegten Armbänder inklusive eines Angebotes haben müsste. Durch seine Hilfe, so denke ich, wird die Abwicklung des Geschäftes unkomplizierter sein, denn seine Firma verfügt über alle notwendigen technischen Einrichtungen wie Mobiltelefon und Faxgerät, um auch kurzfristig mit mir kommunizieren zu können. Überrascht stelle ich jedoch später fest, dass die Ghanaer, mit denen ich zusammenarbeite, der Vermittlung eines Europäers nicht bedürfen. Die Abwicklung ist unkomplizierter als erwartet.

Kaum habe ich mich nach der Besprechung von meinem Stuhl erhoben, erwartet mich Kosi. Ich freue mich, ihn wiederzusehen. Nachdem wir uns kurz unterhalten haben, sagt er: »Sie haben Besuch. Zwei Journalisten warten im Empfangsbereich des Hotels auf Sie.« Die beiden möchten ein Interview bezüglich meines Engagements in Ghana mit mir führen. Ich schaue auf die Uhr. Eigentlich müssten wir schon auf dem Weg nach Alavanyo sein, wo ich am frühen Nachmittag erwartet werde. Aber, wie immer in Afrika, kommt etwas dazwischen.

Die Journalisten zeigen mir die Zeitungen, für die sie arbeiten, und kommen nach dem Interview zu dem Schluss, dass es sinnvoll für sie wäre, mit uns nach Alavanyo zu reisen. Dieses, so erklären sie mir, würde mich allerdings hundert US-Dollar für die Fahrt, Spesen und Benzin kosten. Dankend lehne ich ab. Aus Deutschland ist es mir nicht geläufig, dass man für ein Interview bezahlen soll. Ich erkläre meinen Standpunkt und weise die beiden höflich, aber bestimmt ab. Jetzt tritt Kosi auf den Plan. Er rät mir, die beiden Journalisten mitzunehmen und die Dollar zu bezahlen. Er meint, für kommende geschäftliche Aktivitäten und mein Engagement in Alavanyo wäre es sinnvoll, auch die Öffentlichkeit in Ghana zu mobilisieren. Ich bin dagegen. Aber dann erklärt er mir, dass ich eine umfangreiche Mappe mit Fotomaterial bekommen würde, die ich mit nach Deutschland nehmen könne. Schließlich – und nicht zuletzt, weil die Zeit so drängt – willige ich ein.

Endlich machen wir uns auf den Weg nach Alavanyo, meinem afrikanischen Zuhause. Vorerst geht es jedoch noch in das Großstadtgewühl von Accra, wo wir ein

Bügeleisen erwerben wollen. In Alavanyo hatte ich bei meinem vorherigen Aufenthalt aufgrund der hohen Luftfeuchtigkeit Probleme mit meiner Kleidung, so dass ich diesmal besser vorbereitet sein möchte, um alle Ansprüche an mich bezüglich festlicher und »königlicher« Kleidung zu erfüllen, und in Hildas Hotel können wir unsere Kleidung bügeln lassen. Es dauert ungefähr eine halbe Stunde, bis wir ein geeignetes »Geschäft« gefunden haben. Nicht, dass wir nicht schon viel früher ein Bügeleisen hätten erstehen können, aber anfangs machten wir Weißen den Fehler, mit in die Läden zu gehen, und so erhöhte sich der Preis automatisch immer um mehrere tausend Cedis. Kosi winkte jedes Mal ab. Er möchte nicht, dass ich das Bügeleisen zu teuer bezahle. Also erkläre ich ihm genau, was für ein Gerät ich haben möchte, und bitte ihn, es allein zu besorgen. Während er für meinen »Haushalt« sorgt, tauche ich ein in den Geschmack Afrikas: die Milch und das Fleisch frisch geschlagener Kokosnüsse heißen mich willkommen.

Dann bitte ich Kosi zu dem Kunstmarkt zu fahren, wo ich meinen Freund Kofi, den Rollstuhlfahrer, besuchen möchte, um ihn zu begrüßen und ihm einige tausend Cedis zu übergeben. Die behinderten Menschen sind in Ghana oft völlig ohne soziales Versorgungsnetz. Ich freue mich immer wieder, ihn zu sehen, und er freut sich, dass ich ihm ein wenig aus seiner Not helfe. Gleich bei meinem ersten Aufenthalt in Accra habe ich ihn auf der Straße kennen gelernt. Seitdem halte ich ihn immer auf dem Laufenden, wann ich wieder in Accra sein werde. Zeit spielt keine Rolle für ihn, und so wartet er manchmal mehrere Wochen geduldig an unserem Treffpunkt auf mich. So auch jetzt. Wir plaudern ein wenig und verabreden uns anlässlich meiner Rückkehr aus der Voltaregion in vierzehn Tagen.

Die Fahrt geht weiter zu einem Spezialgeschäft für königliche Kleider. Ich brauche dringend neue Sandalen, die zu meinem Ornat passen, denn mit denen von der Krönung habe ich mir bei meiner vorherigen Reise mehrere Blasen gelaufen. Also lasse ich mir an der Straße schnell goldene, etwas kleinere Modelle, meinem Fuß gerecht, anpassen. Ich bin froh, dass ich die Qualen vom letzten Mal nicht wieder ertragen muss. Mit den Blasen hatte ich nach der Krönung noch mehrere Wochen zu tun. So schön es ist, als Königin auf großem Fuße leben zu können, sind mir die kleineren Sandalen, mit denen ich die langen Fußwege bequemer bewältigen kann, doch lieber.

Endlich geht es los. Wir fahren nach Alavanyo. Nach mehreren Stunden Fahrtzeit erreichen wir die Brücke über den Volta. Es ist schon Tradition, hier in Atimpoku eine Rast einzulegen, denn unsere Fahrer haben Hunger. Wir selbst essen nur einige Bananen und Äpfel, die wir am Straßenrand gekauft haben. Ich wundere mich über die Fahrtroute, die ich noch nicht kenne. Kosi hat die Erklärung für mich. Wir fahren über Ho, die Hauptstadt der Voltaregion. Wie immer, ist kurzfristig noch ein Termin eingeplant worden. Wir besuchen den Vorsitzenden des »Regional House of Chiefs«, der mich in Kumasi registrieren lassen möchte. Besorgt schaue ich auf die Uhr. Wir werden Alavanyo nicht vor Einbruch der Dunkelheit erreichen können.

Im Haus des Vorsitzenden am Rande von Ho angekommen, nehmen wir Platz und erholen uns etwas von der anstrengenden Fahrt. Ich sehe, dass es dem Mann nicht gut geht. Schweißperlen stehen auf seiner Stirn und er hält sich das Kreuz. Kosi erklärt mir, dass er wahrscheinlich etwas mit dem Ischias habe, und wir geben ihm einige Schmerztabletten, die wir für Notfälle dabei haben. Dann muss ich einen langen Fragebogen ausfüllen. Ich soll meinen Lebenslauf aufschreiben und meine Aktivitäten in Ghana erläutern. Dies sind Voraussetzungen, um in Kumasi registriert zu werden. Im Haus ist es unerträglich warm, die Hitze steht in den Räumen. Und wie immer, wenn ich unter Druck bin, fallen mir die englischen Wörter nicht ein. Doch nach einer Stunde ist das Werk vollbracht. Fast schon wollte ich aufgeben, aber mir wird erklärt, dass die Registrierung für mich sehr wichtig sei.

Endlich können wir aufbrechen. Wir haben einen großen Umweg gemacht und müssen jetzt aus der Hauptstadt der Voltaregion wieder zurück nach Hohoe und dann nach Alavanyo fahren. Diese Strecke kenne ich noch nicht, und so schaue ich interessiert aus dem Fenster und lasse die tropische Landschaft auf mich wirken. Durch immer wieder neue Dörfer geht die Fahrt, vorbei an strohgedeckten Lehmhütten und einigen Steinhäusern, die der wohlhabenderen Bevölkerung gehören. Es hat wenig Regen gegeben in den letzten Wochen, und so ist das saftige Grün der Landschaft einem matten Braun-Gelb gewichen. Viele Bäume tragen zu dieser Jahreszeit keine Blätter, so dass wir einen weiten Blick in die schöne Landschaft genießen können. Völlig anders als in der Regenzeit bietet sie sich uns dar.

Wir erreichen die sanften Hügelketten meines Gebietes. Auf den Straßen herrscht ein reges Treiben. Die Menschen, die uns erkennen, winken uns zu und rufen herzlich »Welcome«. Dann biegen wir in die staubige Landstraße nach Alavanyo ab. Wir müssen uns beeilen, denn schon in zwei Stunden wird die afrikanische Nacht hereinbrechen. Im ersten Dorf Alavanyos tausche ich die leichte europäische Sommerkleidung gegen meinen afrikanischen Ornat. Dann fahren wir in das Dorf des Paramount Chiefs.

Hier erwartet uns eine fröhliche Menschenmenge, die zum Klang der Trommeln singt und tanzt. Meine Fächerträger und meine Adjutanten stehen bereit. Immer wieder werden nach traditionellem Brauch Tücher vor mir auf den Boden gelegt, über die ich schreite. Über mir mein Schirm, der mich vor der immer noch starken Sonnenbestrahlung schützt, genieße ich es, wieder in Alavanyo zu sein. Ich freue mich auf die Menschen hier. Nach einer halben Stunde sind wir beim Haus des Paramount Chiefs angelangt. Der Dorfplatz liegt im Schatten palmwedelgedeckter Tribünen, die uns vor der Sonne schützen sollen. Immer mehr Menschen haben sich uns angeschlossen. Inzwischen sind wir eine Gruppe von hunderten lachenden, tanzenden und »Welcome« rufenden Frauen und Kindern geworden. Vor dem eigens für uns errichteten Festplatz liegen so viele Tücher in farbenfrohen ghanaischen Stoffen, dass wir die Erde nicht mehr sehen können. Über diese Tücher gehen wir nun, um den Paramount Chief und die Ältesten von Alavanyo zu begrüßen. Vor meinem Stuhl liegt traditionell das Fell der Ziege, die anlässlich meiner Krönung geopfert wurde. Kinder nehmen wie immer vor mir Platz. Die Journalisten, die uns nach Alavanyo begleitet haben, machen mich etwas nervös, denn ihr Aufnahmegerät passt nicht in das romantische Bild, was sich uns bietet, und das Blitzlichtgewitter ihrer Kameras stört in meinen Augen die Tradition. Palmwein wird gereicht. Er wird auf den Boden gegossen, um die Ahnen an der Zeremonie teilnehmen zu lassen.

Wir erheben uns und machen uns auf, um die Ältesten und den Paramount Chief von Alavanyo zu begrüßen. Langsam und würdevoll schreite ich über den Platz. Ich freue mich, sie alle wiederzusehen, und nach dem obligatorischen Händeschütteln erhebt sich der Paramount Chief und nimmt mich für ein Begrüßungsfoto in den Arm. Diese Geste ist neu. Es ist das erste Mal, dass ich eine freudige und persönliche Regung in seinem Gesicht entdecke. Nachdem wir wieder unsere Plätze eingenommen haben, folgt die Zeremonie von der Gegenseite. Sie kommen auf uns zu, und wir werden begrüßt.

Ich freue mich, dass es uns gelungen ist, Spendengelder für ein Mädchenwohnheim zu sammeln, wie wir es bei dem Treffen und der Beratung nach meiner Krönung besprochen hatten. Ich habe einen Scheck über fünftausend Euro mitgebracht, um den Bau des Gebäudes zu starten. Es macht mich glücklich und stolz, dieses Anliegen so schnell umsetzen zu können.

Trommelwirbel setzt ein. Ich erhebe mich und halte eine kurze Ansprache in Ewe, die ich vorher sorgfältig einstudiert habe. Aber wie immer fällt mir die Aussprache sehr schwer und ich verspreche mich mehrfach. Bei mir denke ich, dass sie, wenn sie dürften, lachen würden über meine holprige Aussprache. Doch ich entdecke nirgends auch nur den Anflug eines Lächelns oder spöttischen Hohns. Aufmerksam hören sie mir zu. Dennoch habe ich den Eindruck, dass die Menschen mich kaum verstehen. Also wiederhole ich vorsichtshalber alles noch einmal auf Englisch.

Ich erkläre, dass ich meine Königinnenwürde sehr ernst nehme und dass ich die Absicht habe, nun noch häufiger im Land zu sein, um ihnen zu helfen und Fortschritt zu bringen. Fortschritt, erkläre ich, bedeutet für mich und die neu gegründete Organisation Alavanyo e. V. in Deutschland vor allem, jungen Menschen eine gute Ausbildung zu ermöglichen und dafür zu sorgen, dass zum Beispiel auch Waisenkindern ein Schulbesuch möglich ist. Sicher, so sage ich, werden manche Menschen hier denken, dass Fortschritt für sie etwas anderes bedeutet als für mich. Aber viele Dinge, die in Ghana heute noch als Fortschritt gewertet werden, sehen wir in Deutschland schon als Rückschritt. Ich versuche, deutlich zu machen, dass wir stolz darauf sein können, die ersten fünftausend Euro für das Mädchenwohnheim zusammenbekommen zu haben, und dass es ein persönliches Anliegen von mir sei, dass dieses Mädchenwohnheim schnell und zügig gebaut wird. Natürlich wird das Geld nicht ausreichen, aber ich werde mich bemühen, noch vor Fertigstellung des ersten Bauabschnittes weitere Spendengelder zu sammeln, so dass wir in spätestens einem halben Jahr den Bau beziehen können.

Die Ältesten und der Paramount Chief nicken zustimmend. Trommeln werden geschlagen. Dann übergebe ich symbolisch den ersten Scheck. Allerdings nur für das Foto, auf das die beiden Reporter aus Accra drängen, denn ein Bankkonto gibt es hier in Alavanyo nicht. Ich habe darauf bestanden, dass unter der Leitung des Paramount Chiefs ein Gremium aus den Ältesten eines jeden Dorfes gebildet wird, welches die Spendengelder vor Ort verwaltet und gemeinsam dafür verantwortlich ist, die Rechnungen und Belege für jede einzelne Ausgabe zusammenzustellen. Für mich ist es wichtig, die Kontrolle über jeden ausgegebenen Betrag nachvollziehen zu können.

Nach der Geldübergabe sitzen wir noch ein wenig beisammen und diskutieren die Möglichkeiten der Arbeitsplatzschaffung in Alavanyo.

Immer wieder wird mir zugelächelt. Die Menschen hier freuen sich, dass ich wiedergekommen bin. Das spüre ich. Wahrscheinlich haben sie gedacht, dass nach der Verleihung der königlichen Würde meine Besuche seltener werden würden. Stattdessen komme ich nun häufiger denn je. Sie haben mir durch die Übertragung dieser Ehre ihr Vertrauen geschenkt. Aber mit Sicherheit haben nicht alle an mich geglaubt.

Langsam senkt sich die Sonne dem Horizont entgegen, und wir brechen auf.

Nachdem wir die Straße von Alavanyo nach Hohoe passiert haben, empfängt uns dort ein reges Treiben. Überall an den Straßen werden Waren feilgeboten. Gerade in den späten Nachmittagsstunden hat man das Gefühl, dass die Menschen aktiver werden, was vermutlich am langsamen Nachlassen der großen Hitze des Tages liegt. Ich bitte Kosi anzuhalten. Gerade habe ich vor einem Bretterverschlag mehrere Kühlschränke entdeckt. Es wäre schön, so überlege ich, wenn ich im Haus meiner afrikanischen Eltern einen Kühlschrank hätte, um dort Getränke und Lebensmittel zu lagern. Doch die Preise schrecken mich ab. Verrostete und zum Teil zerbrochene Kühlschränke, die mit Sicherheit in Europa aussortiert und zur Entsorgung bestimmt wurden, kosten umgerechnet um die hundertfünfzig Euro. Also nehme ich von diesem Vorhaben schnell wieder Abstand und beschließe, irgendwann einmal in einem der Container, die ich mit Spenden, Medikamenten und Schulbüchern nach Alavanyo verschiffe, einen Kühlschrank für uns beizuladen.

Müde und erschöpft kommen wir in unserer Pension an. Eine Dusche, so denke ich, wäre jetzt wunderbar. Doch kaum bin ich im Zimmer, gehe ich erst einmal auf Moskitojagd. Nachdem ich einige der lästigen Mitbewohner erlegt habe, ziehe ich mich aus und stelle mich unter die Dusche. Aber nachdem ich den Hahn aufgedreht habe, tut sich nichts. Dann entringen sich dem fast grotesk anmutenden voluminösen Duschkopf einige Wassertropfen. Es ist zwecklos. Schnell wickele ich mir mein Badehandtuch um den Körper und trete auf die Veranda.

Ein Zimmermädchen, das eilig herbeigelaufen kommt, erklärt: »Wir haben zur Zeit kein Wasser. Aber das wird sich sicherlich innerhalb der nächsten Stunden ändern.«

Ich resigniere. Wenn schon keine Dusche, dann wenigstens frische Kleidung. Also ziehen wir uns um und gehen hinunter, um uns noch ein wenig in der afrikanischen Nacht unter die Palmen zu setzen und zu plaudern. Kurz vor dem Schlafengehen probiere ich noch einmal, ob inzwischen das Wasser wieder läuft. Leider ohne Erfolg. Zum Glück putzen wir uns die Zähne ohnehin mit Mineralwasser, das also ist kein Problem. Daher nehme ich von meiner abendlichen Dusche und damit von der deutschen Reinlichkeit Abstand und begebe mich zur Nachtruhe.

Am nächsten Morgen haben wir Glück. Das Wasser läuft wieder. Selten habe ich mich so auf eine Dusche gefreut wie in Afrika. Egal, ob in der Stadt oder im Busch unter freiem Himmel, wo das Wasser für die Dusche aus aufgehängten Leinensäcken kommt, Wasser hat hier doch einen anderen Stellenwert als bei uns.

Nach dem Frühstück fahren wir wieder nach Alavanyo. Ich habe mir vorgenommen, in diesen Tagen die verschiedenen Handwerksbetriebe der Region zu besichtigen und mir ein Bild darüber zu machen, womit die Menschen hier ihr Geld verdienen. Auch möchte ich Ideen dafür entwickeln, was man verbessern könnte, um mehr Arbeitsplätze zu schaffen und die Arbeitsprozesse effektiver zu gestalten. Um diesen Rat haben mich einige der Ältesten gebeten, und ich möchte ihrem Wunsch nachkommen. Was die Menschen in Alavanyo brauchen, ist in erster Linie eine Erwerbstätigkeit. Und die meisten Arbeitsplätze gibt es hier im Handwerk.

Unsere Tour durch die Handwerksbetriebe Alavanyos, bei der mir die beiden Reporter aus Accra auf Schritt und Tritt folgen, beginnt in einer Korbflechterei. Bevor wir die Manufaktur betreten, werden wir ausführlich nach dem obligatorischen Ritual begrüßt. Hier werden vor allem Wandbilder mit gebrannten Motiven, Tabletts und traditionelle Körbe geflochten. Erwartungsvoll blicken mich die Handwerker an. Ich habe das Gefühl, sie haben all diese Körbe und Gegenstände nur für mich geflochten in der Hoffnung, dass ich sie alle kaufen werde. Ich mache ihnen jedoch klar, dass ich mir heute nur einen Eindruck von ihrer Arbeit verschaffen möchte. Zum Abschied überreichen sie mir als Geschenk ein Tablett. Ich lobe sie für ihre Kunstfertigkeit und verspreche, dass ich wiederkomme.

Dann gehen wir weiter und treffen im nächsten Dorf mehrere Frauen, die traditionelle Glasperlen in wunderschönen Farbkombinationen als Ketten und Armbänder zusammengestellt haben. Hier beeindrucken in erster Linie die wunderschönen Achatketten und die alten Glasperlen in ihren vielfältigen Farben und Formen. Ich beschließe, einige der Schmuckstücke zu kaufen, um den Frauen eine Freude zu machen.

Danach führt unser Weg an einer Ansammlung mehrerer Steinhäuser und Lehmhütten entlang, vorbei an gackernden Hühnern und meckernden Ziegen, in das nächste größere Dorf. Auch dort findet wieder die traditionelle Begrüßung statt. Wenn das so weiter geht, denke ich im Stillen, werde ich nicht viele Handwerksbetriebe sehen können, da die Begrüßung jedes Mal eine halbe bis eine Stunde Zeit in Anspruch nimmt. Inzwischen sind wir von den gereichten Bananen und Kokosnüssen gesättigt, und so freuen wir uns, dass hier eine Rarität für uns bereitgehalten wird: Mineralwasser in Plastikflaschen.

Nach einer ausgiebigen Erfrischung geht es weiter. Inzwischen haben sich unserem Tross viele Menschen angeschlossen, die uns überallhin folgen. Heute werde ich privat hier sein, habe ich dem Paramount Chief am Tag zuvor erklärt. Ich möchte ohne Gefolge sein und nicht schreiten müssen, sondern ganz normal gehen können. Dann, so habe ich mir – ganz die deutsche Geschäftsfrau – im Vorwege überlegt, müsste ich das Pensum an einem Tag schaffen können. Doch nicht bedacht hatte ich, dass ich ohne meine traditionelle Begleitung auch ohne Sonnenschirm sein werde, und so brennt die Mittagssonne gnadenlos auf uns herunter.

In diesem Dorf steht eine Holzschnitzerei auf dem Plan. Der Schnitzer, ein gebeugter älterer Herr mit sonnengegerbtem Gesicht, arbeitet unter einem Unterstand, der ihn durch ein Tuchsegel vor der gleißenden Sonne schützt. Überall stehen schöne Schnitzarbeiten. Traditionelle Motive wie Elefanten, Antilopen, aber auch Fruchtbarkeitsfetische, Masken und viele andere Dinge mehr. Hinter einem Baumstumpf entdecke ich eine Figur, die aus Oberammergau stammen könnte. Erstaunt frage ich, wie er darauf gekommen sei, eine derartige Figur zu schnitzen. Er teilt mir mit, dass vor vielen Jahren ein Mann nach Alavanyo gekommen sei, der mehrere Fotos von derartigen Figuren bei sich gehabt habe und der ihn beauftragt habe, diese für ihn zu schnitzen. Das habe er getan. Angesichts dessen, dass ich aus Deutschland käme, würde ich doch sicherlich Freude daran haben, einen Jägersmann mit Hund von ihm geschnitzt zu bekommen. Ich setze mein strahlendstes Lächeln auf und bedanke mich ganz herzlich für diese Aufmerksamkeit. Viel lieber hätte ich eine traditionelle Schnitzerei von ihm als Erinnerung mitgenommen. Nur kann ich ihm das natürlich nicht sagen.

Plötzlich wird unsere Aufmerksamkeit durch laute Kinderstimmen abgelenkt. Ungefähr sechzig bis siebzig Kinder in ihren braun-orange Schuluniformen im Alter von vier bis sechs Jahren eilen singend an uns vorüber. Jedes von ihnen trägt einen mehr oder weniger großen Stein auf dem Kopf, teilweise mit Durchmessern von mehr als zwanzig Zentimetern. Ich frage den Paramount Chief, warum diese kleinen Kinder so schwer tragen müssen. Lächelnd erklärt er mir, dass sie eine Schule bauen wollen. Eine Grundschule für die Kleinsten der Region. Die Steine werden aufgeschichtet und mit Lehm verputzt. Ein mühsames Unterfangen für so kleine Kinder, denke ich bei mir. Doch die strahlenden Mienen lassen mich an ihrer Freude teilhaben. Ich bin gerührt. Schnell bitte ich Marcelle, ein Foto von den Kindern und mir zu machen. Undenkbar für uns in Deutschland, dass Kinder sich selbst das Gebäude für ihre Schule errichten …

Wir gehen zurück zu dem Holzschnitzer, und jetzt kann ich mich doch noch aufrichtig freuen. Ich bekomme eine wunderschöne Statue als Geschenk überreicht, die eine afrikanische Frau bei der Arbeit zeigt. Wie der Paramount Chief meint, eine Frau wie mich. Denn er weiß ja, dass ich in Deutschland arbeite. Obwohl er sich vermutlich kaum vorstellen kann, wie die Arbeit in meinem Hamburger Büro aussieht.

Die Kinder sind stehen geblieben und winken uns zu. Sie wollen noch ein Foto machen. Also gehen wir schnell noch einmal auf die Straße und nehmen mehrere Motive mit ihnen auf. Dann wenden wir uns dem nächsten Dorf zu.

Auch hier erwartet uns wieder die traditionelle Begrüßungszeremonie. Dieses Mal sind wir froh, im Schatten eines Mangobaumes Platz nehmen zu können. Die Sonne hat ihren Höchststand erreicht. Schattige Kühle tut jetzt besonders gut und der leichte Wind bringt eine erholsame Erfrischung. Danach führt uns der Weg in einen entlegenen Winkel inmitten eines Palmenhaines, wo mehrere Frauen damit beschäftigt sind, Palmöl herzustellen. Dies ist eine aufwändige und mühsame Handarbeit. Die Frauen sitzen in unbequemer Haltung auf dem Lehmboden ihrer Hütten und befreien die Palmkerne von ihrer rauen Schale. Die guten ins Töpfchen, die schlechten ins Kröpfchen, denke ich und bedauere die Frauen ob dieses mühsamen Gelderwerbs. Doch sie sehen überhaupt nicht unglücklich aus, lächeln mich freudestrahlend an und freuen sich, dass wir ihre Arbeit offensichtlich zu schätzen wissen. Stolz zeigen sie uns das Endprodukt ihrer Mühe, das Palmöl. Geerntet werden die Früchte in dorfnahen Hainen, und außer Öl wird auch Seife aus ihnen hergestellt.

Dann geht es zur nächsten Produktionsstätte, einer Schnapsbrennerei. Hier wird Palmschnaps gebrannt. Als ich die Destille sehe, denke ich an Filme, die in vergangenen Jahrhunderten spielen und in denen Alchimisten die zentralen Figuren sind. Über dem offenen Feuer wird hier der Schnaps gebrannt und Tropfen für Tropfen in große, bauchige Flaschen abgefüllt. Mir wird bedeutet, ich solle probieren. Das tue ich und freue mich, dass mir der selbst gebrannte Schnaps schmeckt.

»*I like it very much*«, sage ich und etwa zwanzig um uns herum stehende Männer blicken mich freudestrahlend an.

Im nächsten Dorf befindet sich ein Tischlereibetrieb. Hier werden unter freiem Himmel auf mehreren Böcken Bretter in Form gehobelt. Natürlich mit der Hand, denn Maschinen gibt es nicht. Jeder der bislang von mir besuchten Betriebe hat es besonders schwer, in der Tageshitze Leistung zu erbringen. Und so ist es nicht verwunderlich, dass durch die Handarbeit auch noch alles sehr viel länger dauert. Um uns herum hüpfen und toben immer wieder viele Kinder, die uns aufmerksam betrachten. Unermüdlich und mit freiem Oberkörper hobeln die Tischler. Mir fällt auf, wie sehnig ihre Körper sind. Kein Gramm Fett ist hier zu sehen. Doch man sieht ihnen an, wie anstrengend diese körperliche Arbeit für sie ist.

Danach besuchen wir einen traditionellen Trommelbauer. Auf dem Weg dorthin zeigt uns Togbega Atakora VII. die Frucht eines Baumes, aus dem Klebstoff gewonnen wird. Die Menschen hier verwenden sie seit Jahrhunderten, um etwas zu kleben. Fast jede Substanz, so erklärt er uns nicht ohne Stolz, gibt es auch in der Natur.

Wunderschön sehen die mit Ziegenleder bespannten Trommeln aus. Mir wird erklärt, wie das Holz ausgehöhlt wird, um einen entsprechenden Klang zu erhalten. Auch dieses Handwerk verlangt hohe Konzentration und Fingerfertigkeit, um ein optimales Ergebnis zu erzielen. Besonders klangvolle Trommeln werden über Generationen vererbt.

Anschließend bewundern wir die Kunst eines Goldschmieds, der seine Arbeiten in einer kleinen Vitrine für uns ausgestellt hat. Wunderschöne filigrane Ringe und Ketten hat er gefertigt, und darüber hinaus ist eine seiner besonderen handwerklichen Fähigkeiten das Anfertigen des traditionellen Schmucks der Könige. Immer kunstvollere Exponate werden uns gezeigt. Hier bin ich in Versuchung, etwas zu kaufen. Doch ich möchte die anderen Menschen, die auf mich gewartet haben und ihre Waren feilgeboten haben, ohne dass ich etwas gekauft habe, nicht enttäuschen. Also bleibe ich auch hier zurückhaltend und schaue nur, um mir einen Eindruck von seinen Arbeiten zu verschaffen.

Schräg gegenüber kommen wir zu einer Batikwerkstatt. Hier erklären mir die Frauen, wie sie die Stoffe in ihren traditionellen Mustern und Farben mit großen Holzstempeln bedrucken. Doch leider sehen wir nur wenig bedruckte Stoffe, denn, wie mir erklärt wird, fehlt zurzeit das Geld für die Farben. Offensichtlich scheitern viele Handwerksbetriebe daran, dass das Geld für die Grundmaterialien fehlt. Immer wieder wird mir darüber berichtet.

Ein herausragendes Handwerk in Alavanyo ist die traditionelle Kenteweberei. Wir besuchen einen relativ großen Betrieb mit mehreren Webstühlen. Die wunderschönen bunten Baumwoll- und Seidenstoffe bestechen durch ihre einzigartigen Muster und Farben. Heute werden diese Textilien aus Naturfasern hergestellt, die allerersten Kleidungsstücke wurden, so ist aus Überlieferungen bekannt, aus Baumrinden gemacht.

Vor der Ankunft der Europäer wurde Baumwolle aus der Savanne eingeführt. Daraus webten die Einheimischen breite Tücher, die als eine Art Lendenschurz getragen wurden. Dies änderte sich erst, als die ersten Webstühle gebaut wurden und damit die Weberei des Kentestoffes ihren Anfang nahm.

Der Kente ist immer ein mit der Hand gewebter Stoff in sehr vielen unterschiedlichen Farbkombinationen und teilweise sehr komplizierten Mustern. Ganz früher war der Kente ausschließlich den Königen vorbehalten. Heute jedoch wird er auch von anderen Ghanaern zu traditionellen Anlässen getragen, wobei sich die Art des Wickelns bei den Königen immer noch von jener der normalen Bevölkerung unterscheidet. Könige wickeln die Stoffbahnen so, dass immer eine Schulter bedeckt ist.

Der Kente besteht aus mehreren schmalen, Kante an Kante aneinander genähten Streifen. Ausschließlich für die kostbaren Königsgewänder werden eingewebte Seidengarne verwendet und spezielle Muster gewebt. Durch unterschiedliche Kombinationen werden vielfältige Variationen in der Bedeutung erzielt.

In dieser Kenteweberei bestaunen wir die wunderschönen und aufwändigen Webereien. An den Webstühlen mit – wie mir scheint – tausenden von Fäden, herrscht ein reges Geklapper vom Ab und Auf des Weberschiffchens. Ich bewundere die Fuß- und Fingerfertigkeit dieser Menschen, die in unbeschreiblicher Geschwindigkeit Faden für Faden aneinander reihen. Jetzt wird mir klar, warum diese Stoffe so kostbar sind. Es muss Monate dauern, bis ein Kente, wie ich ihn habe, fertig gestellt ist. Die Webstühle sind einfach aus Ästen zusammengezimmert, und derbe Stricke sind um die großen Zehen des Webers geknotet. Ich bin beeindruckt. So arbeitsintensiv hatte ich mir dieses Handwerk nicht vorgestellt. Ich denke an meine eigenen unbeholfenen Webarbeiten im Handarbeitsunterricht und wie schnell es doch möglich war, mit unseren kleinen modernen Webstühlen das erste Stück fertig zu stellen. Doch unsere Webstühle sind kein Vergleich zu den primitiven, selbst gefertigten hier.

Vor meiner Krönung wurde mir ein Kente als Geschenk überreicht. Ich beschließe, meinen nächsten hier fertigen zu lassen, und vereinbare einen Termin für den übernächsten Tag, um die Einzelheiten des Musters und der Farben zu besprechen.

In einem Reiseführer habe ich den Hinweis gefunden, dass Alavanyo bekannt für seine Schmiedekunst sein soll, insbesondere für die der Waffenschmiede. Bisher habe ich noch keine hier angefertigten Waffen sehen können und immer, wenn ich danach gefragt habe, wurden mir ausweichende Antworten gegeben. Nun, da ich hier bin um mich über das Handwerk zu informieren, frage ich wieder danach. Diesmal werde ich etwas sehen dürfen, wird mir hinter vorgehaltener Hand bedeutet. Aber wir dürfen nicht fotografieren und nicht filmen. Und erzählen, was wir zu Gesicht bekommen haben, dürfen wir auch nicht. Bei der Besichtigung der Gegenstände, die nur einer kleinen Gruppe vorbehalten bleibt, kommen wir uns höchst konspirativ vor. Den Grund für diese Heimlichkeiten erfahre ich jedoch erst etwas später.

Um das Jahr 1860 kam ein Mann namens Gu nach Alavanyo. Er war ein tüchtiger Schmied und fertigte die Amla (ein altes landwirtschaftliches Gerät) an sowie Hacken, Äxte, Schwerter, Fallen verschiedener Art und Größe und auch andere Haushaltsgeräte aus Metall. Als Gu erfuhr, dass deutsche Missionare in Nkonya eine Kirche gebaut hatten, ging er dorthin, um sich der Gemeinde anzuschließen. Durch die Zusammenarbeit mit den Missionaren, die selbst ausgebildete Handwerker in verschiedenen Gewerben waren, verbesserte er seine Fähigkeiten. Er ließ sich taufen und wählte den christlichen Namen William. Er kehrte als William Katapu nach Alavanyo zurück und machte im Dorf Wudidi eine Werkstatt auf. Sein Spezialgebiet war die Reparatur von schadhaften Gewehren. Viele der ortsansässigen Schmiede in Alavanyo erlernten ihr Handwerk von ihm.

Im Rahmen einer Ausstellung, die von der deutschen Kolonialregierung in Lome im Jahr 1906 organisiert wurde, stellte William Katapu auf seinem Stand mehrere

Beispiele seiner Arbeit aus: einige Fallen, verschiedene Arten von landwirtschaftlichen Geräten und ein fünf Fuß langes Reiterschwert mit Metallscheide. Er präsentierte auch eine Auswahl an Schusswaffen, deren Qualität die deutsche Kolonialregierung überraschte. Besonders ein Exponat wurde als zu hoch entwickelt angesehen, um es in den Händen der Einheimischen zu belassen, und das Stück wurde angeblich nach Deutschland geschickt, um in einem Museum aufbewahrt zu werden. Unter anderem produzierte William Katapu zu jener Zeit bereits fünfschüssige Pistolen.

Ein weiterer Experte der Schmiedekunst war ein Mann namens Seth Dor. Er führte eine Menge Verbesserungen in das Handwerk ein. Seth Dor hatte eine vergleichsweise große Werkstatt. Seine Söhne führten die Handwerkskunst ihres Vaters fort und entwickelten eine Reihe von Verbesserungen.

Als das Gebiet von Togoland als Treuhandgebiet unter britischen Einfluss kam, entzog man den Schmieden in Alavanyo die Erlaubnis der Regierung, Schusswaffen herzustellen. Aber es war stets ein offenes Geheimnis, dass die Leute in dieser ländlichen Gegend in der Lage waren, Waffen herzustellen, von Pistolen sowie ein- und doppelläufigen Schrotflinten bis hin zu Gewehren, die in der Qualität mit ihren aus der ganzen Welt importierten Gegenstücken durchaus vergleichbar waren. Es war erstaunlich, dass diese Produkte nicht von den Importen gleichen Typs zu unterscheiden waren, obwohl sie nicht mit hoch entwickelten Werkzeugen oder Maschinen angefertigt worden waren, sondern ausschließlich von Hand.

Als Ghana am 6. März 1957 unabhängig wurde, verwickelten einige Splittergruppen aus Alavanyo die ghanaischen Regierungstruppen in einen Kampf. Irrtümlicherweise wurde angenommen, dass diese Situation durch die Fähigkeit der Leute, Waffen herzustellen, hervorgerufen worden war. Doch der Kampf hatte nicht die Zustimmung der traditionellen Führer Alavanyos und war ein Alleingang einiger Oppositioneller. Seit damals haben alle aufeinander folgenden Regierungen in Ghana die Schmiedekunst in Alavanyo verboten und ihr außerdem die Lebensgrundlage geraubt, indem diese noch nicht einmal mehr landwirtschaftliche Gerätschaften und Haushaltsgegenstände herstellen durfte.

Nach wie vor ist es ist ein großer Wunsch der Schmiede von Alavanyo, ihre Schmiedekunst offiziell wieder aufnehmen zu dürfen. Unter der Kontrolle der Regierung, so ihre Idee, könnte das Gewerbe wachsen und würde letztendlich einen Aktivposten für die Republik Ghana darstellen. Doch noch immer bleibt diese außergewöhnliche Fähigkeit der Alavanyo-Schmiede verborgen und geheimnisumwittert.

Ich habe viel gehört an diesem Tag und auch viel gelernt. Er hat mich auch ein wenig mutlos gemacht, denn ich habe gesehen, wie mühsam hier die Handwerksbetriebe arbeiten und wie schwer es für sie sein muss, einen Profit zu erzielen. Ich habe hinter die Kulissen geblickt und die Armut in den Dörfern gesehen. Menschen in zerrissenen Kleidern oder ohne Kleidung. Menschen mit aufgesprungenen, schwieligen Händen und Füßen. Ich habe Krankheiten gesehen, Ausschläge und immer wieder die hoffnungsvolle Erwartung in den Augen. Aber ich habe auch viel Fröhlichkeit gesehen, lachende Kinder, fröhliche Gesichter und herzliche Willkommensrufe gehört.

Ein langer Tag geht zu Ende. Am Abend kommt einer der Reporter zu mir und bittet um ein Gespräch. Die Berichterstattung habe sich um Tage verlängert, erklärt er mir, und dass er weitere fünfzig Dollar brauche für Spesen, Benzin und Unterkunft. Ich bin wütend. Und hilflos. Fünfzig Dollar sind viel in einem Land, in dem der Durchschnittsverdienst eines normalen Arbeiters bei einem halben Euro pro Tag liegt. Ich erkläre ihm, dass er die Angelegenheit am nächsten Tag mit Kosi klären soll.

Für heute ist die Einweihung der ersten von mir gebauten Schule, der Secondary Technical High School, in Alavanyo geplant. Nach der Morgentoilette entscheide ich spontan, heute nicht mein traditionelles Königinnengewand, den Kente, zu tragen, sondern europäische Kleidung, da ich der Meinung bin, dass eine Bildungsstätte nach europäischem Vorbild von mir als eine Art Botschafterin Deutschlands auch in europäischer Kleidung eingeweiht werden soll. Gleich nach der Ankunft im ersten Dorf Alavanyos empfängt uns lautes Trommelschlagen. Menschen singen und tanzen. Alle sind festlich gekleidet und tragen zum Zeichen der Ehrerbietung eine Kopfbedeckung. Als ich aus dem Auto steige, empfängt mich mein traditioneller Hofstaat mit dem Schirmträger und den Fächermädchen. Sie alle schauen mich entgeistert an. Der Grund dafür bleibt mir zunächst unklar. Dann betrete ich den Dorfplatz und sehe die versteinerten Mienen der Ältesten und des Paramount Chiefs. Sie alle sitzen vor mir in ihren prächtigen Gewändern und den Insignien der Königswürde. Schlagartig wird mir klar, dass der Grund für die skeptischen Blicke meine europäische Kleidung ist, und ich überlege fieberhaft, wie ich den Menschen verständlich machen kann, warum ich sie heute tragen möchte. Suchend blicke ich mich nach Kosi um.

Kosi kann für mich sprechen und den Menschen hier erklären, warum ich heute nicht meinen Ornat angelegt habe. Endlich entdecke ich ihn. Ich bedeute ihm, neben mir Platz zu nehmen, und erkläre ihm die Situation auf Englisch. Was genau er auf Ewe sagt, verstehe ich nicht. Aber ich sehe, dass sich die Mienen zusehends erhellen. Endlich haben sich die Dorfältesten und jene Frauen versammelt, die uns auf dem Zug durch die verschiedenen Dörfer zur neu erbauten Schule geleiten wollen. Die Schirmträger treten an uns heran und der Zug setzt sich in Bewegung.

Langsam schreitend machen wir uns auf den kilometerlangen Weg. Doch zum Glück trage ich heute meine ganz normalen Schuhe, so dass mir das Gehen keine Mühe bereitet. Vor uns tanzt eine Gruppe aus vierzig hübsch gekleideten Mädchen in blau-weiß gewebten Stoffen, den Kopf mit wunderbaren Tüchern bedeckt und mit den traditionellen Glasperlenketten geschmückt, die passend in den Farben mit der Kleidung harmonieren. Ihre schwarzen Schultern sind dekorativ mit weißem Kalk in schönen Mustern bemalt. Ihnen folgen die Schüler der Secondary Technical High School in den von uns mitgebrachten Alavanyo-T-Shirts, die sie stolz tragen. Hinter der Schülergruppe schließt sich eine Musikantengruppe an, die uns singend und trommelnd das Geleit gibt.

Während wir dem Festplatz langsam immer näher kommen, zeigt mir der Paramount Chief Fotos, die die verschiedenen Bauabschnitte des Schulkomplexes dokumentieren. Doch ich kann und will sie mir in diesem Augenblick nicht in Ruhe ansehen, weil ich immer wieder von »Welcome« rufenden, winkenden Kindern, Frauen und Männern unterbrochen werde. Dann nehme ich auf der Schatten spendenden Tribüne Platz. Meine Fächermädchen wedeln mir erfrischende Kühle zu. Als erstes folgt ein Eröffnungsgottesdienst unter freiem Himmel. Dann spricht die Ministerin für Bildung und Jugend aus Accra einleitende Worte zu dem Projekt. Schließlich ergreift der Paramount Chief das Wort.

Er bedankt sich bei mir für die Arbeit, die ich in Deutschland geleistet habe, um dieses wichtige Projekt für Alavanyo fertig zu stellen. So erhalten die Jugendlichen eine weitere Fortbildungsstätte, die es ihnen ermöglichen soll, eine entsprechende Ausbildung zu erhalten. »Denn«, so sagt er, »die Bildung und Fortbildung ist das Wichtigste, was wir tun können, um der Jugend einen Start in eine bessere Zukunft zu ermöglichen.«

An seine eindrucksvolle Rede schließt sich wieder Gesang und Tanz der wunderschön anzusehenden Mädchen an. Ich werde nicht müde, die hübschen Menschen mit ihren schönen Stimmen zu betrachten und die Musik auf mich wirken zu lassen. Es macht mir immer wieder Freude, mit welch einfachen Mitteln uns hier eine so eindrucksvolle Form der Unterhaltung geboten wird. Etwas, was in Europa immer mehr in Vergessenheit gerät. Dann ergreift der Rektor der Schule das Wort, der in akzentfreiem Deutsch eine Ansprache hält.

Er sagt: »Meine Damen und Herren, im Namen der Leitung der Schule heiße ich Sie herzlich willkommen. Es ist ein wichtiger Schritt, den wir weitergekommen sind in dem Bemühen, den Fortschritt in Alavanyo zu fördern. Dafür möchten wir uns ganz herzlich bei unserer Königin Ngoyifianyonu Akosua I. bedanken.«

Die Menschen sind begeistert von seiner Ansprache und klatschen minutenlang. Auch ich freue mich über die deutschen Worte, die mir höfliche Aufmerksamkeit und freundlichen Respekt bezeugen sollen.

Bildung wird in Alavanyo groß geschrieben. Es gibt inzwischen mehrere Haupt- und Grundschulen. Durch eigene Initiative entstand im Jahre 1972 eine weiterführende technische Schule, die nach fünf Jahren von der Evangelischen Presbyterianischen Kirche übernommen wurde. Später wurde sie zu einer Berufsausbildungsstätte für Jungen und Mädchen umgewandelt. Wiederum durch gemeinschaftliche Eigeninitiative errichteten die Einwohner Alavanyos eine zweite weiterführende Schule im Jahre 1985. Diese Schule ist vom Ghanaischen Kultusministerium in das öffentliche Schulsystem eingegliedert worden.

Es folgen zahlreiche Darbietungen zu unseren Ehren, die wir im Schatten der Tribüne genießen und uns an ihnen freuen. Ich bin froh und dankbar, dass ich dies erleben darf. Dann hält der Direktor der Schule eine rührende Ansprache. Er sagt, dass immer wieder Könige und Königinnen die ihnen angetragene Königswürde nur annehmen, um Macht und Reputation zu erhalten, und nicht, weil sie sich wirklich für das Leben und die Bedürfnisse der Bevölkerung interessieren. Ich jedoch hätte – obwohl ich Europäerin sei – nach so kurzer Zeit schon den Beweis dafür angetreten, dass es mir wichtig sei, etwas für die Menschen in Alavanyo zu tun und mich für ihre Bedürfnisse auch wirklich einzusetzen. Man müsste sich vorstellen, dass ich eben nicht aus dem nächsten Dorf, Ort, oder der nächsten Stadt käme, sondern aus dem über sechstausend Kilometer entfernten Europa, um mich für die Menschen hier zu engagieren.

Er schätze sich froh und glücklich, dass mir die Menschen hier wirklich am Herzen liegen und ich schon so viel für den Fortschritt getan hätte. Ich freue mich. Die Arbeit hat sich gelohnt. Aber wirklich glücklich werde ich erst sein, wenn ich die Jugendlichen in den Schulräumen lernen sehe und ich sicher sein kann, dass jeder von ihnen auch die Möglichkeit bekommt, den erlernten Beruf wirklich auszuüben.

»Mit Ihrer Hilfe«, sagt der Direktor zu mir, »können wir Alavanyo in ein fortschrittliches traditionelles Gebiet verwandeln. Was uns aus eigener Kraft noch nicht gelungen ist, werden wir mit Ihrer Hilfe schaffen. Wir werden Sie nicht enttäuschen und wir versichern, dass wir versuchen werden, jede Mithilfe zu leisten, um die Arbeit, welche uns aufgetragen wird, gut zu machen. Die Erziehung ist die Maschine, um zu wachsen. Und diese Maschine müssen wir zum Laufen bringen. Wenn wir Erziehung und Bildung wollen, dann müssen wir etwas tun, um von unten nach oben zu kommen.«

Ich lehne mich zurück und fühle mich plötzlich müde, wie immer, wenn ich ein erklärtes Ziel erreicht habe. All meine Energie, die ich in dieses oder jenes Projekt hatte fließen lassen, scheint in ihrem Fluss gestoppt, und ich fühle mich antriebslos und ausgelaugt. Die Stimme des Paramount Chiefs reißt mich aus meinen Tagträumen.

»Schon nach fast sechs Monaten seit Ihrer letzten Reise hierher, sind Sie zurückgekommen zu Ihren Leuten, und darüber sind wir sehr, sehr glücklich. Als Sie das erste Mal herkamen, war das Gebäude, was wir jetzt vor uns sehen, wie dieses Stück Land.« Er zeigt mir ein Foto ohne das Gebäude. »Die Schüler waren schon da, aber sie saßen im Freien, und der Boden war nicht zementiert. Der Staub machte uns schmutzig und auch Sie waren von Staub bedeckt. Aber dann sammelten Sie Spendengelder für uns, und das, was Sie jetzt sehen, ist das Ergebnis Ihrer Bemühungen, und wir danken Ihnen sehr dafür. Wir freuen uns, dass wir damit unseren Schülern die Gelegenheit geben können, hier auf dem Campus die Möglichkeit zu haben, weitere Berufe zu erlernen und so die Aussicht auf einen Arbeitsplatz zu erhalten. Wir hatten vorher nicht die Möglichkeit dazu. Dafür danken wir Ihnen.

Als Sie uns vor einigen Tagen in Aussicht stellten, für ein neues Bildungsprojekt weitere Gelder zur Verfügung zu stellen, haben wir beschlossen, dass dieses Geld in das dringend benötigte Mädchenwohnheim fließen soll. Wir hoffen, es genauso schnell fertig stellen zu können wie die Schule. Das wird vermutlich nicht ganz gelingen, weil es doppelt so groß sein wird. Geben Sie uns einige Monate mehr Zeit.

In jedem traditionellen Gebiet ist Erziehung die Basis für Fortschritt. Das ist der Grund, weshalb Alavanyo es für dringend erforderlich hält, die von Ihnen gesammelten Gelder in Bildungsprojekte zu investieren. Deshalb werden wir alle Gelder, die wir in Zukunft erhalten werden, für den Bau dieses Mädchenwohnheimes einsetzen, bis es fertig gestellt ist und wir uns anderen Projekten zuwenden können.

Wir sind sehr glücklich, dass Sie sich so viel Zeit genommen haben in den vergangenen Tagen, um die einzelnen Dörfer zu besuchen und jeden einzelnen Handwerksbetrieb zu besichtigen. Was Sie vielleicht nicht wissen, ist, dass während der Trockenzeit die Farmer hier Ferien machen. Doch diese Ferien sind nicht gewollt, sondern Folge der Wasserknappheit, die eine Feldbewässerung unmöglich macht. Deshalb sollte es unser Ziel sein, nach dem Abschluss des Bildungsprojektes mit Spendengeldern dafür zu sorgen, die Bewässerung auf den Feldern zu verbessern und den Farmern damit mehrfach im Jahr Ernten zu ermöglichen. Das wird auch neue Arbeitsplätze schaffen.«

Der Paramount Chief setzt sich. Was für eine schöne und ermutigende Rede. Und mir ist nicht entgangen, dass mir die nächste Aufgabe bereits gestellt wurde. Die Modernisierung der Feldbewässerung. So habe ich ein neues Ziel, und meine Arbeit hier erscheint mir wieder konkret und sinnvoll.

Die Festlichkeiten zur Schuleinweihung ziehen sich jetzt schon seit Stunden hin. Gesangs- und Tanzdarbietungen wechseln sich mit Reden und Trommeleinlagen ab. Ich bin neugierig auf das neu errichtete Gebäude, das ich mir vorher nicht ansehen durfte, und beginne langsam ungeduldig zu werden. Typisch europäisch, denke ich, denn die Menschen hier freuen sich über das Fest und genießen den Augenblick. Eine Erfahrung, die ich immer wieder mache, wenn ich hier bin, ist, dass auch ich lerne, geduldiger zu sein. Zum Abschluss der Darbietungen bekomme ich verschiedene Geschenke, unter anderem eine Statue sowie einige Korbwaren. Dann erhebe ich mich, um meine Ansprache zu halten.

Ich sage, dass ich mich froh und glücklich schätze, wieder in Alavanyo zu sein, und dass ich erstaunt darüber bin, in welch kurzer Zeit ein so großes Schulgebäude errichtet werden konnte. Ich habe mich über die verschiedenen Darbietungen, die mir zu Ehren gegeben wurden, sehr gefreut und insbesondere darüber, dass ich hier immer so herzlich willkommen geheißen werde. Außerdem mache es mich froh und glücklich zu hören, dass ich offensichtlich auch in den Augen der Bevölkerung die mir übertragene Aufgabe bisher zur Zufriedenheit gemeistert habe, und ich hoffe, dass dies auch in Zukunft so sein wird. Vielleicht werde ich nicht alle fünf bis sechs Monate nach Alavanyo kommen können. Wenn dies aber nicht der Fall sein sollte, so nicht, weil ich die Menschen hier vergessen habe, sondern weil ich in Deutschland meiner Arbeit nachkommen und mir die Zeit für meine Besuche sorgfältig einteilen muss.

Als ich diese Rede halte, weiß ich noch nicht, dass ich künftig, wie aus einem inneren Antrieb heraus, dennoch alle vier bis fünf Monate nach Ghana reisen werde, weil die mir übertragene Aufgabe so selbstverständlich werden wird, dass sie zum festen Bestandteil meines Lebens gehört.

Philipp hat unserem Verein ein Gästebuch gestiftet, das ich jetzt mit nach Alavanyo gebracht habe und in das ich die Vertreter der größeren Dörfer sich nun als erstes einschreiben lassen möchte. Das Gästebuch wird auf einer alten Trommel ausgelegt, und ich bitte sie alle, etwas hineinzuschreiben.

Es ist das erste Mal, dass ich nach Gründung unseres Vereines nach Alavanyo komme, und so ist dies für uns ein historischer Moment. Für die Menschen hier mit Sicherheit auch, denn ich glaube nicht, dass sie jemals vorher in ein Gästebuch geschrieben haben, und so nehmen sie sich Zeit und Ruhe, um sorgfältig ihre Eintragungen vorzunehmen. Danach bekomme ich in einer feierlichen Zeremonie eigens für mich angefertigte Glasperlen überreicht, die mir wieder an dünnen Schnüren um die Handgelenke gebunden werden. Nachdem meine Arme bis zu den Ellenbogen mit weißen Schnüren bedeckt sind, bedanke ich mich und nehme wieder Platz. Danach werden auch Uschi, Marcelle und Kay beschenkt.

Das Schulgebäude wurde erstellt, um die Ausbildung handwerklicher Berufe für ältere Schüler zu ermöglichen, und so haben wir einen großen Koffer voller T-Shirts und verschiedene Schulmaterialien mitgebracht, die ich nun übergeben möchte. Wir überreichen dem Rektor den Inhalt unseres großen Koffers: Tuschkästen, Bleistifte, Buntstifte, Zeichendreiecke, Lineale und vieles mehr. Unsere Geschenke werden freudig angenommen. Überschwänglich bedankt sich der Rektor bei uns. Verschiedene Gruppen formieren sich auf dem Platz. Der Schirmträger erhebt sich – das ist für uns das Zeichen zum Aufbruch.

Die Besichtigung des Schulgebäudes und die eigentliche Einweihung beginnen. Gemäßigten Schrittes schreiten wir über den Platz und steigen die Stufen zum Gebäude hinauf. Ich bekomme eine Schere gereicht. Mit ihr durchschneide ich das Band, das unseren Einzug von der Schule noch verhindert. Endlich kann ich das Gebäude in Augenschein nehmen. Ich bin überrascht, wie sauber und gut die Zimmerleute und Maurer gearbeitet haben. Es ist ein großes Gebäude mit fünf Klassenräumen für über achtzig Schüler. Jetzt kommt der offizielle Teil der Veranstaltung. Pressefotos für die Journalisten aus Ghana werden gemacht und auch wir machen Fotos für unsere Vereinschronik. Ich freue mich, dass die Arbeiten so zügig vorangegangen sind, dass schon nach wenigen Monaten die Schüler hier Platz nehmen können.

Dann steigen wir zu Fuß eine sanfte Hügelkette hinauf

und der Paramount Chief erklärt mir, dass hier der Platz sein wird, wo das Mädchenwohnheim entstehen soll. Palmwein wird gereicht und aus Kalebassen auf der Erde vergossen, um den Boden für die Grundsteinlegung zu weihen und die Ahnen gnädig zu stimmen.

Alles ist ganz anders, als ich gedacht hatte. Ich hatte nicht erwartet, dass die Projekte, die wir hier in Angriff nehmen, so schnell und zügig umgesetzt werden würden.

Nach dem offiziellen Teil folgt nun der traditionelle Tanzteil, an dem auch wir teilnehmen sollen. Jetzt kommt mir zugute, dass ich die traditionellen Rhythmen bei meinen ersten Reisen erlernt habe, und so stelle ich fest, dass es mir schon viel leichter fällt, die Hüften zum Klang der Trommeln zu wiegen. Es wird der fröhliche Abschluss eines eindrucksvollen Tages, an dem wir unser erstes größeres Projekt abgeschlossen haben. Fröhlich begeben wir uns zum Dorf des Paramount Chiefs, wo die offizielle Verabschiedung stattfindet.

Der Tag neigt sich bereits dem Ende zu, als wir später die staubige Sandpiste von Alavanyo verlassen und uns Hohoe nähern.

Mit einem wunderbaren Abendhimmel in den schönsten Farben werden wir für den eindrucksvollen Tag belohnt. Als ich mich für eine halbe Stunde auf meinem Bett unter dem Moskitonetz ausruhe und die Füße hochlege, kann ich mich dennoch nicht so richtig entspannen. Ich denke daran, mit wie vielen Problemen wir noch zu kämpfen haben werden, bevor wir wirklich das Gefühl haben dürfen, etwas erreicht haben. Wir sind erst am Anfang …

Es gibt noch so viel zu tun, dass ich nicht wirklich zufrieden mit dem bin, was ich bisher geschafft habe. Dann fallen mir Philipps Worte ein: Wenig ist mehr als nichts, hat er gesagt, damals vor meiner Krönung. Worte, die mir so viel bedeutet haben und auch heute noch so viel bedeuten. Wir sind hier nicht in Europa, das muss ich mir immer wieder klarmachen, und ich muss glücklich sein mit dem, was wir erreichen, und sei es noch so wenig.

Plötzlich überkommt mich eine wohltuende Zufriedenheit, und ich fühle, dass sich ein Traum erfüllt hat. Ich habe eine Aufgabe, die ich mir immer gewünscht habe und die ich mit Freude weiterführen werde.

Am nächsten Morgen reisen wir ab. Wir haben noch viel vor. Ich möchte mich auf die Suche nach den Fertigungsstätten der schönen Glasperlenarmbänder machen. Sie sollen irgendwo in den Bergen hergestellt werden, in verschwiegenen Dörfern, die es zu finden gilt. Und bevor ich abreise, möchte ich noch einen Abstecher zu der Medizinfrau machen, die mich vor meiner Krönung die traditionellen Tänze gelehrt hat. Als wir an der Straße halten und zu Fuß den schmalen Pfad in die Hügel hoch zu ihrer bescheidenen Behausung betreten, kommt sie uns bereits freudig lächelnd entgegen. Sie hat mich erwartet. Sie wusste, dass ich komme, sagt sie.

Fast sechs Monate ist es jetzt her, dass ich in ihrem Haus gewesen bin und sie mir geholfen hat, mich auf meine Aufgabe in Alavanyo vorzubereiten. Ich freue mich, wieder hier zu sein, wo alles begann.

Sie fragt mich, ob ich mir Wohlstand wünsche, dann würde sie für mich beten. Ich sage ihr, dass ich mir Gesundheit wünsche, damit ich noch oft hierher kommen kann. Die Antwort überrascht sie, aber sie verspricht mir, etwas für mich zu tun bei den Ahnen.

Bei unserer Abfahrt folgt sie uns auf die Straße, und ich sehe sie im Rückspiegel immer kleiner werden. Das weiße Tuch, mit dem sie uns zum Abschied winkt, sehe ich noch viel länger als sie selbst. Wie immer ist es viel später geworden, als wir ursprünglich geplant haben, und so müssen wir uns beeilen, um vor Anbruch der Dunkelheit die Dörfer zu erreichen, in denen die traditionelle Handwerkskunst der Glasperlenfertigung beheimatet ist.

Endlich erreichen wir das erste Dorf. Doch hier finde ich nicht das, was ich möchte. Ich habe in Ghana schon sehr schöne Schmuckstücke gesehen und auch einige auf den Märkten gekauft. Doch keines in der von mir gewünschten Qualität und Schönheit kann ich hier entdecken. Also mahne ich zur Eile. Ich mache Kosi klar, dass wir so nicht weiterkommen. Wir können uns nicht über holprige Sandpisten den Weg durch die Dörfer bahnen, um letztendlich festzustellen, dass wir erfolglos sind auf der Suche nach dem, was wir möchten. Dazu fehlt uns die Zeit. Kosi schlägt vor, auf einen Markt zu gehen.

Die Sonne steht bereits relativ tief am Himmel, doch wir haben Glück. Auf einem der Dorfmärkte entdecke ich einen Stand mit wunderschönen Glasperlenarmbändern. Die Besitzerin scheint nicht sehr erfreut zu sein über unseren Besuch so kurz vor Einbruch der afrikanischen Nacht. Sie möchte uns nichts verkaufen, und sie möchte auch nicht sagen, woher sie die Armbänder hat. Mit eisiger Miene und in die Hüften gestemmten Händen macht sie mir klar, dass wir unerwünscht sind.

Doch ich gebe nicht auf. Freundlich lächelnd bewege ich sie dazu, mir doch Auskunft zu geben. Aber offensichtlich will sie mit mir nicht ins Geschäft kommen.

Es ist das erste Mal, dass ich in Ghana auf Ablehnung stoße. In Deutschland würde ich spätestens jetzt den Rückzug antreten, doch ich bin nicht hunderte von Kilometern über sandige Pisten gefahren, um jetzt aufzugeben. Immer wieder schaue ich die finster dreinblickende Frau freundlich lächelnd an, und letzten Endes kann ich sie dazu bewegen, mich in die Fertigungsstätte ihrer schönen Stücke einzuladen. Da es heute bereits zu spät ist, die weite Reise dorthin anzutreten, verabreden wir uns für den kommenden Tag.

Das bedeutet jedoch, dass wir Kilometer um Kilometer wieder zurückfahren müssen, da für heute Abend und morgen Vormittag unser Aufenthalt in Accra vorgesehen ist. Wir haben dort einen Termin mit dem Parteivorsitzenden der neuen Regierungspartei. Das ist Afrika, nichts geht reibungslos oder wie geplant. Zeit ist hier kein Faktor. Eilig machen wir uns also auf den Weg, um Accra noch vor Einbruch der Dunkelheit zu erreichen.

Ich kann es kaum erwarten, zu Hause in Hamburg anzurufen, und freue mich, als wir endlich das Hotel erreichen. Am Abend nehme ich das erste ausgiebige Bad nach einer Woche und genieße den Luxus einer ausreichenden Wasserzufuhr. Am nächsten Morgen stehen wir erholt auf, kleiden uns an und machen uns nach dem Frühstück auf den Weg zum Regierungsviertel.

Wie immer müssen wir erst einmal warten. Auf der Veranda eines repräsentativen Hauses im Regierungsviertel warten wir auf Einlass. Endlich erscheint Herr Skyedes, um uns zu begrüßen. Ich schaue den sympathisch aussehenden Mann an und überlege, was seine Optik so ungewöhnlich macht. Endlich komme ich darauf. Es sind seine blauen Augen. Es ist das erste Mal, dass ich einen Afrikaner mit stahlblauen Augen sehe. Ich bin überrascht. Es ist so ungewöhnlich, dass ich versucht bin, ihn danach zu fragen, doch dann besinne ich mich. Ich bin hier nicht in Deutschland und kann es mir nicht leisten, derart persönliche Fragen an mir fremde Menschen zu stellen. Es ist ein Höflichkeitsbesuch, der hier stattfindet.

Ich werde zu meiner Arbeit gefragt, wie ich nach Ghana gekommen bin und welche Aufgaben ich mir für die Zukunft gestellt habe. Unsere Konversation zieht sich über fast zwei Stunden hin. Ich erzähle viel und erfahre wenig. Bis ich eine Einladung für einen Besuch bei dem neuen Präsidenten, Herrn Kufour, für den übernächsten Tag erhalte. Leider werde ich zu diesem Besuch keine Gelegenheit mehr haben, denn übermorgen werde ich bereits abgereist sein. Wir tauschen beiderseitige Bedauernsfloskeln aus und verabschieden uns von dem sympathischen Mann, der mir seine Hilfe für den Fall, dass ich sie brauche, bereitwillig anbietet. Zum Abschluss der Begegnung wird uns noch seine ganze Familie vorgestellt, die sehr europäisch anmutet und auch in verschiedenen Ländern Europas bereits gelebt hat, wie mir erklärt wird.

Schnell fahren wir zurück ins Hotel, ziehen uns um und machen uns auf den Weg in das circa hundert Kilometer entfernte Dorf, wo die Glasperlen hergestellt werden. Diesmal werden wir freundlich, wenn auch nicht überschwänglich begrüßt. Eigentlich hatte die Frau nicht erwartet, uns heute wiederzusehen. Ich bin von mir selbst überrascht. In Europa hätte ich auf die Unfreundlichkeit des Vortages anders reagiert, doch in Afrika herrschen andere Umgangsformen, und wer weiß, warum sie mir gegenüber so skeptisch ist. Wir stellen uns vor. Ihr Name ist Ekuwa. Sie ist also an einem Mittwoch geboren.

Dann werden wir auf einen kleinen Platz hinter ihrem Haupthaus geführt, und ich bin erstaunt, was für eine professionelle Ordnung hier herrscht. Auf dem lehmigen Boden unter mit Palmenwedeln gedeckten Unterständen schlagen aus mehreren Steinöfen Flammen heraus, die eine unerträgliche Hitze verbreiten. Vor ihnen sitzen auf Schemeln mehrere Männer mit nackten Oberkörpern, denen der Schweiß in Sturzbächen hinunterläuft. Jeder dieser Öfen muss Temperaturen um die 1000 Grad haben, und schon bei ihrem Anblick wird mir unerträglich heiß. Ich halte Abstand und betrachte das Geschehen von weitem.

Handgeschmiedete Bleche an langen Stielen werden in den Ofen geschoben, auf denen jeweils eine kleine Zementform steht. In der Mitte dieser Zementform ist eine Vertiefung, in die ein Stück Glas eingelegt wird. Durch die Hitze im Ofen wird das Glas flüssig, und nach dem Herausnehmen wird mit einem Holzstab ein Loch hineingebohrt. Eine zeitraubende und arbeitsintensive Prozedur unter extremsten Bedingungen. Endlich sehe ich zum ersten Mal selbst, wie mühsam es ist, jede einzelne Perle herzustellen. Dann wird das flüssige Glas bemalt.

Eine andere Fertigungsweise ist das Mahlen des Glases zu Pulver, das dann in mehreren verschiedenen Farbschichten in die Formen eingelegt wird, so dass die Muster in das Glas eingebrannt werden.

Das eine wie das andere ist eine unglaublich aufwändige Herstellungsweise. Plötzlich kommt mir der Preis für die Armbänder, den ich anfangs für hoch gehalten habe, angesichts der bei uns zurzeit in Mode gekommenen Buddha-Armbänder, die in China in Massenfabrikation hergestellt werden, niedrig vor. So verschieben sich die Relationen. Und jetzt erscheint mir der Preis, gemessen an dem Arbeitsaufwand, extrem niedrig. Pro Tag kann immer nur eine Sorte der verschiedenen Glasperlen hergestellt werden. Wie viele Wochen, Monate und Jahre müssen die Menschen hier gebraucht haben, um all die Ketten und Armbänder herzustellen, die auf dem Markt feilgeboten wurden. Jetzt weiß ich ihre Arbeit plötzlich viel mehr zu schätzen. Vorher haben mich nur die Farben und Formen beeindruckt.

Nachdem ich mich ein wenig mit Ekuwa über ihre Produktion unterhalten habe, wird sie zugänglicher, ja fast freundlich. Sie sieht, dass wir nicht einfach nur kommen, um zu kaufen, sondern ihre Arbeit richtig zu schätzen wissen. Hunderte von verschiedenen Zementformen stehen neben den Öfen für die unterschiedlichen Formen und Größen der Glasperlen. Und alles hat seinen professionellen Ablauf. Diese Frau muss sehr geschäftstüchtig sein. Über zwanzig Arbeiter sind hier beschäftigt. Fast schon eine Massenproduktion. Auf dem Boden unter den Palmdächern liegen auf Strohmatten und Tüchern kleine Babys, die schlafen. Kinder der Arbeiterinnen, die hier das Bemalen der Glasperlen vornehmen. Unter einem anderen Schatten spendenden Unterstand werden schmiedeeiserne Gestelle gefertigt, die als Kerzenleuchter dienen. Es ist das erste Mal, dass ich hier in der Provinz überhaupt Kerzenleuchter sehe. Ich bin beeindruckt.

Ekuwa macht mir Mut. Sie lässt mich hoffen, dass auch für Alavanyo die Möglichkeit besteht, Arbeitsplätze zu schaffen, und man eine professionelle, wenn auch zeitraubende Fertigung von Produkten aufbauen kann. Sie hat mir aufgezeigt, dass auch in Afrika möglich sein kann, was ich bisher nur aus Fernost kenne, nämlich eine Serienproduktion mitten in der Provinz zu organisieren. Sie merkt mir meine Begeisterung an und taut zusehends auf, dann lädt sie mich ein, in ihr Haupthaus zu kommen, wo sie mir eine Vielzahl von wunderschön gearbeiteten Ketten und Armbändern zeigt.

Ich kaufe eine Auswahl von jenen Stücken, die mir dem europäischen Geschmack zu entsprechen scheinen, und verabschiede mich von der Frau mit dem Versprechen, im November wiederzukommen.

Es ist sehr spät, als wir uns auf den Weg zurück nach Accra machen. Im Hotel angekommen, erwarten uns die zwei Reporter. Ich habe sie während der letzten Tage dieser Reise nur schemenhaft immer wieder neben mir wahrgenommen, jedoch nicht mehr mit ihnen gesprochen. Somit habe ich nicht mitbekommen, dass Kosi ihnen die geforderten fünfzig US-Dollar gezahlt hat, in der Hoffnung, dass ich sie ihm zurückgebe. Freundlich begrüßen sie mich. Kosi, der ebenfalls in der Halle Platz genommen hat, erhebt sich. Er erklärt mir kurz die Situation. Ich bin verärgert, dass ich hier vor vollendete Tatsachen gestellt werde, aber mit einem entwaffnenden Lächeln überreichen mir die beiden ein umfangreiches Album mit über hundert Fotos, die ich mir in Ruhe anschauen soll, und dann bedanken sie sich für die nette Zusammenarbeit. Nach den Anstrengungen und der Hitze des Tages habe ich keinerlei Ambitionen mehr, mich mit irgendjemandem herumzustreiten, und so schreibe ich die fünfzig Dollar, die ich Kosi zurückgeben muss, stillschweigend ab.

Ich hatte sehr gehofft, diesen letzten Tag in Accra gemütlich am Pool verbringen zu können, um noch etwas auszuspannen. Das ist mir nun nicht gelungen. Aber wir beschließen, den Abend ganz entspannt im Hotel bei unserem letzten gemeinsamen Abendessen zu verbringen, nachdem wir uns vorher noch ein wenig auf dem Zimmer erfrischt haben. Später telefoniere ich das erste Mal ausgiebig mit Philipp und schlafe dann sofort ein. Am nächsten Morgen erwache ich erst sehr spät. Eilig packe ich meine Koffer und rufe nach dem Portier, um die Gepäckstücke in die Halle bringen zu lassen.

Als ich die Hotelhalle betrete, sehe ich schon einen der beiden Reporter auf mich zustürmen. Er fragt mich, ob mir die Fotos gefallen hätten. Um ihm eine Freude zu machen, sage ich, dass sie mir sehr gut gefallen. In Wirklichkeit lässt die Qualität zu wünschen übrig. Sie sind teilweise unscharf und die Kontraste verwischt. Doch das möchte ich jetzt nicht sagen, um ihn nicht zu demütigen. Doch schon im nächsten Moment bereue ich, dass ich nicht die Wahrheit gesagt habe. Er hält mir ein Blatt Papier direkt vor das Gesicht. Es ist die Rechnung, nach der ich gefragt habe, denke ich. Doch plötzlich sehe ich, dass statt der eigentlich ja nicht vereinbarten hundertfünfzig Dollar, die ich aber bezahlt habe, dort ein Betrag von dreihundert Dollar steht. Ich bin irritiert und frage ihn, was diese Rechnung zu bedeuten habe. Er erklärt mir, dass in dem vereinbarten Pauschalpreis selbstverständlich nicht das Geld für das Fotomaterial und die Abzüge sowie das Album enthalten sei und dass ich diese nun extra bezahlen müsse. Das schwere Album liegt ganz unten auf dem Boden meines sorgfältig gepackten Koffers, und ich merke, wie die Wut in mir hochsteigt ob dieser Unverschämtheit.

Bestimmt sage ich ihm, dass ich keinesfalls die Absicht habe, ihn nochmals für seine von mir nicht in Auftrag gegebenen Arbeiten zu bezahlen. Daraufhin wird er wütend und erklärt mir, dass das doch so abgesprochen gewesen sei. Doch zum Glück habe ich mehrere Zeugen. Kay, Marcelle und Uschi sind inzwischen zu uns gekommen und reden wechselweise auf den Reporter ein. Sie alle waren bei den ersten Gesprächen dabei und wissen, wie sich die Sachlage tatsächlich darstellt. Doch dieser lässt sich nicht beirren. Immer wieder beharrt er auf der Zahlung der restlichen Dollar. Ich erkläre ihm, dass ich die Fotos weder bestellt noch gewollt habe und dass er diese gern wiederhaben könne. Auf keinen Fall jedoch würde ich ihm noch mehr Geld bezahlen. Plötzlich dreht er sich auf dem Absatz um und verlässt grußlos das Hotel.

Ich bin wütend und fühle mich ausgenutzt. Diese Begebenheit ist für mich ein trauriger Abschluss der sonst so schönen Reise. Auch die später bei mir eintreffenden Reportagen aus verschiedenen Tageszeitungen in Ghana können mich nicht milder gegen diese beiden Menschen stimmen, die letztlich nur eines gewollt haben – mein Geld. Nach dem Frühstück genießen wir noch ein wenig die afrikanische Sonne auf den Liegen am Pool unseres schönen Hotels, und am späten Nachmittag machen wir uns fertig für die Reise zurück nach Europa.

Auf dem Weg zum Flughafen statten wir noch kurz dem Rollstuhlfahrer Kofi einen Besuch ab, um uns zu verabschieden. Wie immer sitzt er auf seinem Platz vor dem Kunstmarkt. Als ich ihm ein letztes Mal auf dieser Reise die Hand schüttele, frage ich mich das erste Mal, wo und wie er eigentlich leben mag. Schnell weise ich diese Gedanken von mir. Das zu wissen, würde neue Probleme aufwerfen. Ich bemühe mich, afrikanisch zu denken. Später einmal …, denke ich. Dann fahren wir zum Flughafen.

WEIBLICHE TUGENDEN:
RÜCKSICHT, ZÄRTLICHKEIT,
VORSICHT

Projekte des Fortschritts

Werde erst selbst gesund,
bevor du andere zu heilen anfängst.
Afrikanisches Sprichwort

Im November 2001 steht meine nächste Reise nach Ghana an. Wieder begleiten mich Marcelle, die Fotografin, und ihr Freund Kay, der Kameramann. Zum ersten Mal kommt meine Freundin Isobel mit. Als wir aus dem Flugzeug steigen, schlägt uns unglaublich schwüle Luft entgegen. Obwohl es schon nach zehn Uhr abends ist, als die Maschine landet, haben wir noch Temperaturen um die vierzig Grad. Der heiße Wind nimmt die Luft zum Atmen. Unser Ankunftsritual wiederholt sich; wie jedes Mal essen wir mit einer großen Gruppe zu Abend. Zur Begrüßung empfangen uns Leute aus Alavanyo. Ein Sprachengewirr aus Englisch, Ewe und Deutsch lässt die anderen Hotelgäste aufmerksam werden. Der Kellner bittet uns um eine etwas leisere Konversation. Da es bereits weit nach Mitternacht ist, gehen auch wir auf unsere Zimmer. Angenehm klimatisierte Räume erwarten uns. Schnell packen wir das Nötigste aus. Erschöpft sinke ich in die Kissen.

Am kommenden Morgen geht die Reise weiter nach Alavanyo. Diesmal haben wir keinen Aufenthalt in Accra geplant, obwohl mir nach dem Stress der letzten Wochen in Hamburg ein paar Urlaubstage gut tun würden. Meine Reisen nach Ghana sind voll gestopft mit Aufgaben und Zielen, die ich mir gesteckt habe. Und auch mein Büro in Hamburg, durch das ich meinen Lebensunterhalt verdiene, verlangt viel von mir. Gern hätte ich etwas Zeit zum Ausspannen und Entdecken anderer Landstriche. Urlaub jedoch ist keine dieser Reisen für mich bisher gewesen. Zu angespannt bin ich jedes Mal, weil immer wieder unvorhergesehene Ereignisse zur Umdisponierung zwingen. Auch dieses Mal haben wir keine Zeit, in Accra zu verweilen. Jeder Tag dieser Reise ist verplant.

Am nächsten Morgen – die Nacht hat keine Abkühlung gebracht – erwartet uns wieder drückende Schwüle. Es ist das erste Mal, dass ich in Afrika mit Kreislaufproblemen zu kämpfen habe. Meine Beine sind vom langen Flug immer noch geschwollen. Bis die Wagen beladen sind, können wir eigentlich schon wieder die Kleidung wechseln, so schweißtreibend ist das Klima. Dann geht die mehrstündige Autofahrt in die Voltaregion los.

Nachdem wir schon einige Stunden gefahren sind und Alavanyo in greifbare Nähe rückt, überrascht uns Kosi, der uns wieder als Fahrer geschickt wurde, mit der Mitteilung, dass wir noch dem Bischof der Voltaregion einen Besuch abstatten müssten. Es wäre ein Termin vereinbart. Bischof Francis Kofi Anani Lodonu der Diözese in Ho, der Hauptstadt der Voltaregion, hat von unserer Arbeit gehört und möchte mich gern kennen lernen. Wie so oft werde ich vor vollendete Tatsachen gestellt. Das Protokoll meiner Reise wird gemacht, ohne mich darüber in Kenntnis zu setzen.

In meiner einfachen Hemdbluse und schlichten Khakihose bin ich natürlich falsch gekleidet. Aber daran habe ich mich schon gewöhnt. Die Ghanaer legen viel Wert auf die dem Anlass entsprechende Kleidung. Und ich habe gelernt, meine heiß geliebten Jeans hier nur selten zu tragen. Hosen im Allgemeinen sind für mich bei offiziellen Anlässen nicht erlaubt. Und der Besuch beim Bischof ist ein offizieller Anlass. Doch mein Gepäck ist weit weg von mir, in dem Fahrzeug mit den Koffern. Also habe ich keine andere Wahl, als diesen Antrittsbesuch in meiner zerdrückten, verschwitzten Kleidung zu machen.

Die Residenz des Bischofs ist, wie alle katholischen kirchlichen Einrichtungen in Ghana, sehr modern und entspricht absolut europäischem Standard. In einem offenen, runden, mit Stroh gedeckten Patio nehmen wir Platz. Getränke werden gereicht. Dann folgt eine ausführliche Konversation, in der wir die von uns schon durchgeführten oder begonnenen Projekte erörtern und die Ziele, die wir in naher und ferner Zukunft für die Menschen in der Voltaregion planen, vorstellen. Der Bischof, ein beleibter und gemütlich aussehender älterer Herr mit blütenweißem Gewand und pinkfarbener Kopfbedeckung, scheint beeindruckt. Er lächelt mir während unseres Gespräches immer wieder freundlich und aufmunternd zu. Auch die anderen Referendare nehmen an unserem Austausch regen Anteil.

Dann wird spontan der Besuch einer kircheneigenen Schule angeregt. Wir sollen uns dort einen Eindruck verschaffen, wie die Kinder leben und arbeiten. Ich schaue auf die Uhr. Die Menschen in Alavanyo werden auf mich warten müssen. Aber es wäre unhöflich, abzulehnen und jetzt aufzubrechen. Also fahren wir zur Schule. Schon von weitem hören wir in dem offenen Fahrzeug das Singen und Klatschen der Kinder. Sie begrüßen unsere Delegation mit einem typischen Ewe-Lied, das übersetzt »Herzlich willkommen, du hast uns gut getan« bedeutet.

Auch hier werden wir mit offenen Armen empfangen. Die Fröhlichkeit der Kinder steckt mich wie immer an. Ich klatsche mit und versuche ein wenig zu singen. Lautes Gelächter ist die Folge. Dann tritt eine der Lehrerinnen nach vorn und beginnt zu tanzen. Es gehört zur Tradition, dass zur Begrüßung auch der alte Brauch des Tanzens zelebriert wird. Also versuche ich mich in den vor einigen Monaten gelernten traditionellen Tänzen, bevor ich allen Kindern die Hände schüttele. Sie sehen bezaubernd aus in ihren blau-weißen Schuluniformen, und man merkt nichts davon, dass einige von ihnen ein schweres Los tragen, weil die Eltern kaum das Geld für die schulischen Einrichtungen aufbringen können. Die Gesänge bringen uns in Stimmung, und dann tanzen wir alle. Sogar der Bischof stimmt in den Gesang ein.

Es folgt eine offizielle Ansprache des Bischofs, der uns herzlich in der Schule begrüßt, und ein Rundgang durch die angrenzenden Schulgebäude. Auch hier wieder Händeschütteln und freundliche Begrüßung. Die Schwestern empfangen uns mit offenen Armen.

Wir betreten die modernen Gebäude, die den Eindruck machen, als seien sie gerade für unseren Besuch frisch gestrichen worden. In einem Aufenthaltsraum nehmen wir Platz. Ein Ventilator bringt erfrischende Kühle. Der Bischof stellt uns den Schwestern und den Referendaren der Schule vor. Sie alle haben warme und herzliche Worte für uns. Wir werden von allen sehr freundlich aufgenommen. Nach der Begrüßung stimmen die Schwestern ein wunderschönes Lied an. Alle Erwachsenen fangen wieder zu tanzen an und reißen uns durch ihre fröhliche Stimmung mit. Nun bewegen auch wir Europäer uns erneut im Rhythmus des Liedes.

Wie immer, wenn ich nach Ghana komme, überwältigt mich die Herzlichkeit der Menschen. Nachdem ich verspreche, wiederzukommen, verabschieden wir uns von allen, und ich trete die Weiterfahrt in mein Gebiet, nach Alavanyo an. Doch bevor wir die Plätze in unserem Fahrzeug einnehmen, kommt der Bischof noch einmal auf mich zu und teilt mir mit, dass er eine Überraschung für mich habe. Am kommenden Sonntag würde ein Festtagsgottesdienst zu meinen Ehren unter freiem Himmel in der Nähe von Alavanyo abgehalten werden. Dieser Gottesdienst sei etwas ganz Besonderes, und er würde sich sehr freuen, wenn ich an ihm teilnehmen könne. Spontan sage ich zu, und wir verabschieden uns mit der Aussicht, uns schon in Kürze wiederzusehen.

Etwa eine Stunde später erreichen wir Alavanyo. Endlich sind wir wieder auf der von mir so geliebten roten Sandpiste. Dann fahren wir nach Kpeme, dem Wohnsitz des Paramount Chiefs und meiner afrikanischen Eltern. Schon von weitem hören wir den Klang der Trommeln. Zur Begrüßung wird der obligatorische Palmwein vergossen, um die Ahnen an der Begrüßungszeremonie teilnehmen zu lassen.

Ein alter Mann mit zerfurchtem Gesicht und grauen Haaren bläst das traditionelle Horn. Er trägt die Kleidung der Jäger und Sammler, die über und über mit kleinen Paketen benäht ist. In ihnen befinden sich Kräuter und Heilpflanzen, die von spiritueller Bedeutung sind.

Das Begrüßungsritual beginnt. Wir begrüßen – wir werden begrüßt. Dann treffen die beiden wunderschönen Mädchen ein, mein »Hofstaat«, die wie immer zu meinen Füßen Platz nehmen. Dieses Mal tragen sie bunt gewebte Stoffe mit passenden Kopfbedeckungen, die kunstvoll geknotet sind. Um den Hals haben sie eine große Anzahl alter Perlen geschlungen. Die freien Flächen ihres Körpers sind über und über mit Ewe-Symbolen aus Kalk bemalt.

Der Paramount Chief, Togbega Atakora VII., ist erfreut, uns zu sehen. Das sagt zumindest sein Hofsprecher, der hier Linguist genannt wird, denn wie immer spricht der König die Begrüßungsworte in Ewe nicht selbst. Er blickt stolz und würdig, keine Miene verziehend, zu uns herüber.

Da die Konversation zuerst in Ewe stattfindet und erst danach ins Englische übersetzt wird, nimmt sie einige Zeit in Anspruch. Es wird erörtert, warum wir gekommen sind, was wir diesmal vorhaben und was unsere gemeinsamen Pläne für die Zukunft in Alavanyo sind. Um uns herum stehen eine Menge Menschen. Kinder, die auf dem Kopf Schüsseln mit gedörrten Fischen tragen, die zum Schutz vor Fliegen unter Drahtgittern liegen. Und diejenigen, die gerade nicht bei der Feldarbeit sind, sind gekommen, um mir ein herzliches »Welcome« zu sagen.

Danach steht ein Besuch im Haus meiner afrikanischen Eltern an. Auch sie sind erfreut, mich wiederzusehen. Hier wiederholt sich das Begrüßungsritual in allen Einzelheiten. Kokosnüsse werden gereicht, und wir berichten, was sich in den letzten Monaten ereignet hat. Zum Abschied überreiche ich den beiden unser Gastgeschenk, zwei Armbanduhren. Das Haus meiner afrikanischen Eltern ist sehr schön, aber für unseren ganzen Tross wäre es viel zu klein.

\uftakt zur Krönung – eine der zahlreichen Tanzgruppen

Jnmittelbar vor der Krönung: Cornelia von Wülfing schwört den Großen Eid
uf Alavanyo

Krönungsansprache

Diese Kinder helfen beim Bau ihrer Schule, indem sie Bausteine sammeln und mitbringen

Auf Rundreise durch die sieben Dörfer Alavanyos. Wo die Königin ist, ist auch der Schirmträger

Die Einweihung der Schule im Februar 2001

Das traditionelle und das offizielle Ghana arbeiten zusammen: Der Landwirtschaftsminister Major Courage Quashigah gratuliert zur Übergabe der Pumpen für die Feldbewässerung

Königin im Amt: Ansprache zur Pumpenübergabe

Nach der Pumpenübergabe: Könige im Gespräch (Ngoyifianyonu Akosua I., Togbega Atakora VII., Togbe Bansah

Eine Königin bei der Arbeit: In Sitsofes Dorf verhandelt Cornelia von Wülfing mit dem Arzt darüber, wann der Junge nach Hamburg fliegen darf

Bei der Glasperlenherstellung

In Alavanyo werden die wunderschönen Kentestoffe gefertigt

Das Kindergartenprojekt: Besuch bei den Kleinsten

Einer der kleinen Straßenverkäufer in Alavanyo

Hilda, wie sie leibt und lebt

Besuch in Sitsofes Schule, nachdem der Tumor operiert wurde

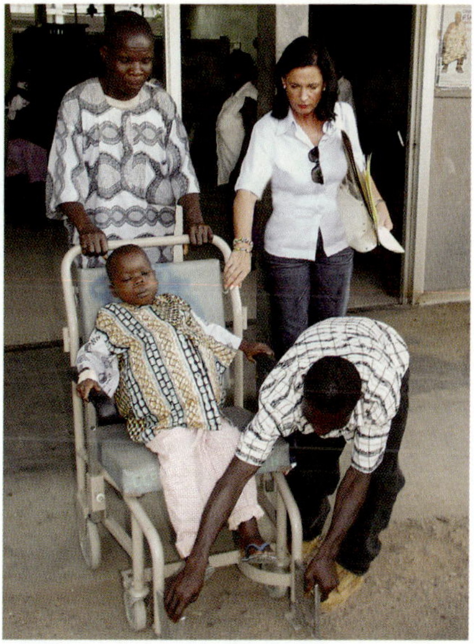

Mit Problemkind Titus vor dem Krankenhaus Korle-Bu

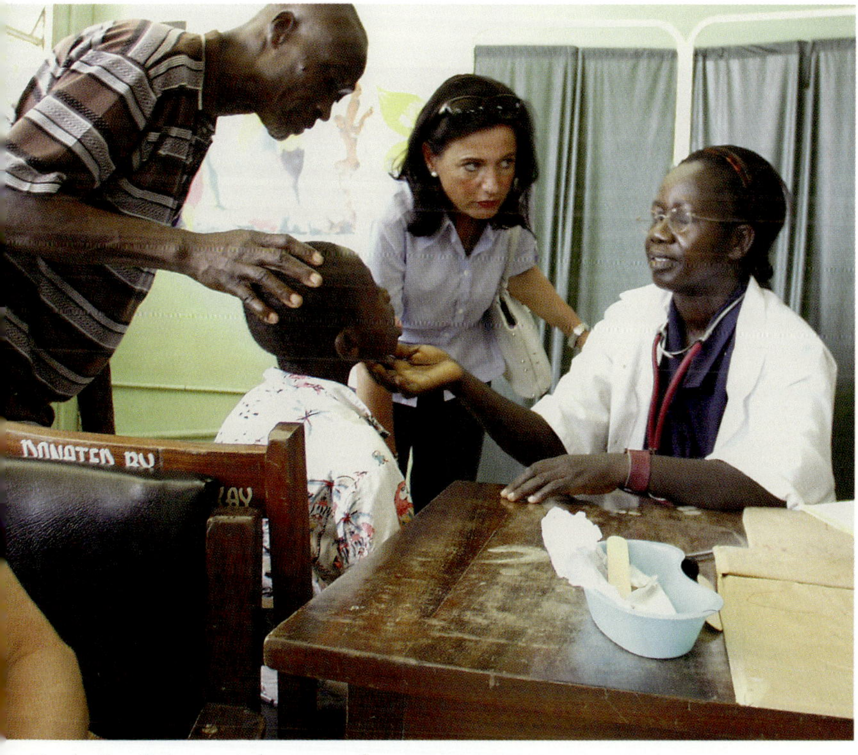

n Korle-Bu: Prince wird untersucht

Kinder in Alavanyo

Wasser für Alavanyo: Besichtigung des alten Staudamms und der verwaisten Pumpenstation mit dem Paramount Chief

Dann fahren wir nach Hohoe zu Hildas Hotel. Hier erwartet uns ein ungewohnter Luxus: die Klimaanlage funktioniert und die Moskitonetze sind aufgehängt. Wir sind angenehm überrascht. Nach der abendlichen Dusche, die sogar eine kurze Haarwäsche zulässt, bevor sie versiegt, sitzen wir noch lange zusammen, um den schönen Sternenhimmel anzusehen.

Am nächsten Morgen müssen wir sehr früh aufstehen. Schon um neun Uhr sind wir erneut im Haus meiner Eltern verabredet. Dort soll ich für die feierliche Zeremonie angekleidet werden. Der Anlass ist ein besonderer, unser Verein kann dieses Mal sieben Pumpen für die einzelnen Dörfer zur Feldbewässerung übergeben.

Mehrere Frauen erwarten mich. Die Weber von Alavanyo haben mir mein neues traditionelles Gewand, den Kente, gewebt. Ich sehe ihn jetzt das erste Mal und bin begeistert von der wunderschönen Farbkomposition. Ich danke den Webern für ihre gute Arbeit, die Monate in Anspruch genommen hat. Dann werde ich umgekleidet.

Als ich vor die Tür trete, erwartet mich ein alter Bekannter. Kwame, der Lehrer, den ich schon von meinen letzten Besuchen kenne. Er hat Kinderlähmung und kann sich nur mühsam an Krücken vorwärts bewegen. Auf einer meiner vorherigen Reisen habe ich unsere Fahrer gebeten, ihn im Auto mitzunehmen, was auf viel Widerstand stieß. Doch damals habe ich mich durchgesetzt und niemals den Triumph und die Freude in den Augen dieses Mannes vergessen. Später habe ich ihm ein T-Shirt von unserem Verein geschenkt und ihm ein wenig Geld gegeben. Der versprochene Rollstuhl hätte eigentlich mit dem von uns verschifften Container bereits in Alavanyo eintreffen sollen. Doch durch widrige Umstände hat sich seine Ankunft verzögert, und ich stehe mit leeren Händen da. Der Container wird erst lange nach meiner Abreise hier in Alavanyo eintreffen. Aber ich versichere ihm, dass in dem Container ein Rollstuhl für ihn sein wird, mit dem er sich müheloser fortbewegen kann. Er dankt mir und schüttelt meine Hände. Auf jeder meiner Reisen sucht er meine Nähe, und ich freue mich immer, ihn zu sehen. Er ist so etwas wie ein Freund für mich geworden, obwohl wir uns kaum verständigen können.

In meinem Ornat ist mir sehr warm. Wieder haben wir Temperaturen um die vierzig Grad. Vor dem Haus meiner Eltern erwartet mich eine Menschenmenge, die mich zum Festplatz geleiten soll. Weiße Tücher werden zum Zeichen des Willkommens und der Freude über meine Anwesenheit geschwenkt, und es werden festliche Lieder angestimmt. Obwohl es erst zehn Uhr ist, steht die Sonne bereits hoch am Himmel, und ich blicke mich suchend nach meinem Schirmträger um. Doch mir wird bedeutet, mich erst einmal unter das schattige Strohdach vor dem Haus des Paramount Chiefs zu setzen, um die sich täglich wiederholende Begrüßungszeremonie zu absolvieren. Vorher werden mir noch der Minister der Voltaregion und seine Frau vorgestellt. Ich habe ihn bereits bei meiner Krönungszeremonie kennen gelernt, konnte mich aber an sein Gesicht nicht mehr erinnern. Schon in Deutschland fällt es mir schwer, mich an Gesichter zu erinnern, und hier in Afrika werde ich dafür noch lange Zeit brauchen. Dann setzen die Trommeln ein und die offizielle Zeremonie beginnt mit Trommelwirbel und Gesang.

Jetzt habe ich Zeit, die geschmackvoll angezogenen Menschen aus der Nähe zu betrachten. Die Frau des Ministers sieht sehr hübsch aus in ihrem traditionellen Gewand in leuchtendem Rot, das an den Seiten mit goldenen Bordüren bestickt ist. Auf dem Kopf und über den Schultern trägt sie ein kunstvoll geschlungenes Leopardenfell. Der Minister selbst ist in ein orangefarbenes, reich besticktes Gewand gehüllt und trägt eine dazu passende Kopfbedeckung. Der Paramount Chief und die anderen Gebietskönige sind in farbenprächtige Kente gekleidet – ein wunderschönes Bild bietet sich uns dar. Isobel, die das erste Mal dabei ist, trägt ebenfalls ein traditionelles, reich besticktes, sonnengelbes Gewand.

Nach der Begrüßungszeremonie wird das Zeichen zum Aufbruch gegeben. Die Hornbläser und Schirmträger erheben sich, das Zeichen für uns, uns zu erheben, um zum Festplatz zu schreiten. Vor dem Paramount Chief und mir gehen einige Frauen, die rückwärts laufen und weiße Tücher schwenken. Unsere Zepterträger, Adjutanten, Fächermädchen und Thronträger reihen sich ebenfalls vor uns ein. Hinter uns der Polizeipräsident, der bisher jeden meiner Besuche begleitet hat. Vor dem Festplatz wird die Erde mit Palmwein geweiht. Dann erwarten uns mehrere Tanzgruppen mit Trommeln und Posaunen. Alavanyo ist bekannt für seine Musik, und ich genieße die musikalischen Darbietungen jedes Mal mehr, weil sie mir zunehmend vertrauter werden.

Die Leute von Alavanyo waren und sind nicht nur herausragende Schmiede, sondern auch außergewöhnliche Musiker. Während der Kriegsjahre, als es schwer war, Dinge zu bekommen, fertigten einige der Schmiede komplizierte Musikinstrumente für die über ihre Grenzen hinaus bekannten Musikgruppen aus Alavanyo an. So wurden beispielsweise komplette Klarinetten gefertigt, und auch Mundstücke für Saxophone. In Alavanyo gibt es überproportional viele fachkundige Musiker und Musikologen, die in örtlichen und ausländischen Einrichtungen für die höhere Bildung unterrichten. Musiker genießen ein hohes Ansehen in der Region, und es gibt viele musikalische Talente. Auch Kirchenchöre haben einen hohen Stellenwert. Regionale Volkslieder sind stets populär gewesen. Zeitgenössische Musik umfasst Blaskapellen-, Orchester-, und die traditionelle Konkomba-, Egbanigba- und Borborbor-Musik.

Ein Orchester, das 1930 in Alavanyo gegründet wurde und damals sehr bekannt war, bekam viele Einladungen, in den Tanzsälen der britischen und französischen Kolonialherren aufzuspielen. Die Qualität des Alavanyo Orchesters kann am besten daran gemessen werden, dass während der Krönungsfeierlichkeiten für Königin Elisabeth II. von England die Regierung der Goldküste einen Musikwettbewerb im Land organisierte. Den ersten Platz nahm die Polizeiband der Goldküste ein, den zweiten das Alavanyo Orchester.

Der Zerfall der damals so erfolgreichen Musikgruppe ist der Land-Stadt-Abwanderung zuzuschreiben. Die Abwanderung der gebildeten Jugend von Alavanyo in die städtischen Zentren beeinflusste die lokale Gemeinschaft nachhaltig in negativer Weise. Dennoch haben wir heute das Glück, uns immer noch an zahlreichen musikalischen Darbietungen erfreuen zu können, die zum großen Teil von den Nachkommen des damaligen Orchesters initiiert werden.

Langsam schreiten der Paramount Chief und ich sowie die anderen Offiziellen im Schatten des Schirmes die drei Kilometer auf das Dorf zu, in dem der Festakt stattfindet. Um uns herum lachende Kinder und festlich gekleidete Menschen. Leuchtende Farben bieten sich uns dar und hier und da ein mit Lippenstift geschminkter Mund. Es ist sehr heiß, und ich sehe, wie dem Schirmträger das Wasser den Körper hinunterläuft. Ich selbst spüre das schwere Gewicht meines Kente und meines Krönungsschmuckes. Immer mehr Menschen schließen sich unserem Festzug an. Könige schreiten langsam. Nur wenige Kilometer zurückzulegen, kann Stunden dauern. Aber durch das ständige Drehen des Schirmes entsteht eine wohltuende Luftzirkulation. Immer wieder werden Tücher vor uns ausgebreitet, über die wir schreiten müssen. Dann werden wir mit Blütenblättern beworfen, und ich bekomme mehrere Zweige Hibiskusblüten in den Arm gelegt. Endlich erreichen wir den Festplatz. Es sind an die tausend Menschen gekommen, um an der Feierlichkeit teilzunehmen.

Es bietet sich uns ein farbenprächtiges Bild. Die Gesangsgruppen tragen einheitliche Gewänder aus blauweißem Stoff mit aufwendig gearbeiteten Rüschen und Puffärmeln. Jede dieser Gruppen hat ihren eigenen Stil, ihre eigenen Muster und Farben. Vor uns gehen die wunderschön anzusehenden Mädchen mit ihren bemalten Körpern, die später zu unseren Füßen Platz nehmen. Insgesamt sind vier strohgedeckte Tribünen rund um den riesigen Festplatz angeordnet worden. An den Kopfseiten nehmen auf der einen Seite die offiziellen Vertreter der Regierung, wie die Bürgermeister, die Minister aus Accra sowie der Voltaregion und deren Begleitpersonen Platz, und auf der anderen, genau gegenüberliegenden Seite, die Herrscher der traditionellen Ordnung, die Könige mit ihrem Gefolge. Auf den Seitentribünen sitzen die vielen Menschen Alavanyos, um an dem regen Treiben teilzunehmen.

Die ganze Zeit über war mir aufgefallen, dass meine Begleitpersonen sich wild gestikulierend etwas mitteilten. Ich verstand jedoch nicht, worum es ging. Jetzt plötzlich, als ich auf unsere Tribüne zuschreite, sehe ich es. Man hat für mich einen riesigen Thron an der Kopfseite aufgebaut. Es ist ein wunderschön gearbeitetes Stück, aus einem ganzen Baumstamm gefertigt, der so hoch ist, dass ich eine Fußbank benötige, um hinaufzusteigen. Die Lehnen stellen zwei ausgewachsene Löwen dar und oben im Kopfteil ist mein afrikanisches Wappen eingearbeitet.

Dieses Geschenk soll eine Überraschung für mich sein. Doch ich kann mich darüber nicht freuen. Wo ist mein einfacher Thron, den ich anlässlich meiner Krönungszeremonie in einem Festakt überreicht bekommen habe und auf dem ich gekrönt wurde? Suchend blicke ich mich um. Ich möchte nicht erhaben über den Menschen Alavanyos thronen. Ich bin todunglücklich und beuge mich zum Paramount Chief, der, obwohl ein stattlicher Mann von fast zwei Meter Größe, jetzt sehr viel kleiner als ich auf seinem Stuhl sitzt, hinunter. Auf keinen Fall möchte ich hier oben sitzen bleiben. Ich überlege fieberhaft, wie ich den Menschen, ohne sie zu beleidigen, verständlich machen kann, dass ich nicht so hoch über ihnen sitzen möchte.

Suchend blicke ich mich nach Isobel um, doch ich kann sie nirgends entdecken. Plötzlich sehe ich sie auf der gegenüberliegenden Seite bei den Ministern sitzen. Ich bin ratlos. Schnell schicke ich nach Kosi und bitte ihn, Isobel zu mir herüberzuholen. Sie gehört hier offiziell zu meiner Begleitung und darf nicht einfach auf der anderen Seite Platz nehmen. Da ich keine Zeit habe, auf sie und ihren Ratschlag zu warten, beschließe ich, einfach die Wahrheit zu sagen.

Ich beuge mich zu dem Paramount Chief hinunter und sage ihm, dass ich mich auf diesem großen Thron unwohl fühle. Ich möchte, genau wie die anderen und auch er selbst, auf meinem Krönungsstuhl sitzen. Togbega Atakora VII. verzieht keine Miene. Ich weiß nicht, ob ich ihn beleidigt habe oder ob ihm mein Anliegen nicht gefällt. Ich erkenne jedenfalls keinerlei Reaktion. Plötzlich schießen mir die Tränen der Unsicherheit in die Augen. Als er merkt, wie unangenehm mir die Situation ist, reagiert er ganz spontan. Er bietet mir seinen Stuhl an, lässt nach dem meinen schicken und den großen Thron von vier kräftigen Männern abtransportieren. Später erfahre ich, dass er mehr als vierhundert Kilogramm wiegt. Nach wenigen Minuten wird mein normaler Thron aus dem Haus meiner Eltern gebracht, und ich nehme auf ihm Platz. Jetzt endlich fühle ich mich wohl und zu Hause und beginne, den Festakt wieder zu genießen.

Nach einigen einleitenden Darbietungen beginnt die eigentliche Feier. Die Minister aus Accra kommen zu unserer Seite herüber und begrüßen uns. Doch noch immer strömen weitere Menschen auf den Festplatz. Inzwischen herrscht dichtes Gedränge auf den Tribünen. Immer weitere Stammesfürsten und Könige aus dem Umland, die auf Sänften getragen werden, treffen ein. Nachdem die Delegation aus Accra wieder auf ihren Sitzen Platz genommen hat, machen wir uns auf den Weg über den Festplatz, um sie zu begrüßen. Inzwischen hat die Sonne ihren Höchststand erreicht und es ist unerträglich heiß geworden. Ich merke, wie mir das Wasser den Rücken hinunterläuft und sehne mich nach einem Schluck Trinkwasser. Aber es ist mir als Königin nicht erlaubt, während der Feierlichkeiten zu trinken oder zu essen.

Schon seit geraumer Zeit fällt mir eine ältere Frau auf, die vor mir stehend einen Baumstamm auf den Schultern trägt. Der Baumstamm ist wunderschön bemalt und hat in der Mitte ein Loch. Sie sieht mich fröhlich lächelnd an. Ich beuge mich zum Paramount Chief und frage ihn, was diese Frau auf dem Rücken trägt. Er antwortet mir, das sei eine Videokamera, die sie sich selbst gebaut habe. Ich bemühe mich, nicht zu lachen, und bemerke aus den Augenwinkeln, dass sie mich kontinuierlich in ihrem »Objektiv« hat. Während des gesamten Festaktes bleibt sie an meiner Seite. Mich rührt ihr Engagement, und ich lächle ihr freundlich zu.

Die offiziellen Darbietungen beginnen. Als erstes ertönen die Trommeln, und verschiedene Gesangs- und Tanzgruppen treten auf. Danach werden die offiziellen Ansprachen gehalten. Als erstes ergreift Togbega Atakora VII. das Wort. Er sagt, gerichtet an mich, »niemand kann sich König oder Königin nennen, der nicht den Fortschritt in sein Land bringt«, und er dankt meiner Person dafür, dass ich so viel für die Region getan habe. Er sagt, dass aller Fortschritt uns jedoch nicht die Wurzeln, die wir in Alavanyo haben, vergessen lassen dürfen und dass nur dann, wenn wir an die Wurzeln denken, wir etwas bewirken können. Nach der Rede in Englisch folgt die gleiche Rede auf Ewe, damit auch diejenigen der Bevölkerung sie verstehen können, die kein Englisch sprechen.

Dann kommt der für mich schönste Teil der Feierlichkeiten: Die Jäger und Sammler treten auf den Festplatz. In ihrer traditionellen Kleidung mit ihren alten Waffen und Gehörnen lassen sie erahnen, wovon die Menschen hier früher hauptsächlich gelebt haben. Doch auch heute nimmt diese Gruppe noch einen bedeutenden Platz in der traditionellen Ordnung ein. Auf einer meiner letzten Reisen sprach mich ihr Ältester an. Er hatte gehört, dass ich Jägerin sei, und lud mich daher ein, mit ihnen gemeinsam zu jagen. Ich lehnte dankend ab und erklärte, dass meine Zeit als Jägerin vorbei sei. Mit ihrem verwegenen Äußeren und den durch die Natur gegerbten Gesichtern sieht diese archaische Gruppe etwas Furcht erregend aus. Doch inzwischen habe ich mich an ihren Anblick gewöhnt, und insgeheim wünsche ich mir, mit ihnen einige Tage im Urwald zu verbringen, um unter Bedingungen wie vor hundert Jahren der Fährte des Wildes nachzustellen. Nicht mehr selbst zu jagen, aber dieses Stück Tradition der Jäger und Sammler erleben zu dürfen, das wäre mein Wunsch.

Ich habe viele Jahre selbst gejagt und die Jagd an sich immer als etwas Natürliches empfunden. Vielleicht deshalb, weil mein Vater, der zwar kein Jäger war, mich als Kind oft mitgenommen hatte auf die jährlich stattfindenden Treib- und Drückjagden seiner Freunde. Als ich dann später selbst den Jagdschein machte, nahm ich mir vor, niemals einer jener Trophäenjäger zu werden, die wahllos alles schießen, was ihnen vor die Flinte oder Büchse kommt. Ich hatte das große Glück, mit Menschen jagen zu dürfen, die wie ich dachten und fühlten. Dennoch gab es immer wieder Zweifel in mir, insbesondere was die Großwildjagd betraf. Bis sehr viel später der Entschluss in mir reifte, vorerst in Afrika nicht mehr zu jagen. Obwohl ich gerade dort die Jagd in ihrer ursprünglichsten Form betrieben habe. Zu Fuß jagen, die Fährte des Wildes aufspüren und ihr manchmal mehrere Tage folgen ist etwas ganz anderes, als sich in Deutschland auf eine Kanzel zu setzen und auf das Wild zu warten. Mehrmals kam ich von einer Safari – sehr zum Leidwesen meines *Professional Hunters* – zurück, ohne etwas erlegt zu haben. Mit meinem Engagement in Afrika und dem damit einhergehenden Wunsch, Menschen zu helfen, starb in mir der Wunsch, auf die Jagd zu gehen. Ich bin dennoch kein Gegner der Jagd geworden. Es muss sie geben, hier wie dort. Nur für mich selbst habe ich beschlossen, nicht mehr über Leben und Tod zu entscheiden. Ich fühle mich für die Menschen in Alavanyo verantwortlich, und wir wollen ihnen durch unsere Initiative helfen. Kranken Kindern ein neues Leben zu ermöglichen, das vielleicht ohne diese Hilfe vorzeitig beendet sein würde, hat die Jagd auf andere Lebewesen für mich unmöglich gemacht.

Es folgen verschiedene Ansprachen der Minister der Voltaregion, die Dankbarkeit ausdrücken und auf weitere Projekte hoffen.

Dann werde ich mit einem Teil meines Gefolges und unter dem großen Schirm der Könige zum Rednerpult geleitet. Man erwartet von mir, dass auch ich jetzt eine Ansprache halte. Wie immer, wenn ein König oder eine Königin das Wort ergreift, ertönt hinter mir das traditionelle Horn.

»Togbega Atakora, Könige und Königinnen, ehrenwerte Minister, Leute von Alavanyo. Ich freue mich wie immer, hier bei Ihnen sein zu dürfen. Der Anlass für mein Kommen ist diesmal ein besonderer. Wir sind dabei, ein Projekt fertig zu stellen, das wir gemeinsam vor

Monaten beschlossen haben, und zwar das Mädchenwohnheim, welches in wenigen Monaten vollendet sein wird. Heute übergebe ich Ihnen die Pumpen für die Feldbewässerung für alle sieben größeren Dörfer Alavanyos. Unsere Organisation in Deutschland, der Alavanyo-Verein, hat diese Pumpen gekauft.

Da wir nun diese beiden wichtigen Projekte abgeschlossen beziehungsweise fast abgeschlossen haben, freue ich mich darauf, mit Ihnen gemeinsam zu erörtern, welche Projekte wir in der nahen Zukunft gemeinsam in Angriff nehmen wollen. Wie Sie wissen, habe ich mein Versprechen gehalten und bin alle fünf, sechs Monate nach Alavanyo gekommen. Mit meinen Reisen verbunden war jeweils die Fertigstellung von verschiedenen Projekten. Ich hoffe, dass, wenn ich dieses Pensum beibehalte, wir noch eine Menge für Alavanyo tun können.«

Die Übergabe der Pumpen wird durch Händeschütteln mit den offiziellen Vertretern aus Accra sowie den traditionellen Vertretern Alavanyos besiegelt. Der Paramount Chief ergreift erneut das Wort und sagt, wie sehr er sich über die Pumpen freut, da diese ein wichtiger Meilenstein in der Schaffung neuer Arbeitsplätze für die entsprechenden Dörfer sind.

Die Menschen in Alavanyo sind, von ihren wenigen Gewerben abgesehen, hauptsächlich eine landwirtschaftliche Gemeinschaft, wie auch die benachbarten Gebiete in Akrofu, Saviefe und Sovie. Große Mengen an Lebensmitteln werden von Alavanyo aus zu den Märkten in Kpando, Torkor und Hohoe gebracht. Vor allem Mais, Palmenfrüchte, Apfelsinen, Kokosnüsse, Cashewnüsse und Okkra, ein heimisches, den Zucchini ähnliches

Gemüse, werden hier angebaut. Ein saisonabhängiger Exportartikel ist die Mangofrucht. Durch die zusätzliche Möglichkeit der Feldbewässerung kann der saisonale Anbau ausgedehnt werden.

Einige Frauen treten an mich heran, um die Gelegenheit zu nutzen, mir ihre Bitten vorzutragen. Es fehlt an verschiedenen Dingen, zum Beispiel an einem Ultraschallgerät für die Geburtenkontrolle und Nähmaschinen für einen Nähereibetrieb, der hier entstehen soll. Diese wichtigen Geräte wird der Verein kaufen und mit dem Container hierher verschiffen.

Unter der Schatten spendenden Kühle des Schirmes werde ich zurück zu meinem Platz geleitet. Dann ergreift der Landwirtschaftsminister Ghanas, Major Courage Emmanuel Kobla Qushigah, das Wort.

Er bedankt sich dafür, dass unsere Organisation es möglich gemacht hat, durch die Feldbewässerung mehr Ertrag für die größeren Farmprojekte in Alavanyo zu erwirtschaften. Da der Fluss Tsatadu während der Trockenzeit regelmäßig austrocknet, so sagt er, war es ein wichtiges Anliegen der Bevölkerung, andere Möglichkeiten der Wasserversorgung zu installieren. Mit Hilfe dieser Pumpen wird es außerdem möglich sein, Teiche für die geplante Fischzucht anzulegen. Da das Regenaufkommen während der Trockenzeit, die von November bis März anhält, sehr gering ist, war es dringend notwendig, hier Abhilfe zu schaffen. Die Anbauflächen, die hauptsächlich mit Mais, Paprikaschoten und Okkra bepflanzt sind, lagen bisher während der Trockenperioden brach. Alles in allem ist uns mit der Installation dieser sieben Pumpen ein großer Fortschritt in dem Gemüse- und Fruchtanbau gelungen, beschließt er seine

Rede. Die Regierung betrachte diese Investition mit großem Wohlwollen.

Ich freue mich über diese Worte von Seiten des offiziellen Ghana und über die Freude der Farmer, die fortan produktiver werden arbeiten können. Die Pumpen dienen allerdings ausschließlich der Feldbewässerung, das Problem der normalen Wasserversorgung für die privaten Haushalte bleibt davon unberührt. Denn die Wasserversorgung in Alavanyo ist immer noch unzulänglich. Zwar existieren Pipelines vom Wasserfall in Abehenease zu zwei Orten der Region, jedoch das Diesel-Aggregat und die Pumpe sind seit Jahren defekt, so dass praktisch keine übergreifende Wasserversorgung durch diese Rohre mehr besteht. Die Menschen holen sich daher wie früher ihren Wasservorrat aus dem nahe gelegenen Fluss. Das System muss dringend erneuert werden. Anfragen bei der Regierung verliefen bisher immer ergebnislos. Die Restaurierung und Modernisierung der Wasserversorgung für die privaten Haushalte ist ein Projekt, das größere finanzielle Mittel erfordert und eine langfristige Planung.

Wann wird unser Verein wohl soweit sein, die ersten Baumaßnahmen hierfür zu finanzieren? Daran denke ich jetzt.

Nach der Ansprache werden eilends einige Tischchen mit sieben Emailleschüsseln in der Mitte des Festplatzes aufgestellt. Jetzt wird für die Dorfgemeinde gesammelt. Menschen erheben sich und gehen, je nachdem, an welchem Wochentag sie geboren sind, zu den unterschiedlichen Schüsseln, um ihre Gabe hineinzutun. Schon nach wenigen Minuten haben sich die Schüsseln gefüllt. Mein Schirmträger erhebt sich. Das Zeichen für mich, auch einige Cedis in die Sonntagsschale zu werfen. Hilfe suchend blicke ich mich nach Isobel um. Ich habe natürlich kein Geld bei mir. Schnell reicht sie mir einige tausend Cedis, und ich mache mich auf den Weg.

Anschließend statte ich dem Landwirtschaftminister auf der gegenüberliegenden Tribüne mit meinem Gefolge einen kurzen Besuch ab, damit er sich in unser Vereinsbuch eintragen kann. Als Geschenk überreiche ich ihm einen von uns gestalteten Kalender für das Jahr 2002, mit dem Titel »People of Alavanyo – Die Menschen aus Alavanyo«. Der Landwirtschaftsminister ist erfreut und überrascht und nimmt das Geschenk dankend an. Dann setzt er sich, um ausführlich in unser Buch zu schreiben.

Er findet sehr nette Worte für den Verein, für mich und für unsere Projekte, und ich bedanke mich herzlich bei ihm. Nachdem ich wieder Platz genommen habe, werden alle Anwesenden durch mehrere Darbietungen der Jäger und Sammler sowie verschiedener Tanz- und Musikgruppen erneut in eine sehr festliche Stimmung versetzt. Anschließend folgt die endgültige Übergabe der Pumpensysteme, die von Trommeln und lautem Geklatsche begleitet wird. Dann formieren sich die Schirm- und Thronträger, Fächermädchen und Adjutanten und die königlichen Familien sowie die Delegation aus Accra und verlassen den Platz.

Das Protokoll sieht jetzt die Besichtigung des ersten Bauabschnittes des Mädchenwohnheimes vor. Nachdem wir ein paar Kilometer mit dem Auto gefahren sind, steigen wir den sanften Hügel bis zum Mädchenwohnheim zu Fuß hinauf und betreten gemeinsam mit dem Landwirtschaftsminister das halb fertige Gebäude. Er ist sichtlich beeindruckt und beglückwünscht uns zu diesem Projekt. Dann diskutiert er mit dem Paramount Chief noch einige Verbesserungsvorschläge, wie zum Beispiel die Installation von Dachrinnen und Regentonnen. Nachdem wir in einem angrenzenden Schulgebäude, einer »Kantine«, unser Mittagessen eingenommen haben, verabschiedet sich die Delegation aus Accra und macht sich auf den Rückweg in die Landeshauptstadt.

Der kommende Tag ist der Sonntag, an dem der versprochene Festtagsgottesdienst mir zu Ehren stattfinden soll. Als mich der Bischof zu diesem Gottesdienst eingeladen hat, habe ich spontan zugesagt. Nach meiner Ankunft in Hohoe wurde mir jedoch plötzlich klar, dass ich für einen derartigen Anlass keine passende Kleidung in meinem Koffer hatte.

Doch Hilda, die ich mittlerweile sehr schätzen gelernt hatte, beruhigte mich. In Ghana würden an einem Tag Kleider genäht. Das sei kein Problem, sagte sie mir. Also machten wir uns in einer freien Stunde schnell auf den Weg zum Markt in Hohoe, um entsprechenden Stoff zu erstehen, damit ich in einem traditionellen, reich bestickten Gewand an dem Gottesdienst teilnehmen kann.

Als wir aus dem Auto steigen, erblicken wir aus weiter Ferne bereits eine monumentale weiße Marienstatue. Wie der Bischof mir versichert, die größte der Welt. Größer als die in Lourdes, erklärt er mir nicht ohne Stolz. Schon hier unten am Fuß des Berges hören wir die Musik und die Rasseln der Bevölkerung, die sich bereits oben auf dem Berg versammelt hat. Durch dichten, tropischen Wald führt ein schmaler Steig hinauf. Der Aufstieg dauert fast eine halbe Stunde. Oben angekommen erwarten uns hunderte von Menschen in Festtagskleidung. Die Mädchen tragen blütenweiße Kleidchen, die farbig bestickt sind. Auf einer in den Fels gearbeiteten Kanzel, über der eine kleinere Marienstatue thront, steht der katholische Geistliche, der nur auf uns gewartet hat, um mit dem Gottesdienst zu beginnen.

Es ist ein malerisches Bild, hier oben auf dem Berg zu sitzen, mit Blick auf das Tal, inmitten einer tropischen Landschaft, und das Wechselspiel von Licht und Schatten unter den Bäumen zu beobachten, die wie ein Baldachin über uns gebreitet sind. Der Gottesdienst wird durch Tanz, Gesang und Reden ständig aufgelockert. Die Menschen sitzen auf in den Fels gemeißelten steinernen Bänken, nur wir – die Ehrengäste – direkt vor der Kanzel auf Stühlen. Obwohl ich die Teile der Predigt, die auf Ewe gehalten werden, nicht ganz verstehe, langweile ich mich keine Minute. Zu schön ist das Bild, was sich uns bietet. Immer wieder erheben sich andere Tanz- und Gesangsgruppen. Alle Anwesenden werden aufgefordert, teilzunehmen. So erheben auch wir uns und tanzen und singen mit ihnen. Sämtliche Gottesdienste, die ich bisher in Ghana erlebt habe, waren so schön, dass ich mir vorstellen könnte, wenn auch unsere Gottesdienste ein bisschen mehr von dieser Herzlichkeit und Lebensfreude hätten, wesentlich mehr Menschen in die Kirche gehen würden.

Besonders zwei Mädchen haben es mir angetan, die offensichtlich Zwillinge sind. Sie tragen als Röcke bunt gewebte Kentestoffe und darüber Blusen mit aufwendig gearbeiteten Puffärmeln. Das Revers der Blusen ist in den gleichen Farben bestickt wie der farbenfrohe Rock. Um den Kopf haben sie kunstvoll Bänder gewunden, die ebenfalls geschmackvolle Farbkombinationen aufweisen. Wunderschön anzusehen, wiegen sie sich im

Rhythmus der Gesänge. Natürlich gibt es, wie in jeder katholischen Kirche, auch die obligatorische Kollekte, der sich hunderte von Menschen nacheinander singend und tanzend nähern.

Es folgt das heilige Abendmahl. Da ich nicht katholisch bin, ist dies erst das zweite Abendmahl, das ich persönlich erlebe. Inzwischen ist auch der Bischof eingetroffen. Er hält eine eindrucksvolle Rede. Er ist wieder in sein blütenweißes Gewand mit einer breiten pinkfarbenen Schärpe gekleidet und trägt auf der Brust ein großes silbernes Kreuz. Seine Messdiener tragen weiße Kutten, die rot abgesetzt sind. Inmitten des saftigen Grüns der Bäume und des roten Gesteins des Felsens sieht dies alles sehr malerisch aus. Der Gottesdienst währt fast drei Stunden, doch die Zeit ist wie im Fluge vergangen. Dann erhebt sich der Bischof, um mir zum Abschied einen Stuhl zu schenken, der aus einem Baumstamm geschnitzt ist und dessen Fuß eine überdimensionale Ananas darstellt. Außerdem erhalte ich ein geschnitztes Kreuz von ihm. Das wird Philipp freuen, denke ich, denn er sammelt Kreuze.

Danach werden noch einige Abschiedsworte an uns gerichtet, und dann brechen wir auf. Wir machen uns an den mühsamen Abstieg. Vor der überdimensionalen Marienstatue halten wir an und posieren in Gruppen. So kommen wir zu unvergesslichen Erinnerungsfotos.

Am nächsten Morgen, wir sitzen am Frühstückstisch, kommt Hilda auf mich zu. Sie hat heute ein persönliches Anliegen an mich. In Hohoe befindet sich ein kleiner Kindergarten, der von ihrer Schwägerin betreut wird und in dem es an vielen Dingen fehlt. Sie hat mich bereits mehrfach gebeten, diesen Kindergarten doch einmal zu besuchen. Diesmal gelingt es ihr, mich mit ihrer Begeisterung für die Musikalität der Kinder anzustecken. Es macht mir immer wieder Spaß zu sehen, wie hier schon die Winzlinge sich im Takt zur Musik bewegen. Da noch keine festen Termine eingeplant sind, freue ich mich darauf, einmal die Kleinsten der Kleinen zu besuchen.

Etwas außerhalb von Hohoe liegt das Gebäude des Kindergartens in einem hufeisenförmig angeordneten Areal aus verschiedenen kleinen Steinhäusern. Im Innenhof empfangen uns auf Bastmatten sitzend ungefähr dreißig der kleineren Kinder im Alter von zwei bis vier Jahren. Erwartungsvoll blicken sie uns aus ihren dunklen Augen an. Hildas Schwägerin, die diese Kinder betreut, fängt an zu singen, und die Kleinen stimmen summend und klatschend ein.

In einem angrenzenden Gebäude sitzen um die vierzig Kinder zwischen vier und sechs Jahren in blau-weißen Schuluniformen und üben unter der Aufsicht eines Lehrers mathematische Rechenaufgaben. Die Kleinen sitzen wie selbstverständlich auf Bastmatten auf dem zementierten Fußboden des Raumes und blicken konzentriert auf eine alte Schiefertafel. Ich bin erstaunt, dass diesen kleinen Kindern schon das Rechnen beigebracht wird. Und auch auf meine Fragen antworten sie in sauberem Englisch, was nicht selbstverständlich ist. Auf der gegenüberliegenden Veranda sitzt auf winzigen geschnitzten Bänken eine andere Gruppe von Kindern, die sich mit ihrer Sprache beschäftigen. Ich nehme zwischen ihnen Platz und höre mir verschiedene Gedichte an. Eines der Kinder hat offensichtlich noch nie eine weiße Person gesehen, und als ich mich neben es setze, fängt es mit lautem Geschrei an zu weinen und ist kaum zu beruhigen. Das passiert in Afrikas ländlichen Gebieten häufiger. Deshalb nehme ich woanders Platz. Die Kinder sehen mich schüchtern, aber doch mit unverhohlener Neugier von der Seite an. Freundlich lächelnd spreche ich mit einigen von ihnen und versuche, ihnen so die Angst vor mir zu nehmen. Dann erheben sich zwei von ihnen. Beide sagen wechselweise das kleine Einmaleins bis zum Neunmalneun fehlerfrei auf. Ich bin beeindruckt und gerührt. Diese Kinder sind noch nicht einmal fünf Jahre alt.

Nachdem noch eine kleine Gesangseinlage stattgefunden hat, setzen Hilda, Kay, Marcelle, Isobel und ich uns alle gemeinsam in die Mitte des Dorfplatzes unter eine große Schatten spendende Fächerpalme. Ich bringe dem Rektor gegenüber mein Erstaunen zum Ausdruck, was diese kleinen Kinder hier schon gelernt haben. Er erklärt mir, dass es eine Herzensangelegenheit von ihm persönlich sei, schon den Kleinsten der Kleinen spielerisch Wissen zu vermitteln, um ihnen die Basis für eine bessere Zukunft in Ghana geben zu können. Doch dies sei oft mit erheblichen Schwierigkeiten verbunden. Natürlich fehlt es an Geldern für Tische, Bänke und Stühle. Auch gebe es einige Waisenkinder, die in der Schule leben und für die niemand aufkomme. So ist dieser Kindergarten zugleich für einige seiner kleinen Bewohner ein Waisenheim. Für diese Kinder wären Betten dringend erforderlich, damit sie nicht mehr nur auf ihren Bastmatten auf dem Zementfußboden nächtigen müssen. Außerdem fehlt das Geld für ihre Schuluniformen, und so sind sie auch für uns unschwer an ihrer zerrissenen Kleidung erkennbar.

Wir sind sehr beeindruckt von der Arbeit des Rektors und dem Einsatz von Hildas Schwägerin, die außerhalb ihres normalen Familienlebens mit eigenen Kindern noch die Zeit findet, sich hier zu engagieren. Ungefähr sechzig sind es an der Zahl. Spontan erklären wir uns bereit, dieses Projekt mit Spendengeldern des Alavanyo-Vereins zu unterstützen.

Monate später freuen wir uns über einen Brief mit zahlreichen Fotos aus diesem Kindergarten, auf denen alle Kinder in neuen Schuluniformen zu sehen sind, die, so wird uns berichtet, den ersten Preis in einem regionalen Wettbewerb für die schönsten Schuluniformen bekommen haben. Auch Fotos von den neuen Betten in den Schlafräumen sind dabei und ein buntes Kinderkarussell gleich denen unserer Kinderspielplätze, das in bunten Farben angemalt ist und auf dem die Kinder stolz winkend hin und her schaukeln.

Das Projekt, die »Happy Kids Preparation School« in Hohoe, kann als eine Art Vorschule betrachtet werden, wobei hier bereits Kinder im Alter von zwei Jahren aufgenommen werden. Der Besuch dieses Kindergartens hat mir Mut gemacht, mich auch für derartige Projekte verstärkt einzusetzen, weil ich gesehen habe, mit wie viel Freude und Lerneifer die Kinder hier in diese Institution kommen.

Zurück im Hotel, werde ich von ungefähr zwanzig Bürgern aus Alavanyo erwartet, die mit mir ihre persönlichen Sorgen und Nöte besprechen möchten. Der eine kann das Schulgeld für seine hochbegabte Tochter nicht mehr aufbringen, der andere bittet um Hilfe – in Form von Medikamenten – für seinen kranken Sohn, ein weiterer möchte mir seine Dienste als Goldschmied antragen. Frauen fragen, ob sie für uns nähen dürfen. Andere wollen mir nur für meine Arbeit in Alavanyo danken.

So vergehen der Nachmittag und die frühen Abendstunden mit »Audienzen«. Als ich im Hotel angekommen war und die Menschen dort sitzen sah, hatte ich nur den einen Wunsch, die Beine hochzulegen und mich ein wenig auszuruhen von der Hitze des Tages. Aber nachdem ich mit ihnen gesprochen habe, bin ich wie immer sehr froh, etwas über ihre Sorgen und Nöte erfahren zu haben und so auch mehr Zugang zu der Bevölkerung zu bekommen. Natürlich ist es immer ein Problem, den Menschen klar zu machen, dass wir für Einzelschicksale nur in besonders schweren Fällen aktiv werden können. Zu groß ist die Zahl derer, die mit ihren Sorgen und Nöten zu uns kommen. Auf kranke Menschen, die medizinische Hilfe dringend benötigen, vor allem solche, die es in Alavanyo nicht gibt, muss jedoch unser Augenmerk besonders gerichtet sein. Insbesondere wenn es Kinder und Jugendliche betrifft, denen die Krankheit die ganze Zukunft zerstören könnte.

Nachdem der letzte Besucher gegangen ist, duschen wir schnell und machen uns auf den Weg zu einem traditionellen Tanzfest, zu dem wir eingeladen sind. Dort tanzen und plauschen wir unter dem schönen afrikanischen Sternenhimmel bis weit nach Mitternacht.

Am nächsten Morgen fahren wir noch einmal nach Alavanyo. Der Paramount Chief und seine Gefolgsleute sitzen im Schatten eines Mangobaumes. Nach der Begrüßung erzählt sein Sprecher mir feierlich von einer Überraschung, welche die Menschen aus Alavanyo für mich haben. Ich bin gespannt. Wir fahren mit dem Auto hügelaufwärts. Man hat ein Stück Land für mich vorgesehen, auf dem ich, wenn ich möchte, ein Haus bauen kann, damit ich näher bei meinen Leuten bin und, auch wenn mich Freunde begleiten, nicht im Hotel wohnen muss. Jetzt soll ich begutachten, ob mir die Lage des Grundstücks gefällt.

Sie gefällt mir sehr. Oberhalb des Mädchenwohnheims, auf einer sanften Hügelkette, befindet sich ein Hochplateau, das sich perfekt eignen würde. Wir haben keine Zeit mehr, hinaufzusteigen, aber schon am Fuß des Berges bekommt man eine Idee von dem wunderschönen Blick über das Tal, den man von dort oben haben muss.

Der Sprecher des Paramount Chiefs zitiert ein altes Sprichwort in Ewe: »Die Hilfe, die du anderen gibst, wird bald dir selbst zugute kommen.«

Ich freue mich sehr über diese Geste, die mir bedeuten soll, dass ich mich hier künftig zu Hause fühlen darf.

Nach der Rückkehr in das Dorf verabschieden wir uns von dem Paramount Chief und meinen afrikanischen Eltern und treten die Reise nach Accra an. Nicht ohne jedoch noch einmal der Medizinfrau einen Besuch abzustatten, der uns in die malerische Hügellandschaft der Region führt. Sie empfängt uns in dem traditionellen braunen Gewand der Ahnen, das ich bei einem vorbereitenden Teil der Krönungsfeierlichkeiten auch getragen habe. Auf dem Kopf trägt sie den traditionellen Helm der Jäger, geschmückt mit einem Kranz aus Kaurimuscheln, die ebenfalls als Schmuck um ihren Hals gelegt sind. Die Kaurimuscheln sind von den Malediven nach Afrika importiert worden. Früher wurden sie als Zahlungsmittel benutzt, das eine zwar geringe, aber anerkannte Kaufkraft besaß, heute gelten sie – als Schmuck getragen – immer noch als Zeichen von Wohlstand. Und sie werden beim Orakeln benutzt.

Zur Begrüßung werden die Trommeln geschlagen. Danach geleitet die Medizinfrau mich in ihr Haus, fragt mich nach meinen Wünschen und wie es mir in den letzten Monaten ergangen sei. Ich bitte sie, mir für die Zukunft auch weiter die Hilfestellung zu geben, die mir schon seit Beginn meiner Tätigkeit hier durch sie zuteil geworden ist. Ihr habe ich es zu verdanken, dass ich mir einige Kenntnisse über die traditionellen Rituale aneignen konnte. Unsere Konversation ist mühsam, denn sie spricht wenig Englisch und ich spreche wenig Ewe, doch irgendwie schaffen wir es immer wieder, uns auch so zu verständigen. Nachdem wir aus dem Dunkel der Hütte zurück auf den sonnigen Vorplatz ihres Hauses getreten sind, stimmt sie zum Abschied ein altes Tanzlied an und begleitet uns singend und tanzend zu unserem Fahrzeug.

Am späten Abend erreichen wir Accra. Hier herrscht trotz der späten Stunde noch reges Treiben. Wir freuen uns auf den morgigen Tag, den wir besinnlich am Pool verbringen wollen, denn unser Flug ist erst für den nächsten Abend geplant. Im Hotel angekommen, rufe ich, wie immer, als erstes in Hamburg an. Über eine Woche konnte ich nicht telefonieren.

Ich mache es mir gemütlich und telefoniere ausgiebig mit Philipp, der ungewöhnlich wortkarg ist. Immer wieder frage ich, was denn sei, doch ich bekomme keine Antwort, die mich zufrieden stellt. Eine böse Vorahnung beschleicht mich. Ich rufe meine Tochter Sara an. Auch sie begrüßt mich nicht mit der gewohnten Freude in ihrer Stimme. Ich frage sie, ob etwas während meiner Abwesenheit passiert sei. Doch sie antwortet ausweichend, und ich spüre förmlich, dass sie mir etwas verheimlicht.

Aber Mütter wissen, wie sie es anfangen müssen, um Töchter zum Sprechen zu bringen. Und so entlocke ich ihr trotz des Schweigeversprechens an Philipp die Hiobsbotschaft. Bei uns zu Hause wurde gestern eingebrochen. Es ist ein immenser Schaden entstanden. Sämtliche Wertgegenstände inklusive meines und Philipps Schmucks und unsere Uhren sind gestohlen worden. Ich bin sprachlos.

Wir hatten vor meiner Abreise einen Safe bestellt, der aber noch nicht angeliefert wurde. Irgendjemand muss das gewusst haben. Aber wer? Schnell fange ich mich wieder. Ich bin ganz ruhig. Isobel, die mir gegenüber sitzt, wundert sich über meine Reaktion. Ich wundere mich selbst. Früher hätte ich diese Nachricht anders aufgenommen. Trotz der Werte und der Gewissheit, dass ich den Schmuck, darunter alte Erbstücke meiner Familie, deren Verlust besonders schmerzt, nicht wiederbekommen werde, bin ich relativ gelassen.

In diesem Moment wird mir klar, dass mir ein entscheidender Schritt in meinem Leben gelungen ist. Niemand ist krank, niemand ist verletzt, materielle Dinge sind ersetzbar. Wenn man sie denn ersetzen will. Gestern ist der Einbruch passiert, denke ich bei mir. Gestern hat man mir etwas genommen in Deutschland. Aber gestern hat man mir auch etwas gegeben, ein Stück Land in Alavanyo.

Der späte Abend und der ganze nächste Tag vergeht mit endlosen Telefonaten mit Philipp, der Versicherung und der Polizei. Merkwürdige Umstände haben zu dem Einbruch geführt. Zufällig war die Haushälterin gerade an diesem Tag krank, zufällig hatte sie die Hunde in mein Büro gebracht. Zufällig war der Safe noch nicht geliefert. Aber all unsere Überlegungen führen zu keinem Ergebnis. Es ist, wie es ist.

Das erste Mal trete ich die Heimreise mit gemischten Gefühlen an. Die Vorstellung, in ein Haus zu kommen, wo Diebe jeden Schrank geöffnet, alles zerwühlt und das Schlafzimmer verwüstet haben, erschreckt mich.

Aber Philipp steht am Flughafen, nimmt mich in die Arme und beruhigt mich. Er hat die Spuren des Einbruchs beseitigt.

»Bedeutet Alavanyo nicht: Alles wird gut?«, fragt er, und ich fange an zu lachen. Philipp kann mich immer zum Lachen bringen.

TAPFERKEIT,
FURCHTLOSIGKEIT

Ein neues Leben für Sitsofe

Siehst du Unrecht und Böses
und sprichst nicht dagegen,
wirst du sein Opfer.
Afrikanisches Sprichwort

Im Februar des Jahres 2001 begegne ich Sitsofe das erste Mal. Wir sind zu einem traditionellen Tanzfest am Ortsrand von Hohoe eingeladen. Bei unserer Ankunft werden wir von Trommeln und einer Menge tanzender Menschen in farbenprächtigen Gewändern empfangen. Unter einem Strohdach nimmt unsere Gruppe Platz. Getränke und frische Früchte werden gereicht. Jeder für sich versinkt in eine andächtige Stimmung. Umgeben von Palmen, unter dem sternenklaren Himmel der afrikanischen Nacht, kommt bei mir eine romantische Stimmung auf. Der Stress der offiziellen Verpflichtungen des Tages fällt ab.

Kay beugt sich zu mir herüber: »Hast du den Jungen gesehen?«

»Welchen Jungen?«

»Den Jungen mit der großen Missbildung am Kinn.«

Angestrengt blicke ich in die Runde. Doch im Dunkel der Nacht kann ich die Gesichter der Menschen nur mühsam erkennen. Meine Nachtblindheit tut ein Übriges. Kay erklärt mir, wo der Junge steht. Ich stehe auf, gehe ein wenig auf und ab, tue so, als ob ich die Trommler aus der Nähe betrachten wolle. Dann sehe ich ihn.

Schüchtern steht er etwas abseits der anderen an einen

Pfosten gelehnt. Er ist ein hübscher Junge mit einem ebenmäßigen Gesicht. Doch an seinem Kinn wuchert ein großer Tumor, der ihn völlig entstellt. Sofort empfinde ich Mitleid mit ihm. Ich gehe zurück zu meinem Platz, beuge mich zu Kosi hinüber und frage ihn, ob er den Jungen kennt. Kosi verneint. Marcelle und Kay sind sehr aufgeregt.

»Das ist ja furchtbar«, sagt Kay. »Wir müssen fragen, wie das entstanden ist.«

Doch zunächst bin ich unsicher. Mein Interesse könnte als Neugierde ausgelegt werden. Oder ich würde den Jungen beschämen, denn ich habe bereits gelernt, dass Missbildungen oft als Folgen von Voodoozauber, die Betroffenen also als verhext angesehen werden. Ich überlege und hole mir dann Rat beim Paramount Chief. Nachdem ich seine Zustimmung habe, lasse ich den Jungen holen. Sein Englisch ist dürftig, und so lasse ich ihn fragen, wie er heißt und wie alt er ist.

Sitsofe ist fünfzehn Jahre alt und lebt in einem kleinen Dorf ganz in der Nähe. Auf meine Nachfrage erfahre ich, dass er vor fünf Jahren beim Honigsammeln unter einem Mangobaum von einer Biene gestochen wurde. Ungefähr einen Monat später entwickelte sich eine kleine Schwellung, die kontinuierlich größer wurde und inzwischen die Größe von zwei Tennisbällen erreicht hat. Untersuchungen wurden nur von dem örtlichen Arzt gemacht, für den Besuch in einem Krankenhaus fehlt das Geld. Ich bitte Céphas Bansah, den Arzt für den kommenden Tag holen zu lassen, damit ich detailliertere Auskünfte bekomme.

Dr. Michael Tsegbe, der eine kleine Praxis in Hohoe betreibt und den ich am nächsten Tag kennen lerne, kann mir nicht sehr viel mehr sagen, als ich ohnehin schon erfahren habe. Aber immerhin bekommen wir eine konkrete Bestätigung, nämlich, dass eine Operation in Ghana nicht durchführbar sei. Wir machen Fotos von Sitsofe, um mit deutschen Ärzten über seinen Fall sprechen zu können. Ich sehe einen Funken Hoffnung in den Augen des Jungen und verspreche ihm, dass ich wiederkomme.

Während der Rückreise nach Hamburg denke ich häufig an Sitsofe, wie er Wäsche waschend in seinem Lehmhüttendorf stand und uns erwartete. Um ihn herum eine Horde Kinder, denn er ist der zweitälteste von sieben Geschwistern. Waschen ist eine untypische Arbeit für einen Jungen in seinem Alter. Die Frauen verrichten normalerweise die Feld- und Hausarbeit. Diese Tätigkeit hat mir – neben anderen Anzeichen – gezeigt, wie ausgegrenzt Sitsofe ist. Die Schule hat er seit Jahren nicht mehr besucht, weil die Kinder ihn hänselten. Wie ich später erfahre, möchte der eigene Vater, der die Familie inzwischen verlassen hat, nichts mit ihm zu tun haben. Für ihn ist sein eigener Sohn »verhext«. Ein trauriges Leben erwartet den Jungen – wenn wir ihm nicht helfen.

Ich bin entschlossen, genau das zu tun. Koste es, was es wolle, denke ich typisch deutsch. Und dränge die Gedanken darüber, welche Schwierigkeiten sich mir noch in den Weg stellen können, beiseite. Obwohl ich mir eigentlich vorgenommen habe, mit allgemeinen Projekten das Gebiet Alavanyo zu unterstützen und Einzelschicksale nicht zu verfolgen, rührt mich Sitsofes Schicksal so sehr, dass ich bei ihm die erste – und nicht die letzte – Ausnahme mache.

Zurück in Deutschland lasse ich sofort die Fotos entwickeln und erzähle Philipp von dem Jungen. Der rät mir, unseren gemeinsamen Freund Dr. Martin Zellner anzurufen und ihm die Bilder zu zeigen, was wir dann auch umgehend tun. Martin, ganz Praktiker, erstellt einen Fragenkatalog und bittet mich, diesen von dem Arzt in Ghana beantworten zu lassen. Ich bin glücklich. So schnell sind wir ein großes Stück weitergekommen, denke ich. Doch kaum zurück in Europa, habe ich schon die afrikanischen Unzulänglichkeiten außer Acht gelassen. Nach mehreren mühsamen Versuchen geht das Fax mit den Fragen endlich nach Accra durch, wo ich jemanden bitte, es per Post an den Arzt in Hohoe zu senden. Jetzt können wir nur noch warten.

Als nach ungefähr zwei Monaten immer noch keine Antwort bei uns eingegangen ist, bitte ich einen Geschäftsfreund in Accra, Kontakt mit Dr. Michael Tsegbe aufzunehmen. Doch das ist problematisch, denn in Hohoe funktioniert bereits seit Monaten das Telefonsystem nicht mehr. Eine malaysische Firma hatte neue Leitungen gelegt, die aber noch nicht angeschlossen worden sind. Endlich, nach fast drei Monaten, kommt die Nachricht, dass der Fragenkatalog nicht in Hohoe eingetroffen ist. Irgendwo auf dem Weg von Accra in die Voltaregion muss er verloren gegangen sein. Also bringen wir ihn diesmal gleich per Post auf den Weg. Normalerweise braucht ein Brief rund vierzehn Tage, um seinen Empfänger in der Voltaregion zu erreichen. Ich rechne mir also aus, dass wir nach einem weiteren Monat die Antwort vorliegen haben werden. Doch auch hier irre ich. Wir warten vergebens.

Inzwischen ist es August geworden, und ich habe nichts mehr von Sitsofe gehört. Für Anfang November habe ich meine nächste Reise nach Ghana geplant, und so beschließe ich, die Sache selbst in die Hand zu nehmen.

Gleich nach meiner Rückkehr fahre ich in das kleine Dorf am Rande von Hohoe, wo Sitsofe zu Hause ist. Diesmal bin ich perfekt vorbereitet. Wir haben Kamera- und Fotoausrüstung dabei, um sein Schicksal notfalls auch für das Fernsehen dokumentieren zu können. Denn inzwischen ist mir aufgrund der Gespräche mit Dr. Martin Zellner klar geworden, dass die Operation wahrscheinlich nicht ganz unproblematisch sein wird.

Fröhlich, wie alte Bekannte, werden wir begrüßt. Um uns herum gackern die Hühner und meckern die Ziegen. Auf einfachen Schemeln nehmen wir im Schatten eines Mangobaumes Platz. Ich lasse nach Dr. Michael Tsegbe schicken. Dann tritt Sitsofe aus dem Schatten einer Lehmhütte. Ich erschrecke. Der Tumor hat in nur wenigen Monaten an Umfang zugenommen. Wir alle bemühen uns, nicht zu zeigen, wie betroffen wir sind. Ich fange mich sofort wieder, als ich die Freude in seinen mandelförmigen Augen sehe. Überschwänglich begrüßt er uns. Wir haben unser Versprechen gehalten. Wir sind wiedergekommen. Nur das zählt. Denn alles kann nur besser werden. Ob er auf uns gewartet hat, uns geglaubt hat, als wir versprachen, zurückzukommen, frage ich mich, als ich gerührt die große Freude in seinem Gesicht sehe.

Dr. Michael Tsegbe kommt mit müdem Gang, aber einem strahlenden Lächeln auf den Dorfplatz. Jetzt endlich erfahren wir den Grund für sein monatelanges

Schweigen. Keines unserer Schreiben hat ihn erreicht. Arzt in einer der ärmsten Regionen des Landes zu sein, ist schwer. Es fehlt an den einfachsten medizinischen Geräten und vor allem an Geld. Die Menschen können sich einen Arztbesuch nur in den seltensten Fällen leisten, und so greifen viele auf die traditionelle Medizin der Kräuterkundigen zurück. Sie ist eine gute Alternative zur Schulmedizin, hat aber ihre natürlichen Grenzen. Arzt sein und nicht helfen zu können, ist ein großes Problem für mich, sagte mir Dr. Michael Tsegbe bei meinem ersten Besuch. Daran denke ich jetzt, als ich sehe, wie müde er ist.

Inzwischen ist fast die ganze Familie von Sitsofe erschienen. Die Kinder betrachten neugierig unsere Kamera. Jedes von ihnen möchte einmal ins Bild. Kay tut ihnen den Gefallen und filmt eifrig. Das fröhliche Herumalbern der afrikanischen Kinder steckt mich an, und ich finde meinen Optimismus wieder. Wir beginnen mit dem Fragenkatalog. Es kommen kaum neue Erkenntnisse hinzu. Aber in den letzten Monaten hat bei Sitsofe der Kopfschmerz zugenommen. In unregelmäßigen Abständen tritt er auf, mehr oder weniger heftig. Und jetzt, beim Sprechen, sehe ich, dass die untere Zahnreihe schon sehr in Mitleidenschaft gezogen ist. Einige Zähne fehlen ganz, viele stehen schon sehr schief. Wie in Trance schreibe ich die Antworten auf den Fragenkatalog nieder und denke bei mir, dass jetzt alles schneller gehen muss als geplant. Wir können nicht wieder kostbare Monate verlieren.

Und während ich so dasitze und in die Runde blicke, wird mir klar, dass der angebliche Bienenstich wahrscheinlich eine Legende ist. Eine von Sitsofe erdachte Geschichte, um nicht ausgegrenzt zu werden. Eine Begründung, die dem vermeintlichen Voodoozauber entgegenwirken sollte.

Er genießt unsere Aufmerksamkeit, wir sind wiedergekommen, um ihm zu helfen. Wir sind seine Hoffnungsträger für ein menschenwürdiges Leben. Wie ich später erfahre, hat sein Vater sich von ihm losgesagt, will nichts von ihm wissen, ist gegen jede Operation. Lieber soll sein Sohn sterben, denn er sei verhext.

Wie immer, wenn ich mich unter Druck gesetzt fühle, werde ich sehr traurig. Ich habe Angst vor der Verantwortung für Sitsofe, vor all dem, was jetzt auf mich zukommen wird. Aber dann sehe ich die Freude in seinen Augen und hoffe, dass ich ihn nicht enttäuschen werde. Es sind Momente des Selbstzweifelns, Momente, in denen man Angst hat, sich zu überschätzen. Es sind jene Momente, in denen ich mich weit weg wünsche von jeglicher Verantwortung, in denen ich in alte Raster verfalle und am liebsten die Augen schließe vor den Problemen. Denn dann muss ich sie auch nicht lösen. Der bequeme Weg hat mich aber in meinem Leben nicht sehr glücklich gemacht. Deshalb bin ich hier. Ich denke an Martin Zellner und an seinen Optimismus.

»Das kriegen wir schon hin«, hat er vor meiner Abreise zu mir gesagt, »mach dir nicht zu viele Gedanken.«

Ich habe großes Glück gehabt in meinem Leben, denn ich habe in schwierigen Lebenssituationen immer wieder die richtigen Menschen getroffen. Menschen, die mir weitergeholfen haben, wenn ich allein nicht weiter konnte. Oder es nicht wollte. Menschen, die mich geleitet und teilweise inspiriert haben. Allein hätte ich vieles nicht geschafft. Und Sitsofe wird es ohne mich nicht schaffen. Das Schicksal wollte, dass ich ihn treffe. Plötzlich bin ich sehr glücklich. Ich weiß, dass wir es schaffen werden, irgendwie.

Ich frage Sitsofe, ob er Angst hat, nach Deutschland zu kommen. Er schaut mir mit entschlossenem Blick in die Augen und sagt sehr ernst »Ja«. Aber er weiß, dass es die einzige Chance für ihn ist, ein menschenwürdiges Leben zu führen. Ich sehe die Furcht in seinen Augen, und meine Worte überschlagen sich. Ich verspreche ihm den Himmel auf Erden, die Operation sei überhaupt kein Problem, er würde bestimmt gar nicht wieder zurück wollen, so schön wäre es für ihn in Deutschland, und ich lache und scherze, bis wir uns voneinander verabschieden. Als ich mich auf dem Weg zum Auto noch einmal umdrehe, steht er verloren vor der Lehmhütte und schaut uns nach.

Ende November sind wir zurück in Deutschland. Nachdem ich das Bild- und Filmmaterial gesichtet habe, rufe ich Martin Zellner an. Wir treffen uns zum Abendessen in meinem Büro. Ich zeige ihm die Fotos und den Film von Sitsofe sowie den ausgefüllten Fragenkatalog. Martin ist über die Größe des Tumors etwas erschrocken, das spüre ich, aber er lässt es sich nicht anmerken. Bisher waren wir davon ausgegangen, dass die Operation in seiner Klinik in Ahrensburg durchgeführt werden könne. Ein befreundeter Arzt, der Kieferchirurg Dr. Dr. Norbert Bock aus Hamburg, der Belegbetten dort hat, hatte sich einverstanden erklärt, kostenlos zu operieren. Obwohl er den Patienten noch nicht in Augenschein hatte nehmen können. Doch Martin gibt sich, ganz Mediziner, optimistisch. Denn für Pessimismus ist noch Zeit nach der endgültigen Diagnose. Bis jetzt wissen wir ja nicht einmal, ob der Tumor gut- oder bösartig ist.

Gespannt schaue ich Martin an.

»Hole ihn nach Deutschland«, sagt er.

In dieser Nacht schlafe ich schlecht. Mein Gefühl sagt mir, dass die Operation nicht so einfach sein wird, wie noch vor kurzem angenommen.

Am nächsten Morgen setze ich die notwendigen Mühlen in Bewegung. Zwei Mühlen, die langsam mahlen – die der Bürokratie und die der Geldbeschaffung. Unsere Vereinskasse ist fast leer. Gerade haben wir die sieben größeren Dörfer Alavanyos mit Pumpen versorgt, damit auch in Trockenzeiten die Feldbewässerung gewährleistet ist und so eine ertragreichere Ernte.

Also brauchen wir möglichst schnell Spendengelder, um Sitsofe nach Deutschland zu holen. Und nicht nur das. Wir brauchen auch einen Dolmetscher, denn sein Englisch ist sehr schlecht.

Zum Glück habe ich Hilda dreihundert Dollar für den Fall in Ghana gelassen, dass wir »kurzfristig« Pass und Visum für ihn brauchen werden. Doch so einfach, wie ich mir das vorstelle, gestaltet sich das Procedere nicht. Ich versuche noch am gleichen Tag, Hilda in Hohoe zu erreichen. Doch ihr Handy ist »out of coverage area«. Und das Festnetz ist, wie so oft, ständig belegt. Man kommt einfach schlecht durch. Nach einigen Tagen habe ich Glück. Hilda ist in Accra. Ich bitte sie, mit Sitsofes Eltern zu sprechen, um die schriftliche Erlaubnis für die Operation einzuholen und die notwendigen Formalitäten zu erledigen. Wie ich später erfahre, wurde ein Familienrat einberufen, um über die Reise zu entscheiden. Sein Vater, der nicht bei der Familie lebt, ist dagegen. Er weigert sich sogar, an dem Familienrat teilzunehmen. Und ohne die Entscheidung und Zustimmung des Vaters kann Sitsofe nicht reisen. Aber Hilda, die zeitweise in Europa gelebt hat, erzählt mir von diesen Zwistigkeiten nichts.

Und so fange ich in Deutschland an, die zweite Mühle in Bewegung zu setzen. Wir brauchen Geld. Als erstes probiere ich es bei verschiedenen Fernsehsendern. Doch inzwischen ist es kurz vor Weihnachten, und niemand möchte die vorweihnachtliche Stimmung der Fernsehzuschauer mit einem solchen Elend trüben. Ich bekomme nur Absagen, allerdings mit vagen Einschränkungen. Vielleicht im Januar oder Februar, heißt es. Mutlos sinke ich in meinen Schreibtischsessel zurück. Dann kommt mir eine Idee. Irgendwann habe ich der *Bild*-Zeitung anlässlich meiner Krönung ein Interview gegeben. Fieberhaft suche ich in meinem alten Kalender aus dem Jahre 2000 nach dem Namen des netten jungen Mannes, der mich damals in meinem Büro besucht hat. Endlich werde ich fündig. Mein letzter Versuch, denke ich im Stillen, als ich die Nummer von Eckhard Gehm wähle. Im Geist überlege ich mir, wie ich ihn so kurz vor Weihnachten überzeugen kann, eine solche Geschichte vorzuschlagen. Ich habe Glück. Er erinnert sich sofort an mich, und als ich ihm mein Anliegen vortrage, spüre ich sein Interesse. Schnell sind die Fakten ausgetauscht und die Einzelheiten sowie die Fotos per E-Mail in die Redaktion gesandt.

Fröhlich verbringe ich den Abend. Ich bin wieder ein Stück weitergekommen.

Nach einigen Tagen kommt der erlösende Anruf. Sitsofes Geschichte wird erscheinen. Die Chefredaktion hat einer Veröffentlichung meines Aufrufes zugestimmt. Voller Erwartung schlage ich am kommenden Tag die

Zeitung auf. Sorgfältig suche ich Seite für Seite immer und immer wieder ab. Doch ich kann den Beitrag nirgends entdecken. Ich weiß natürlich, dass unsere Geschichte nicht erscheinen wird, wenn der Platz für wichtigere Beiträge benötigt wird. Aber dieses eine Mal, so beschließe ich, werde ich hartnäckig sein. Denn hier geht es um ein Menschenleben. Und so rufe ich in Abständen von mehreren Tagen immer wieder in der Redaktion an. Gleichbleibend freundlich werde ich vertröstet und man appelliert an meine nicht vorhandene Geduld. Als ich es schon aufgegeben habe, jeden Morgen zu suchen, kommt der erlösende Anruf. Am nächsten Morgen ist die Geschichte im Blatt.

Und natürlich wie immer, wenn in der *Bild*-Zeitung etwas erscheint, potenziert sich das Interesse der Medien. Mehrere andere Zeitungen rufen an und lassen sich detaillierte Informationen geben. Endlich haben wir die erste Hürde genommen. Die ersten Spendengelder treffen ein.

Doch aus Hohoe kommen keine guten Nachrichten. Immer wieder werde ich vertröstet. Es gibt angeblich Probleme mit dem Pass, weil die dafür erforderlichen Unterlagen fehlen. Dann ist Sitsofe angeblich momentan nicht abkömmlich, weil er bei der Ernte helfen muss. Dann wieder gibt es Probleme mit dem Visum. Ich schalte die deutsche Botschaft in Accra ein. Plötzlich sind die Unterlagen vollständig. Sitsofe kann reisen. Trotzdem vergehen weitere Wochen, in denen die Abreise aus Ghana immer wieder verschoben wird. Wie ich später erfahre, hat man inzwischen seinen Onkel in die Verhandlungen mit seinem Vater eingeschaltet. Mir erscheint das Warten endlos. Und meine nächste Ghana-

Reise rückt immer näher. Wenn ich hier alles für Sitsofes Aufenthalt in Deutschland, seine Operation und Betreuung organisieren will, bleibt mir nicht mehr viel Zeit. Ich rufe Hilda an und spreche ein Machtwort. Ich mache ihr klar, dass Sitsofe vor Anfang Mai in Deutschland sein muss, und bitte sie, mit den Angehörigen zu sprechen und die Entscheidung notfalls zu erzwingen. Nach einigen Tagen kommt der erlösende Anruf. Wir buchen die Reise für die letzte Aprilwoche.

Am letzten Tag im April treffen Hilda und Sitsofe in Hamburg ein. Zur Begrüßung am Flughafen haben Sara, Philipp und ich uns breite Streifen aus Kentestoff über die Schultern gehängt. Diesen Tag habe ich sehnsüchtig erwartet. Endlich sehen wir die beiden.

Ich erschrecke. In nur wenigen Monaten hat der Tumor schon wieder an Umfang zugenommen. Doch die Freude des Augenblicks überwiegt. Wir fallen uns in die Arme. Tränen der Rührung schießen mir in die Augen. Zum Glück trage ich eine Sonnenbrille. Sitsofe würde meine Tränen nicht verstehen.

Dann fahren wir gemeinsam in mein Büro. Glücklicherweise habe ich dort zwei Gästezimmer, so dass die Unterbringung der beiden kein Problem darstellt. Hier kann Hilda auch ghanaisch für ihn kochen. Bei seinem ersten Aufenthalt in der Fremde soll Sitsofe sich möglichst schnell heimisch fühlen.

Was mag wohl alles auf ihn eingestürmt sein? Die erste Autofahrt in Ghana, der erste Flug und jetzt der Kulturschock unseres modernen Lebens. Etwas verloren steht er im Flur. Er ist noch dünner geworden, und das von seinem Onkel geliehene Jackett aus braunem Tweed schlottert um seine schmalen Schultern. Ich suche nach Worten. Doch praktisch, wie Hilda ist, rettet sie die Situation. Als erstes erklärt sie ihm die sanitären Einrichtungen. Das erste Mal kommt er, der in Afrika im Fluss sein Bad nimmt, in den Genuss einer warmen Dusche. Und es begeistert ihn, dass er die Toilette aufsuchen kann, wann er möchte, ohne nach einem geeigneten Platz im Busch suchen zu müssen.

Zur Begrüßung hat mein Team schöne Plakate gedruckt. »Herzlich willkommen«, steht dort auf Englisch, in Ewe und auf Deutsch. Herzlich willkommen ist er uns wirklich. Und vielleicht, so überlege ich plötzlich, ist er seit Jahren überhaupt einmal willkommen.

Während meines letzten Aufenthalts in Ghana habe ich mir Kassetten mit traditioneller Musik in Ewe besorgt und sie auf CD gebrannt. Ich lege sie zur Begrüßung ein, und Sitsofe sieht sehr glücklich aus, denn er spürt, dass wir alle großes Interesse daran haben, ihm zu helfen. Ich halte eine kleine Ansprache und übergebe ihm unser Gastgeschenk, das Philipp für ihn besorgt hat. Es ist ein Fotoapparat. Wir haben uns überlegt, dass es interessant sein müsste zu sehen, welche Motive er in den ersten Tagen wählen würde. Nachdem Philipp ihm den Apparat erklärt hat, werden zunächst jedoch einmal Fotos von uns und von seinem neuen Zuhause gemacht. Nach kurzer Zeit merken wir, wie Sitsofe die Augen zufallen, er ist sehr müde. Der Klimawechsel, die lange Reise, die neuen Eindrücke haben ihn überwältigt. Wortkarg sitzt er auf seinem Stuhl und versucht, sich wach zu halten. Wir zeigen ihm seinen Schlafraum und wünschen ihm eine angenehme Ruhe.

Uns bleiben einige Tage Zeit, um Sitsofe die Stadt zu zeigen und ihm bei der Eingewöhnung zu helfen. Denn die ersten Untersuchungen sind erst für die übernächste Woche geplant. Unser Bürobetrieb muss halbwegs normal weitergehen, daher organisieren wir jeden Tag einen kleinen Ausflug für Sitsofe.

Als erstes braucht er ganz normale Pflegeprodukte für Haut und Körper, denn sein Gesicht ist über und über von einem Ausschlag übersät. Meine Freundin Isobel erklärt sich bereit, mit Hilda und ihm in die Stadt zu fahren und alles Notwendige zu besorgen. Sie erstehen mehrere Schlafanzüge, Unterwäsche, Socken, eine Kosmetiktasche, einen Jogginganzug und ein Paar Hausschuhe für den Krankenhausaufenthalt. Nach langen Überlegungen beschließen wir, ihm auch noch einen CD-Player zu kaufen, damit er sich im Krankenhaus die Zeit vertreiben kann. Nach diesen ersten Einkäufen erkennen wir, dass wir mit unserer Vermutung richtig lagen.

Die Zivilisation ereilt ihn in nur wenigen Tagen. Es werden Unmengen von Fotos von Schuh- und Wäscheregalen im Kaufhaus gemacht, seiner ersten Begegnung mit dem Konsum. Und in einem großen Technikkaufhaus kommt es zur ersten Konfrontation mit dem Rassismus. Beim Fotografieren eines Kampfhundes geht dessen Besitzer wütend und unter Beschimpfungen auf ihn los. Wir sind hier nicht in Ghana, wo es keine Rassenprobleme gibt, das bekommt der völlig verstörte Sitsofe jetzt zu spüren.

Abends erklären wir ihm in simplen Worten, warum es in Deutschland für einige Menschen ein Ausländerproblem gibt und wie man damit umgehen kann. Doch wir sind nicht sicher, ob er uns verstanden hat.

Die nächsten Tage zieht Sitsofe sich zurück, ist häufig müde und erschöpft. Ich mache mir Gedanken darüber, wie ich ihn aufheitern kann. Zuerst denke ich, der Vorfall mit dem Kampfhund-Besitzer hat ihn so verstört. Doch nach einigen Tagen erkenne ich, dass sein Körper so geschwächt ist. Trotzdem können wir beobachten, dass sein Appetit von Tag zu Tag größer wird und er langsam an Gewicht zunimmt. Doch mit dem Gewicht nimmt auch der Umfang seines Tumors zu.

Endlich ist es soweit. Alles ist für den Klinikaufenthalt in Ahrensburg vorbereitet. Auch für Hilda ist ein Zimmer frei. Ich bringe die beiden dorthin und bin froh und glücklich, dass es jetzt endlich losgehen soll. Die Ahrensburger Klinik ist nicht groß, aber sehr gemütlich. Ganz anders als die großen Krankenhauskomplexe. Hier spürt man, dass man keine Nummer ist, sondern als Mensch behandelt wird, dem geholfen werden soll. Guten Mutes lasse ich die beiden zurück.

Ich telefoniere täglich mit Martin Zellner. Nach drei Tagen, die ersten Voruntersuchungen von ihm und dem Kieferchirurgen Dr. Dr. Norbert Bock sind abgeschlossen, erreicht mich die Hiobsbotschaft. Ich werde diesen Nachmittag nie vergessen.

»Wir können die Operation hier nicht durchführen«, sagt Martin. »Die Zerstörung des Unterkiefers ist so weit fortgeschritten, dass der Eingriff sehr viel größer als erwartet sein wird. Unsere Klinik ist für derartig aufwändige Eingriffe nicht eingerichtet. Es muss eine Knochentransplantation erfolgen. Andernfalls hat der Junge nach dem Entfernen des Tumors kein Gesicht mehr.«

Tränen steigen in mir hoch, ich bin sprachlos. Martin spürt, wie mutlos ich bin. Er beruhigt mich.

»Wir kriegen das schon hin«, sagt er. »Wir kennen viele Spezialisten, irgendjemand wird Sitsofe schon operieren, mach dir keine Sorgen.«

Traurig hänge ich den Hörer ein und sinke auf meinem Schreibtischstuhl zusammen. Schlagartig wird mir klar, dass wir jetzt nicht nur ein Problem haben, nämlich die Suche nach einem entsprechenden Arzt. Wir haben auch ein Geldproblem. Eine so schwierige und langwierige Operation wird den finanziellen Rahmen unseres Vereins um ein Vielfaches sprengen. Ich rufe Philipp an, der mich wie immer beruhigt, und wir überlegen gemeinsam, was wir tun können.

Als erstes müssen wir wieder den Gang nach Canossa antreten; die Presse muss mobilisiert werden. Also suche ich alle Telefonnummern der Journalisten raus, die irgendwann einmal über meine Aktivitäten in Ghana berichtet haben. Von dpa bis *Spiegel* lasse ich keinen aus. Das Ergebnis ist mager. Bis auf einige kleinere Blätter scheint momentan niemand Interesse an dem traurigen Schicksal von Sitsofe zu haben. Aber immerhin, vier Interviewtermine kann ich vereinbaren. Dann rufe ich verschiedene Fernsehsender an. Auch hier werde ich vertröstet. In einer Woche noch einmal melden, vielleicht nächsten Monat …

Inzwischen bin ich sehr angespannt. Meine Nerven liegen blank. Als ich dann endlich den sympathischen Dirk Geile erreiche, der meine Geschichte vor fast zwei Jahren für die ARD gedreht hat, fange ich fast an zu weinen. Ich frage nicht mehr, ich flehe »Sie müssen mir helfen« und erzähle ihm die Geschichte von Sitsofe.

Innerlich schon auf eine Absage eingestellt, bin ich völlig erstaunt, als er meint, er würde dieses Schicksal gern für *Brisant* drehen, müsse aber vorher Rücksprache mit der Redaktion halten. Schon nach wenigen Minuten der erlösende Rückruf. Die Redaktionsleitung hat grünes Licht gegeben. Wir vereinbaren einen Drehtermin für den kommenden Tag in der Ahrensburger Klinik.

In dieser Nacht wache ich mehrmals auf. Ich fühle mich elend. Wie soll ich Sitsofe, der von all dem noch nichts mitbekommen hat, erklären, dass er in Ahrensburg nicht operiert werden kann, ja dass ich ihn, ohne eine Perspektive zu haben, jetzt wieder mitnehmen muss? Grübelnd sitze ich in der Dunkelheit unseres Wohnzimmers und finde keine Ruhe. Endlich kommt die erlösende Eingebung. Sitsofe ist Afrikaner. Er ist geduldig. Er weiß, dass ihm hier geholfen werden wird. Er hat das Vertrauen, das mir fehlt. Ich mache mir zu viele Gedanken. Beruhigt schlafe ich ein.

Der nächste Morgen kündigt sich mit strahlendem Sonnenschein an. Zwar etwas übermüdet, aber gut gelaunt und voller Elan wache ich auf. Der Drehtermin verläuft reibungslos, und Sitsofe entwickelt ein unglaubliches Talent zur Schauspielerei. Vor der Kamera bewegt er sich, als hätte er nie etwas anderes gemacht. Nur sehr wenige Szenen müssen nachgedreht werden.

Auf die Frage von Herrn Geile, was er sich am sehnlichsten wünsche, antwortet er schlicht: »Endlich wieder wie ein Mensch auszusehen.«

Herr Geile, das Kamerateam und ich schauen uns gerührt an. Diese Äußerung zeigt die ganze Dimension seiner Verletzungen auf. Durch seine körperliche Verunstaltung ist er in Afrika unmenschlich behandelt, gehänselt und versteckt worden. »Vom Voodoo verhext« ist der vermeintliche Makel, der auf seiner Seele haftet.

Nach dem Drehtermin fahren Hilda, Sitsofe und ich wieder nach Hamburg. Der Abschied in der Ahrensburger Klinik ist herzlich. Andere Patienten, die Schwestern und Pfleger wünschen Sitsofe viel Glück. Martin umarmt ihn und spricht ihm Mut zu.

»Das kriegen wir schon hin«, sind seine Abschiedsworte. Und ich weiß, dass diese Worte nicht einfach so dahergesagt sind.

Schon nach zwei Tagen ruft Herr Geile an. Heute soll der Beitrag über Sitsofe auf Sendung gehen. Schnell tauschen wir noch einige Informationen für die Internetseiten aus. Gegen Abend sitzen wir gespannt vor dem Fernsehgerät und schauen uns den Beitrag an. Sitsofe ist begeistert, sich selbst im Fernsehen zu sehen. Immer wieder muss ich die Videokassette, die ich selbstverständlich habe mitlaufen lassen, zurückspulen, und sie ihm mehrfach wieder vorspielen. Bei den Szenen aus seinem Heimatdorf, für die wir Filmmaterial von Kay verwendet haben, in denen er seine Mutter und Geschwister sieht, blickt er sehnsüchtig. Er hat Heimweh, denke ich, trotz allem hat er Heimweh.

Am nächsten Morgen steht das Telefon nicht still. Viele fragen nach der Nummer des Spendenkontos. Andere bieten persönliche Hilfe an. Adressen von Ärzten gehen ein, die eventuell helfen könnten. Aber werden diese umsonst operieren? Noch ist alles offen. Und meine Ghana-Reise, die ich nicht verschieben kann, rückt näher. In nur vierzehn Tagen werde ich nicht mehr in Deutschland sein. Die Zeit läuft mir davon. Ich werde von Tag zu Tag nervöser. Dann erlöst mich Martin von meinen Qualen. Dr. Dr. Norbert Bock, der Kieferchirurg, der Sitsofe kostenlos operieren wollte, hat einen Kollegen ausfindig gemacht, der in seiner Klinik über die hierfür erforderlichen Einrichtungen verfügt. Es ist Professor Dr. Heinz Bull vom St.-Josef-Hospital in Krefeld. Wir alle sind überglücklich.

Dieser Tag hat viel versprechend begonnen, und so geht er auch zu Ende. Aus Ahrensburg ist Jutta Paffrath mit ihrem Sohn zu uns gekommen und bietet ihre Hilfe an. Ihr kranker Sohn ist in Behandlung bei Dr. Zellner, und so hat sie vom Schicksal Sitsofes erfahren. Der patenten Frau um die Fünfunddreißig sieht man an, dass sie »die Ärmel hochkrempeln« kann. Sie wird sich in den kommenden Wochen als Glücksfall für Sitsofe und unseren Verein erweisen. Denn trotz zahlreicher Spenden fehlen uns noch erhebliche Summen für den Krankenhausaufenthalt, der mehrere Wochen dauern wird und den wir auch bezahlen müssen. Lediglich die Operation ist kostenlos. Innerhalb weniger Tage hat Frau Paffrath die Galeristin Joanna Faerber aus Ahrensburg dazu bewegen können, die nächste Ausstellungseröffnung mit einem Spendenaufruf zu verbinden. Peu à peu kommen sage und schreibe insgesamt fast dreizehntausend Euro innerhalb der nächsten Wochen zusammen.

So viel Einsatz macht Mut, und so erhole auch ich mich von der Lethargie, in die die Absagen mich gestürzt hatten, und starte erneut einige Spendenaufrufe. Unter anderem rufe ich einen Freund von mir, den Verleger Walterpeter Twer, an und berichte ihm vom Schicksal

Sitsofes. Die von ihm verlegte *Rhein-Zeitung* hat vor einigen Jahren einen Verein gegründet, den Helft uns Leben e. V., der sich für Not leidende Kinder in aller Welt einsetzt. Ich nehme Kontakt zu dessen Vorsitzenden Konrad Regge auf und übersende ihm Unterlagen und Fernsehaufzeichnungen über Sitsofes Schicksal. Nach der nächsten Vorstandssitzung erhält unser Verein eine Zusage über zehntausend Euro zur finanziellen Unterstützung des Krankenhausaufenthalts.

Jetzt kann ich beruhigt nach Ghana fahren. Einige Tage vor meiner Abreise brechen Hilda und Sitsofe nach Krefeld auf. Ich selbst habe keine Zeit mehr, sie zu begleiten, was ich sehr bedauere. Sitsofe überreicht mir noch einen Brief für seinen Bruder, den dieser der Mutter vorlesen soll. Und, nicht ohne Stolz, hundertfünfzig Euro, Geld, das er von verschiedenen Leuten hier geschenkt bekommen hat. Ich soll sie seiner Mutter geben, damit sie Saatgut für die Felder kaufen kann. Er erklärt mir, dass seine Mutter sich das Geld für das Saatgut immer leihen muss. Deshalb ist ein Mann aus Hohoe, der dieses Geld verleiht, am Ertrag der Ernte zu 50 Prozent beteiligt. Durch die Euro hat seine Mutter nun die Möglichkeit, sich unabhängig zu machen und den Profit der Ernte ausschließlich für sich und ihre fünf Kinder zu verwenden. Und, das ist ihm wichtig, zehn Euro sollen für die Schuluniform seiner kleinen Schwester sein, damit sie in der Schule nicht länger gehänselt wird. Ich verspreche ihm, alles seinen Wünschen entsprechend zu erledigen. Ich wünsche ihm viel Glück für das, was vor ihm liegt und von dem er keine Vorstellung hat. Dann verabschieden wir uns.

Die Operation ist für die Zeit meines Ghana-Aufenthaltes geplant. Ich hinterlasse im St.-Josef-Hospital meine Handy-Nummer für den Fall, dass es unvorhergesehene Probleme gibt. Außerdem für die Tage, an denen ich selbst nicht erreichbar sein werde, denn in Alavanyo gibt es keinerlei Funkempfang, die Telefonnummer von Philipp.

In den ersten Tagen von Sitsofes Klinikaufenthalt erreichen mich keinerlei Neuigkeiten, die Voruntersuchungen sind angelaufen.

Wenige Tage später lande ich in Accra. Dort erreicht mich über Handy die Nachricht, das Sitsofe vorerst nicht operiert werden kann. Der Grund dafür ist eine allgemeine Schwächung des Immunsystems durch eine fortgeschrittene Bilharziose. Ich erschrecke. Bilharziose ist eine jener Krankheiten, vor der ich selbst einmal große Angst gehabt habe, nachdem ich auf einer Safari durch einen Fluss mit kontaminiertem Wasser waten musste.

In den Tropen und Subtropen weit verbreitet, ist diese Erkrankung, vom Vorkommen der als Zwischenwirte fungierenden, in warmen Binnengewässern lebenden Schnecken abhängig. Die Krankheitserreger sind Pärchenegel, eine Saugwürmergattung. Die Larven dieser Würmer dringen bei Kontakt mit kontaminiertem Wasser durch die Haut des Menschen ein und wandern über Lymph- und Blutgefäße in die Leber, wo sie sich zu reifen Pärchenegeln entwickeln.

Anschließend verbreiten sie sich und befallen unter anderem Harnblase, Darm, Leber, Lunge und Gehirn. Ihre Eier werden mit dem Stuhl oder Urin wieder ausgeschieden. Die Symptome der Bilharziose beginnen mit einem Hautausschlag an der Eintrittsstelle der Larven.

Danach folgt meist eine akute, fieberhafte Erkrankung. Es wird geschätzt, dass 250 bis 300 Millionen Menschen von diesen Parasiten befallen und 600 Millionen Menschen der Gefahr einer Infektion ausgesetzt sind. Das Erkrankungsrisiko nimmt in den letzten Jahren rapide zu, was auf landwirtschaftliche Bewässerungsprojekte und Staudammbauten in den Tropen zurückgeführt werden kann, da auf diese Weise neue Lebensräume für die Zwischenwirte geschaffen werden. Hinzu kommt, dass bei schlechten hygienischen Verhältnissen in vielen dieser Regionen sehr sorglos mit menschlichen Ausscheidungen umgegangen wird. Und Sitsofes einzige Möglichkeit für eine Körperhygiene war bisher das Baden im nahen Fluss. Aber aus demselben Fluss, in dem die Menschen baden, wird auch das Trinkwasser geholt, so hatte er mir erklärt. Bei der Bilharziose sind lebensbedrohliche Verläufe für alle Stadien beschrieben, das habe ich noch in Erinnerung und bin zutiefst besorgt. Auch wird mir plötzlich klar, was die Ursache für den stark juckenden Ausschlag war, den Sitsofe mit nach Deutschland brachte, seine Müdigkeit und seine körperliche Schwäche. Wahrscheinlich aus Scham hatte er uns nicht von seinem Blut im Urin berichtet. Der Operationstermin wird nun erst einmal von der Heilung seiner Bilharziose abhängig gemacht.

Am Ende meiner Ghana-Reise, sofort nachdem ich wieder Funkempfang habe, rufe ich in Krefeld an. Wir haben noch vor unserer Abreise ein Telefon am Bett für Sitsofe organisiert. Er ist gleich am Apparat. Zwei Tage zuvor hat die fünfstündige Operation stattgefunden.

»Mama«, sagt er, nachdem er meine Stimme erkennt. »Mama, ich dachte, ich sterbe.«

Plötzlich wird mir klar, dass ihn vielleicht niemand auf die Narkose vorbereitet hat, oder er in der Aufregung vielleicht nicht verstanden hat, was die Ärzte ihm vermitteln wollten. Sein Englisch ist nicht so gut, wie es scheint. Oft antwortet er mit »yes«, um nicht zu zeigen, dass er nichts verstanden hat. Und wir haben ihm keine Details der Operation erzählt, um ihn nicht zu beunruhigen. Er erklärt mir, dass er versucht habe, wach zu bleiben, aber das sei ihm nicht gelungen. Dann habe er sich damit abgefunden zu sterben. Ein traumatisches Erlebnis, wie ich noch jetzt seiner mitgenommenen Stimme entnehmen kann. Bevor ich Hilda, die mir aus Hamburg nach Alavanyo gefolgt ist, den Hörer übergebe, damit eine vertraute Stimme auf Ewe mit ihm sprechen kann, frage ich ihn noch, wie er denn aussähe.

»Wie ein Mensch«, sagt er glücklich. »Endlich wieder wie ein Mensch.«

Nachdem Hilda ausführlich mit ihm gesprochen hat, telefoniere ich mit dem Vorzimmer von Professor Dr. Heinz Bull und erfahre, dass die Operation äußerst gut verlaufen sei und dass man den Tumor habe total entfernen können – und: er war gutartig. Glücklich lehne ich mich zurück.

»Heute Abend feiern wir«, sage ich zu Isobel und Hilda. Und bestelle zum ersten Mal eine Flasche Champagner hier in Ghana.

Nach meiner Rückkehr kann ich es kaum erwarten, Sitsofe zu sehen. Doch ich muss mich noch etwas gedulden. Professor Dr. Heinz Bull hat den Termin seiner Entlassung sieben Tage nach meiner Rückkehr angesetzt. Aber in meinem Büro ist eine E-Mail mit mehreren Fotos von Sitsofe eingetroffen. Ungläubig halte ich sie nun in den Händen. Ein strahlender junger Mann mit einem ebenmäßigen Gesicht, das keine Narbe entstellt, lächelt mich von den Fotos an.

Es muss Gedankenübertragung sein, dass genau in diesem Augenblick Professor Dr. Bull mich anruft. Überglücklich halte ich den Hörer fest, kann aber kaum sprechen, weil mich heftiges Weinen davon abhält. All die Anspannung der letzten Monate fällt von mir ab, nachdem ich die ersten Bilder gesehen habe. Räuspern am anderen Ende der Leitung.

»Wir können ja später miteinander sprechen …«, bietet Professor Dr. Bull an.

Ich fange mich.

»Nein, ich möchte Ihnen jetzt danken«, sage ich. »Ich freue mich so über die gelungene Operation und dass es Menschen wie Sie gibt, die etwas für andere tun.«

Es gibt oft genug Situationen, in denen man resignieren möchte. Dieser Moment hat mich für alles entschädigt.

Eine Woche später wird Sitsofe entlassen. Wir haben in Hamburg einen Welcome-Abend für ihn organisiert. Einige unserer Vereinsmitglieder sind anwesend, aber auch Bekannte aus Ghana und Freunde. Personen, die alle in irgendeiner Form Anteil an seinem Schicksal haben.

Sitsofe ist ein anderer Mensch geworden. Fröhlich und selbstbewusst begrüßt er jeden Einzelnen, erzählt überschwänglich von seiner Operation und übt sich im neu erlernten Deutsch. Zwei Jungen haben ihm im Krankenhaus einige Sätze beigebracht. Es ist ein schöner

Abend für uns alle, der uns lange in Erinnerung bleiben wird.

In vier Wochen soll die Nachuntersuchung in Krefeld erfolgen. Professor Dr. Bull möchte Sitsofe vor seiner Abreise nach Ghana noch einmal sehen. Doch je näher das Abreisedatum rückt, umso trauriger wird Sitsofe. Er würde gern in Deutschland bleiben. Das Heimweh der ersten Wochen ist vergessen. Wir erklären ihm, dass er ohne eine Schulausbildung und ohne die deutsche Sprache zu beherrschen hier keinerlei Zukunftschancen hat. Immer wieder spricht er uns darauf an. Doch ich bleibe hart. Unser Verein hat ihm in Alavanyo einen Ausbildungsplatz besorgt. Er kann in der Schule essen und schlafen und am Wochenende nach Hause fahren. Eine Existenz in Ghana, die er sich aufbauen kann, wird ihm ein besseres Leben dort ermöglichen, als das, was ihn hier erwartet. Doch es ist schwer, ihm das zu vermitteln. Letztlich bleibt ihm jedoch nichts anderes übrig, als das zu tun, was wir für ihn organisieren, und wir freuen uns, als wir den Eindruck haben, dass er uns verstanden hat.

Professor Dr. Bull hat mir erklärt, dass erst in etwa einem Jahr die zweite Operation erfolgen kann. Vorerst wurde eine Titanplatte in den Kiefer eingesetzt, die jedoch später durch körpereigenen Knochen aus dem Beckenkamm ersetzt werden soll. Auf diesen Knochen können dann auch entsprechende Zahnimplantate oder künstliche Zähne befestigt werden. Momentan ist das nicht möglich. Und so sind Sitsofe nur zwei Zähne im Unterkiefer geblieben. Das Essen fällt ihm schwer, und es ist kein Wunder, dass er so stark abgemagert ist. Deshalb ist die zweite Operation dringend erforderlich.

Professor Dr. Bull hat sich bereit erklärt, auch diese wieder durchzuführen.

Doch vorerst muss Sitsofe sich mit seinen wenigen Zähnen behelfen. Aus der Apotheke besorgen wir ihm einige Nahrungsergänzungen, wie Vitamin- und Proteinpräparate, um eventuellen Mangelerscheinungen vorzubeugen. Auch ermahnen wir ihn eindringlich, nicht mehr in dem kontaminierten Wasser zu baden und das Trinkwasser abzukochen. Er soll das nächste Mal möglichst ohne Infektionen nach Deutschland kommen.

Bevor ich mit ihm zur abschließenden Untersuchung nach Krefeld fahre, besucht Sitsofe noch Bekannte aus Ghana, die in Köln leben. So sieht er vor seiner Abreise noch einen anderen Teil Deutschlands. Von dort aus macht er seine erste kleine Zugreise nach Krefeld, wo wir uns treffen, ganz allein. Ich bin mit Herrn Geile und einem Kamerateam aus Dortmund nach Krefeld gekommen, wo wir einen weiteren Beitrag für *Brisant* drehen wollen. Ich freue mich darüber, denn ich denke schon an die immensen Kosten für die nächste Operation. Der Flug und der lange Krankenhausaufenthalt sowie der Zahnersatz werden wieder mehrere zehntausend Euro kosten. Deshalb ist die Öffentlichkeitsarbeit so wichtig für uns.

Sofort fällt mir das herzliche Klima in der Klinik auf. Sitsofe wird von allen wie ein alter Freund begrüßt. Gemütlich ist es hier, denke ich, als ich in der Caféteria noch schnell einen Kaffee trinke. Umgeben von Grünpflanzen plätschert Wasser in einem Goldfischteich und lässt einen für einige Minuten vergessen, dass man sich hier in einer Klinik befindet.

Fast schon professionell absolviert Sitsofe mit Professor Dr. Bull seine Nachuntersuchung, die gleichzeitig gedreht und von dem Professor kommentiert wird. Nachdem wir noch ein paar Fotos mit den behandelnden Ärzten gemacht haben und allen unseren Dank ausgesprochen haben, verabschieden wir uns.

Zurück in Hamburg, feiere ich meinen Geburtstag, der diesmal ein besonderer ist – nämlich indirekt auch der Geburtstag von Sitsofe. Und so bitte ich alle Gäste, ihm ein kleines Geschenk mitzubringen. Philipp, der mich überraschen möchte, hat ein wunderschönes Fest in seinem Restaurant »Anna« für uns vorbereitet. Überall auf den Tischen sind kleine afrikanische Tiere und tropische Pflanzen dekoriert. Das Überraschungsmenü besteht aus einer Mischung von deutscher und afrikanischer Küche. Es ist ein wunderschöner Abend und der vorläufige Abschluss einer sehr wichtigen Erfahrung in meinem Leben.

Während seines Hamburgaufenthaltes möchte Sitsofe noch einen anderen deutschen Haushalt kennen lernen. Daher verbringt er einige Wochenenden bei meiner Mitarbeiterin Susanne Fahning-Cramer, die mit ihrer Familie in einer kleinen Gemeinde in Niedersachsen lebt. Ihre zwei Söhne nehmen sich gern seiner an, und es ist schön für ihn, auch einmal in der Umgebung von Gleichaltrigen zu sein. Hier lernt er Bogenschießen und kleine Aufgaben im Haushalt zu übernehmen, wie es die Söhne auch tun. Das Füttern des weißen Schäferhundes erklärt er zu seiner Herzensangelegenheit. Unaufgefordert übernimmt er dies sofort bei seinem ersten Besuch und ist kaum zu bremsen, den Napf wieder aufzufüllen, wenn der Hund aufgefressen hat. Hilfsbereit fragt er nach den nächsten Aufgaben. Mit Begeisterung wäscht er Autos und macht sich auch sonst nützlich. Das Landleben gefällt ihm ohnehin sehr viel besser als die Großstadt. Allerdings fällt es ihm schwer, sich mit den großen Tieren, die ihm Angst machen, wie Pferden und Kühen, anzufreunden, denn in Ghana sind die Rinder sehr viel kleiner als hier. Zu Tieren im Allgemeinen hat er ein besonderes Verhältnis, obwohl ihn erstaunt, dass die Haustiere hier »wie Menschen« leben.

Zu Hause bei Carmen Buhr, einer weiteren Mitarbeiterin von mir, ist der Kater Moritz für Sitsofe die Hauptattraktion. Er wird nicht müde, sich mit ihm zu beschäftigen.

Während Sitsofe in Hamburg wohnt, nimmt mein Team das Mittagessen gemeinsam mit ihm in unserem Büro ein. Es ist einige Tage vor seiner Abreise, als mir die Idee kommt, ihm zum Abschluss noch eine besondere Attraktion zu bieten. In Hamburg findet gerade der Dom, ein sehr beliebtes Volksfest mit vielen großen Karussells, statt. Die Idee, zum Abschied mit Sitsofe gemeinsam dieses Volksfest zu besuchen, begeistert ihn und meine Mitarbeiterinnen. Also verabreden wir uns für den kommenden Abend. Sitsofe hat wie immer seine Kamera dabei. Als wir das Gelände betreten, macht sich ungläubiges Staunen auf seinem Gesicht breit. Er ist begeistert.

Sofort wird jede Losbude und jedes Fahrgeschäft im Bild festgehalten. Eines überragt ganz deutlich alle anderen, obwohl es sich am anderen Ende des Rummelplatzes befindet. An einem sehr, sehr hohen Turm fahren die außen angebrachten Sitzreihen in einem rasanten Tempo auf und ab. Fasziniert deutet Sitsofe mit dem Finger darauf und erklärt zum Erstaunen aller, dass er dort hinauf wolle. Wir können es nicht fassen und beschließen, es erst einmal langsam angehen zu lassen, und fahren mit ihm Autoscooter. Ich steige mit ihm ein und überlasse ihm das Lenkrad, was er zunächst ein wenig ängstlich bedient. Wenn ihm die Situation zu brenzlig erscheint, lässt er das Lenkrad einfach los. Aber er lacht. Es ist das erste Mal, dass er überhaupt ein Fahrzeug selbst steuert. Nach zwei Fahrten lenkt er – ganz Profi – unser Auto rückwärts.

Nachdem wir die obligatorische »Dom-Stärkung« aus einer Kombination von Currywürsten, Pommes Frites und Schaschlik eingenommen haben, besteigen wir die Gondeln der Wildwasserbahn. Die schnelle Fahrt und das spritzende Wasser begeistern ihn zusehends. Noch Minuten später schüttelt er immer wieder lachend den Kopf und erklärt uns, dass ihm das in Ghana niemand glauben werde.

Dann erklären wir ihm das System der Losbuden. Dort ersteht er zahlreiche Lose, von denen einige einen Gewinn ausweisen. Er entscheidet sich überwiegend für Plüschtiere, die er in Empfang nimmt und denen er sofort auf den Bauch drückt. Dann hält er sie an sein Ohr. Ich frage mich, was das zu bedeuten hat. Bis mir einfällt, dass er an meinem Geburtstag eine kleine Plüschfigur geschenkt bekommen hat, der man auf den Bauch drücken kann und die dann ein lautes bayrisches »Jo Sakra« von sich gibt.

An einem Schießstand, an dem ich spaßeshalber meine Schießkünste überprüfe, bewegen sich die jeweils getroffenen Figuren. Als Sitsofe mich mit Blitzlicht fotografiert, löst er damit die schlagartige gleichzeitige Bewegung aller Figuren aus. Er erschrickt fürchterlich, dann fängt er schallend an zu lachen. Er freut sich über die von mir geschossenen Seidenblumen, die er, wie er uns erklärt, seiner Mutter schenken möchte.

Wenige Minuten später erreichen wir das Riesenrad. Das Lichtermeer Hamburgs fast sechzig Meter über der Stadt müsste ihn begeistern, denke ich mir. Schnell kaufen wir Karten und überlassen ihm einen Außenplatz in der Gondel, damit er gut sehen kann. Als wir uns nach oben bewegen, nimmt sein Gesicht einen zunehmend ängstlichen Ausdruck an und er möchte lieber in der Mitte zwischen uns sitzen. Eine meiner Mitarbeiterinnen bemerkt, dass er zittert wie Espenlaub. Sie nimmt ihn ein wenig in den Arm und versucht, ihn zu beruhigen. Schon bei der kleinsten Bewegung nach oben, klammert er sich vor Angst an ihren Oberschenkel. Der daraus resultierende blaue Fleck hat sich nach zwei Wochen noch nicht zurückgebildet. Nach diesem Schrecken in dem langsamen Riesenrad, so denken wir, hat sich der »Turm«, auf den er anfangs unbedingt hinauf wollte, für ihn wahrscheinlich erledigt.

Als wir endlich wieder auf sicherem Boden stehen, mögen wir ihm keine weitere Fahrt zumuten. Also gehen wir in den Mäusezirkus. Es tummeln sich fast eintausend weiße Mäuse auf Karussells, in kleinen Eisenbahnwaggons und auf anderen Spielzeugen. Unermüdlich wuseln sie herum. Sitsofe schüttelt sich vor Lachen aus. Mäuse, so erklärt er uns, werden bei ihm zu Hause gejagt und hier haben sie sogar eigene Karussells. Das findet er urkomisch.

Auf unserem Rundgang sind wir nun dem Fahrgeschäft mit dem hohen Turm näher gekommen, und Sitsofe überrascht uns alle sehr, als er nun immer noch den Wunsch äußert, dort hinauf zu wollen. Ich selbst möchte die Fahrt nicht wagen, aber drei meiner Mitarbeiterinnen sind mutig genug, ihm ihre Begleitung anzubieten. Die Fahrgastzellen bestehen aus Sitzen mit Überrollbügeln. Die Beine baumeln in der Luft. Alle vier nehmen Platz. Hinauf geht es mit hoher Geschwindigkeit, hinunter fast im freien Fall. Die Leute kreischen, die Beine fliegen. Sitsofe sieht sich dies alles aus nächster Nähe an und bleibt weiterhin wild entschlossen, sich diesem Abenteuerkitzel auszusetzen.

Er besteigt seinen Sitz, gurtet sich fest und harrt der Dinge, die da kommen werden. Glücklicherweise sitzt er genau gegenüber dem Mann, der das Fahrgeschäft bedient. Schon nach dem ersten Mal hinauf und wieder hinunter fällt dessen Blick auf Sitsofe, der im Gegensatz zu den anderen Fahrgästen mit erstarrter Miene und festgekrallt an seinem Sicherheitsbügel in die Ferne blickt. Mitleidig fragt der gute Mann über Lautsprecher, ob jemand aussteigen möchte. Meine Sekretärin übersetzt Sitsofe die Frage. Sofort reißt er seinen Gurt auf und steigt aus. Er muss Todesängste ausgestanden haben. Taumelnd kommt er die Treppen hinunter.

»Mama«, sagt er zu mir, »das war furchtbar.«

Damit hat das Erlebnis Dom für uns seinen vorläufigen Abschluss gefunden.

Wir beschließen, auf der gegenüberliegenden Straßenseite noch etwas zu trinken. Immer wieder unterbricht uns Sitsofe, schüttelt den Kopf, lacht und kichert in sich hinein. Als wir ihn fragen, was er denn habe, sagt er: »Ich denke immer noch an den Turm.«

Als wir uns später verabschieden, erstaunt er uns wie so oft mit einer völlig anderen Reaktion, als wir sie erwartet haben. Er fragt nämlich, ob wir nicht an einem der nächsten Tage wieder auf den Dom gehen können.

Den Höhepunkt von Sitsofes Hamburg-Aufenthalt stellt jedoch der Staatsbesuch des ghanaischen Präsidenten Kufour dar.

Zu einer Veranstaltung nehme ich Sitsofe mit. Er hat sich besonders sorgfältig gekleidet und ist ganz aufgeregt. In Ghana selbst hätte er niemals Gelegenheit, den Präsidenten persönlich zu sehen. Vor dem Gebäude, in dem die Veranstaltung stattfindet, stehen mehrere Ghanaer, die T-Shirts mit einem Foto des Präsidenten verkaufen. Sofort holt Sitsofe einige Euro aus der Tasche und ersteht eines. Dann macht er ein Foto nach dem anderen. Vor dem Raum, in dem das Rednerpult des Präsidenten steht, haben die traditionellen Herrscher, mehrere Könige, Platz genommen. Alles wird sorgfältig im Bild festgehalten. Auf seine Frage, ob er den Präsidenten fotografieren dürfe, rate ich ihm, dessen Bodyguards zu fragen. Stolz erhobenen Hauptes und ganz selbstbewusst geht Sitsofe zu ihnen. Seiner Bitte wird stattgegeben und freundlich lächelnd blickt der Präsident in Sitsofes Kamera. Ein unvergessliches Erlebnis. Tage später noch spricht er immer wieder davon. Und später, in Ghana, bekommen diese Fotos einen Ehrenplatz in der elterlichen Hütte.

Die kommenden Tage vergehen mit Reisevorbereitungen. Sitsofes Koffer ist zu klein für all die Geschenke, die er mit nach Ghana nehmen möchte. Die vielen Schachteln mit Medikamenten für die kommenden Monate nehmen auch eine Menge Platz in Anspruch, und so ist es nicht verwunderlich, dass auch der größere Koffer, den wir besorgt haben, zu klein ist. Also versprechen wir Sitsofe, den Rest als Paket nachzusenden, weil die Kosten für Übergepäck im Flugzeug unerschwinglich sind.

Traurig schaut er uns an, als er seine geliebten Plüschtiere zurücklassen muss.

»Ihr schickt sie auch wirklich?«, fragt er noch kurz vor dem Abflug.

»Wirklich«, sagen wir.

Dann startet er in sein zweites Leben.

VERANTWORTUNG FÜREINANDER –
ZUSAMMENARBEIT

Und die Ahnen schauen zu …

Der Vogel kommt und geht
und schließlich ist sein Nest fertig.
Afrikanisches Sprichwort

Das nächste Mal reise ich im Juli nach Ghana. Fast auf den Tag genau sind zwei Jahre vergangen, seit ich zur Königin gekrönt wurde. Diesmal habe ich mir vorgenommen, nach dem offiziellen Teil noch einige Tage Urlaub zu machen, um einen anderen Teil Ghanas zu bereisen. Ich habe in diesem Jahr noch keine Zeit gehabt, ein wenig auszuspannen, und so freue ich mich vorerst auf die drei Tage in Accra, die ich im Geiste auch als Urlaubstage verplant habe. Begleitet werde ich wieder von dem bewährten Team Marcelle und Kay, die die Reise im Foto und auf Film festhalten werden. Und auch meine Freundin Isobel ist wieder dabei.

Am Flughafen werden wir von Hilda erwartet. Sie ist völlig aufgelöst. Da wir die Flüge wegen Sitsofes Krankheit relativ kurzfristig gebucht haben, musste sie zwei Tage eher als wir fliegen, was mit erheblichen Problemen verbunden war. Ich hatte sie gebeten, zwei Pakete mit nach Accra zu nehmen, die für Alavanyo bestimmt sind. Die KLM in Hamburg zeigte sich jedoch wenig kooperativ und wollte uns vierhundert Euro für Übergepäck berechnen. Daraufhin haben wir kurzerhand die Koffer wieder ausgepackt und am Flughafen Pakete versandfertig gemacht, die wir dann per Luftfracht nach Ghana schickten.

Hilda bestürmt mich sofort mit ihren schlechten Neuigkeiten. Sie hat versucht, die Pakete aus dem Zoll zu bekommen, und trotz Zahlung von umgerechnet fast fünfzig Euro ist ihr das in zwei Tagen nicht gelungen. Die Urlaubstage sind plötzlich in ganz weite Ferne gerückt. Im Geiste sehe ich nun schon die endlosen Verhandlungen am Flughafen kommen, die wir am nächsten Tag werden führen müssen und die ich hatte vermeiden wollen. Dennoch lasse ich mich nicht aus der Ruhe bringen.

Wie immer, wenn ich hierher reise, passiert etwas Unvorhergesehenes. Eigentlich lief noch nie etwas so, wie zuvor geplant. Im Vorwege der Reisevorbereitungen habe ich mehrfach mit dem Paramount Chief telefoniert. Als große Spende des Alavanyo-Vereins ist auf dieser Reise der Kauf eines Schulbusses geplant. Meine Tochter Sara und ihr Verlobter Jens Lafrenz haben gemeinsam ein Fest veranstaltet und den Erlös als zweckgebundene Spende für den Schulbus zur Verfügung gestellt. Der Paramount Chief hat mir nach den ersten vom ihm angestellten Recherchen am Telefon glaubhaft versichert, dass so ein Schulbus um die fünftausend Euro kosten würde. Also ist eingeplant, gemeinsam mit ihm am ersten Tag in Accra den von ihm ausgesuchten Schulbus anzusehen.

Nachdem wir den Abend gemütlich unter dem wunderbaren Sternenhimmel bei ghanaischem Essen verbracht haben, treffen wir uns am kommenden Morgen mit dem Paramount Chief im Hotel.

Beim Frühstück tauschen wir sämtliche Neuigkeiten

der letzten Wochen aus. Es ist immer sehr schwierig für mich, mit den Leuten in Alavanyo zu kommunizieren, weil das Telefonnetz nicht ausgebaut ist und ich den Paramount Chief oder andere Ghanaer telefonisch nur erreichen kann, wenn ich vorher eine Zeit und einen Tag ausgemacht habe. Doch das ist kompliziert, weil wir in der Region bisher nicht über Faxgeräte verfügen. Eins befindet sich in einem der beiden Pakete, die noch im Zoll lagern, und soll bei Hilda installiert werden, so dass diese gegebenenfalls die zwanzig Meilen zum Paramount Chief fahren kann, um ihm ein Fax zu übergeben.

Inzwischen haben wir für unseren Verein im nahe gelegenen Hohoe ein Bankkonto einrichten können, auf das ich nun den mitgebrachten Scheck über fünftausend Euro einzahlen möchte, damit wir davon auf der Rückfahrt den Schulbus werden kaufen können. Da Togbega Atakora VII. im Vorwege schon Erkundigungen über die Händler der entsprechenden Busse eingezogen hat, fahren wir zielsicher durch das Menschen- und Autogewühl von Accra.

Der An- und Verkauf von Autos spielt sich hier hauptsächlich auf den Straßen ab. In bestimmten Gebieten stehen Tausende von Fahrzeugen aufgereiht entlang der Straße und warten auf ihre Käufer. Es ist das erste Mal, dass ich diesen Handel überhaupt bemerke. Nachdem wir bei dem Händler, den der Paramount Chief ausgesucht hat, angekommen sind, um nach dem Bus zu fragen, erklärt dieser uns, dass er leider zwischenzeitlich verkauft sei. Damit nimmt das Drama seinen Lauf. Ziellos fahren wir nun von Autohändler zu Autohändler, um uns über Schulbusse zu informieren. Das ist natürlich nicht so einfach wie in Deutschland. Erstens gibt es nicht so ein großes Angebot an Bussen, und zweitens sind die Preise immens hoch. Es gibt hier keine Produktionsstätten für Autos, nur Importfahrzeuge, und weil zum Gebrauchtwagenpreis ein Betrag in gleicher Höhe für Einfuhrsteuer und Zoll aufgeschlagen wird, steigen die Preise ins Uferlose.

Nachdem wir mehrere Stunden von Autohändler zu Autohändler gefahren sind und endlose Diskussionen geführt haben, resigniere ich. Es bringt nichts, nach den Preisen zu fragen, wenn wir Europäer zugegen sind. Also entwickeln wir eine neue Strategie. Sobald wir einen Bus entdecken, der infrage kommt, betrachten wir diesen aus der Ferne und schicken unauffällig Kosi und Evans, unsere Fahrer, um nach dem Preis zu fragen. Endlich haben wir einen geeigneten Bus gefunden. Also steigen wir alle aus und gehen zu dem Händler, um die Verhandlungen aufzunehmen. Innerhalb von Minuten hat sich jedoch der Preis um zweitausend Euro erhöht. Angeblich hat es sich um ein Missverständnis gehandelt, einer der Angestellten hätte einen falschen Preis gesagt. Nachdem ich mich heftig mit dem Händler gestritten habe, ziehen wir unverrichteter Dinge wieder ab. Entnervt und ermüdet von dem ungewohnten Klimawechsel gebe ich mich für diesen Tag geschlagen.

Als wir zum Hotel zurückfahren, ist die afrikanische Nacht bereits hereingebrochen. An dem ersten Tag in Accra haben wir nichts von dem geschafft, was wir ursprünglich erledigen wollten.

Am nächsten Morgen – wehmütig denke ich daran, dass es ein Urlaubstag sein sollte – treffe ich mich wieder mit dem Paramount Chief. Dieses Mal wissen wir zumindest, wo wir in Accra einen Schulbus ausfindig machen können. Bei dem vierten Händler werden wir uns endlich einig. Das Fahrzeug hat die richtige Anzahl von Sitzplätzen, ist in gutem Zustand und hat noch unter achtzigtausend Kilometer Fahrleistung, jedenfalls laut Tacho. Nach den Papieren, die nicht wie bei uns aus einem Fahrzeugbrief, sondern circa zwanzig mehr oder weniger zerknitterten Dokumenten bestehen, wurde er vorher von einer kirchlichen Einrichtung benutzt. Dieser Umstand lässt mich hoffen, dass er sich tatsächlich in dem guten Zustand befindet, den seine Optik verspricht. Aber die Sache hat natürlich auch einen Haken.

Der Bus kostet sechstausend Euro, eintausend mehr als geplant, und er soll sofort bezahlt werden. Ratlos blicke ich Isobel an. Unseren Scheck können wir hier nicht einlösen, und ich habe nicht genügend Geld dabei, nämlich »nur« zweitausendfünfhundert Euro, die ich eigentlich dafür verwenden wollte, mir hier ein privates Konto einzurichten, um nicht immer so viel Bargeld mitnehmen zu müssen. Zweitausendfünfhundert Euro ist der Mindestbetrag für die Einrichtung eines Eurokontos, und aufgrund der hohen Inflationsrate macht ein Konto in der Landeswährung keinen Sinn. Die Einreichung des Schecks in Hohoe würde zu viel Zeit in Anspruch nehmen, um zu gewährleisten, dass nicht auch dieser Bus zwischenzeitlich verkauft sein würde. Also beschließe ich, zweitausend Euro von meinem privaten Geld zu nehmen und damit den Bus anzuzahlen. Allerdings unter der Maßgabe, dass wir ihn gleich mitnehmen dürfen. Nach einer fast zweistündigen Verhandlung können wir den Händler davon überzeugen, dass er dies möglich machen muss. So wenig allerdings, wie wir ihm trauen, traut er uns, und daher macht er zur Bedingung, dass zwei seiner Leute den Bus nach Alavanyo fahren sollen, um dort später das restliche Geld in Empfang zu nehmen. Wir erklären uns damit einverstanden und sind froh, dass wir den Handel endlich abschließen können.

Inzwischen ist es fast Nachmittag geworden. Hilda drängt darauf, zum Flughafen zu fahren, um endlich unsere Pakete abzuholen. Da es ihr, trotz der Zahlung von fünfzig Euro, nicht gelungen ist, sie aus dem Zoll zu bekommen, besteht sie auf meiner Begleitung. Vielleicht kann ich mehr ausrichten. Also quälen wir uns durch den dichten Verkehr im Schritttempo Richtung Flughafen.

Dort angekommen, wird mir sofort klar, dass Hilda einen Fehler begangen hat. Hier tummeln sich Hunderte von dubiosen »Agenten«, die einem ihre Dienste anbieten. Arglos hat sie einem von ihnen den Auftrag übergeben, unsere Pakete aus dem Flughafen herauszuholen, und nun besteht der Agent auf einer weiteren Zahlung von hundert Euro, bevor er die restlichen Arbeiten erledigt. Ich bin dagegen. Aber er bleibt stur, und wir sind machtlos. Die zum Auslösen der Pakete erforderlichen Papiere und ihren Pass hat Hilda ihm sorglos vor Tagen übergeben, so dass wir gezwungen sind, die hundert Euro zu bezahlen. In solchen Situationen fühle ich mich immer besonders hilflos, ja, im Grunde genommen erpresst. Doch uns bleibt nichts anderes übrig und so bitte ich Isobel, dem Mann das Geld gegen Quittung auszuhändigen.

Doch auch jetzt bekommen wir unsere Pakete nicht. Wir werden auf den kommenden Tag vertröstet. Ich bin sehr wütend und bitte den Paramount Chief herauszufinden, wo man sich beschweren kann. Selbst bei der staatlichen Institution, die sich am Flughafen befindet, kommen wir nicht weiter. Eine streng blickende Dame mittleren Alters sieht uns über ihre Brillengläser an und rät uns wörtlich, die Maschine, die wir in Gang gesetzt hätten, jetzt nicht zu stoppen, denn sie könne in diesem Stadium nichts mehr für uns tun. Für die Zukunft jedoch empfiehlt sie, keinen dieser Agenten einzuschalten. Inzwischen ist es später Nachmittag geworden und wir gehen zurück zum Büro des Agenten. Trotzig will ich einen letzten Versuch starten. Doch hier sind jetzt alle Türen verschlossen und ein Schild besagt, dass wir am nächsten Morgen wieder vorsprechen können. Unverrichteter Dinge, um hundert Euro ärmer und mutlos fahren wir zurück ins Hotel. Der zweite »Urlaubstag« ist vergangen.

Auch am nächsten Tag wiederholt sich das Procedere. Jetzt sind angeblich nochmals dreißig Euro zu zahlen, da verschiedene Papiere, die zum Auslösen unserer Pakete erforderlich sind, noch abgestempelt werden müssen. Das kostet Geld, versichert der Makler treuherzig. Meine Wut kennt keine Grenzen. Ich mache jedoch gute Miene zum bösen Spiel und gehe mit ihm in sein Büro, um die restlichen Formalitäten auszufüllen. Ich teile ihm jedoch mit, dass er die restlichen Euro erst bekommen werde, wenn wir die Pakete auch in den Händen haben. Ganz plötzlich klappt alles wie am Schnürchen. Wir bekommen unsere Belege und die Pakete. Doch bis wir wieder im Hotel ankommen, sind Stunden vergangen.

Solche Erfahrungen mit reiner Willkür habe ich bereits einige in Afrika machen müssen, früher in Simbabwe, wo Sendungen gar nicht erst ankamen, und in den letzten Jahren leider auch hier. Glücklicherweise macht man jeden Fehler nur einmal, und so wechselt meine Stimmung in den entsprechenden Situationen von Mutlosigkeit immer wieder in den mir eigenen Optimismus.

Von meinen vorherigen Reisen weiß ich, dass es in der Voltaregion immer Probleme mit der Beschaffung von Mineralwasser gibt. Daher frage ich einen der Hotelangestellten in Accra, wo wir Getränke kaufen können. Freundlich erklärt er uns den Weg zu einem neu eröffneten Supermarkt, der nicht sehr weit vom Hotel entfernt ist. Hier machen wir ein wenig Shopping und sind begeistert von dem Warenangebot. Wir kaufen schnell noch einige vertraute Dinge ein, um uns in Alavanyo zumindest annähernd europäisch ernähren zu können. In einem der Regale entdecken wir Puddingpulver. Das ist lustig, denke ich, europäische Fertigprodukte in Afrika. Wir werden Pudding kochen. Auch Marcelle und Isobel sind begeistert von der Idee, für die Könige und Ältesten von Alavanyo, die ich zu einem kleinen Fest in Hildas Hotel eingeladen habe, eine Süßspeise zuzubereiten. Wir kaufen alle Geschmacksrichtungen und erstehen noch drei Schneebesen. »Ohne entsprechendes Werkzeug kein Pudding«, sage ich und rufe damit allgemeine Heiterkeit hervor. Dann machen wir uns auf den Weg nach Alavanyo.

Nach mehreren Stunden Fahrt erreichen wir die Voltaregion. Ich freue mich immer wieder, wenn ich die Akosambo-Brücke über den Volta passiere und in heimische Gefilde komme. Ganz vertraut ist mir die Landschaft inzwischen. Spät am Abend kommen wir im Hotel in Hohoe an, nehmen schnell eine Dusche und treffen uns dann zum gemeinsamen Abendessen.

Nach einer kurzen Nacht erwarte ich den Paramount Chief, um mich von ihm in der Historie von Alavanyo und den alten Traditionen unterweisen zu lassen. Viel zu wenig weiß ich noch über das Gebiet, seine Menschen und die alten Bräuche und Rituale. Doch bevor er eintrifft, überrascht mich eine andere Besucherin.

Die Mutter von Sitsofe ist gekommen, um mich zu begrüßen. Sehr schlank, fast mager, mit einem von der Feldarbeit frühzeitig gealterten, sonnengegerbten Gesicht strahlt sie mich an. Auf dem Kopf trägt sie ein großes Tablett mit sorgfältig getürmten Bananen, Ananas und Mangos, die sie mir als Geschenk überreicht. Da sie kaum Englisch spricht, kann ich mich mit ihr nicht verständigen, und so rufe ich Hilda herbei. Wir erklären ihr, dass es Sitsofe, der ja zu diesem Zeitpunkt noch in Deutschland ist, gut geht und dass er noch in dieser Woche operiert werden soll. Die Frau sieht mich glücklich lächelnd an.

»Mama«, sagt sie und nimmt meine Hände. »God bless you.«

Ich lade sie für den Samstag zu unserem Fest ein und freue mich, dass sie kommen will. Dann höre ich das Auto des Paramount Chiefs und verabschiede mich. Ich habe mir eine Menge Fragen über Alavanyo, seine Geschichte und Könige notiert, deren Beantwortung mehrere Stunden in Anspruch nimmt.

Als ich die ersten Male nach Alavanyo reise, weiß ich nicht sehr viel mehr über dieses Gebiet, als dass es umgeben von sanften Hügelketten inmitten einer saftig grünen, tropischen Vegetation liegt und trotz fortschreitender Zivilisation noch ein Stück alte afrikanische Landschaft und Kultur bietet. Hier und da wird mir dann eine Episode aus alten Tagen erzählt, die mir, weil aus dem Zusammenhang gerissen, jedoch nie richtig deutlich macht, wie die Besiedlung Alavanyos ursprünglich einmal stattgefunden hat. In einem Land, wo die Geschichte der Vorväter und das Wissen um ihre Ahnen durch Erzählungen der alten Bräuche, Verhaltensregeln, Umgangsformen und der Etikette am Lagerfeuer mündlich von den Alten an die Jungen weitergegeben wird, ist es schwierig, diese Dinge in Erfahrung zu bringen. Meine Suche in Büchern und Reiseführern über Ghana bleibt erfolglos. Doch ich werde nicht müde, immer wieder nachzufragen. Irgendwann erwähnt der Paramount Chief, Togbega Atakora VII. mir gegenüber, dass es vor einigen Jahren jemanden gegeben haben soll, der die Anfänge Alavanyos erstmals schriftlich niedergelegt hat, und dass es möglich sein müsste, diese Aufzeichnungen für mich zu besorgen. Heute nun hat er sie mitgebracht. Ich bin überglücklich, dass ich durch diese Lektüre ein ganzes Stück weiterkommen werde. Und der Paramount Chief beantwortet alle meine Fragen geduldig.

Endlich fügen sich die Bruchstücke meiner bisher erworbenen Kenntnisse zu einem Ganzen zusammen und stellen sich wie folgt dar:

Um mit der Geschichte Alavanyos zu beginnen, muss man mit der Geschichte des Ewe-Volkes anfangen. Die große Wanderung in der Geschichte Südafrikas kennt fast jeder, aber es gab eine wesentlich größere Wanderung in Westafrika. Obwohl nicht sehr viel darüber berichtet wurde, haben sich die Ewe als die kühnsten Abenteurer Afrikas hervorgetan. Ihre lange Wanderung vom Nigerbogen nach Westnigeria bis hinunter in das heutige Ghana ist ein Zeugnis für die Ausdauer und die Fähigkeit, Entbehrungen auszuhalten. Ihre Flucht vor Unterdrückung, den Wunsch nach Freiheit und ihre Suche nach gutem fruchtbaren Land haben die Ewe mit Heldenerlebnissen, einem Wertesystem und hohen Idealen versehen.

Es ist bekannt, dass vor vielen, vielen Jahrhunderten mehrere Gruppen irgendwo aus dem östlichen Teil Afrikas in den afrikanischen Westen gezogen sind. Möglicherweise, weil die Menschen nach mehr und besserem Ackerland suchten. Dieser Auszug aus dem östlichen Teil Afrikas in jenen frühen Tagen zog sich über mehrere Generationen hin. Siedlungen wurden gebaut, und viele Ernten eingebracht, bevor diese wieder verlassen wurden. Es gibt Anzeichen dafür, dass sich diese Wanderung nach Westafrika über Jahrhunderte erstreckt hat. Die Urahnen des Ewe-Volkes schlossen sich seinerzeit dem Herrscher Da an, um neues Land zu suchen, wo Frieden herrschen würde.

Nachdem sie mehrmals in der Wildnis Lager aufgeschlagen hatten, ließen sie sich an einem Ort nieder, der weit entfernt von jedem anderen Stamm war. Von dort aus zogen sie irgendwann nach Westen, teilten sich in einzelne Gemeinschaften, die sich später zu Königreichen oder Stämmen entwickelten. Einige Nachkommen dieser Gruppen, darunter die Ewe, leben noch heute an der Westküste Afrikas. Ihre Siedlungen erstrecken sich vom Atlantik bis ins Binnenland. Im Laufe mehrerer Generationen entwickelten sich unterschiedliche Dialekte, die mit der Zeit zu verschiedenen Sprachen wurden. Die Bewältigung der überaus weiten Wegstrecken ist für uns heute kaum vorstellbar. In jenen frühen Tagen mussten all diese, unter Mitnahme des ganzen Hausstandes, zu Fuß zurückgelegt werden. So wurden zum

Beispiel die wertvollen Besitztümer eines jeden Stammes in großen Kalebassen aufbewahrt, die über Generationen hinweg mitgeführt wurden. Sie enthielten auch königliche Kriegsheiligtümer, spirituelle Gegenstände, die die Quelle übernatürlicher Kraft des Königs und seiner Geschicklichkeit in der Kriegsführung waren.

Obwohl zwischen ihnen und den nächsten Siedlungen eine beträchtliche Distanz war, beschloss König Da, eine Stadtmauer um seine Stadt Notsie zu bauen, um sich vor eventuell folgenden Feinden zu schützen. Um den Gott gnädig zu stimmen und den Segen für die gefahrlose Durchführung des Projektes zu bitten, wurden neunundvierzig männliche und neunundvierzig weibliche Ziegen geopfert.

Gemäß ihrer Tradition waren und sind die Ewe ein religiöses Volk. Seit der frühesten Zeit ihrer Geschichte dienten und verehrten sie Gott. Er war für sie allmächtig, wohlwollend und Beschaffer aller täglichen Notwendigkeiten. Ein Gott, den niemals jemand gesehen hat noch sehen wird. Ein Gott, der die Rechtschaffenen belohnt und die Bösen bestraft. In der Stadt Notsie wurde Gott ein erstes Haus gebaut. Ein kleines Gebäude, weit entfernt von normalen Wohnhäusern. Da nach dem Glauben der Ewe niemals jemand einen Blick auf Gott geworfen hatte, war es nicht möglich, irgendein Abbild von ihm zu machen. Daher gab es keine Bilder in dem Haus, nur heilige Gegenstände.

Nach drei oder vier Erntezyklen war die Stadtmauer vollendet und der König brachte weitere Danksagungs- und Friedensopfer. Die Anzahl der Opfergaben hatte eine symbolische Bedeutung. Die Zahl Sieben war der entscheidende Faktor. Die Anzahl der Tiere, die geopfert wurden, war das Vielfache von sieben. Diese Tatsachen sind bekannt, aber was die Zahl Sieben in jener Zeit für die Vorfahren bedeutete, ist für uns im Nebel der Zeit verloren gegangen.

Die Zeit in Notsie war sehr friedlich und die Untertanen des Königs lebten in fast völliger Zufriedenheit. Die Ländereien waren fruchtbar. Die Herden vermehrten sich. Als der König starb, wurde seine sterbliche Hülle in Da-Kpodzi begraben. Die Stelle wurde mit der Zeit zum heiligen Ort für die Begräbnisse aller Herrscher von Notsie. Diese Sitte blieb bis zum Jahr 1937 bestehen.

Viele Generationen nach Da wurde König Agokoli inthronisiert, der mit eiserner Hand über sein Volk regierte. So war es vorprogrammiert, dass es zum Aufstand des Volkes kommen musste. Dieser Aufstand vollzog sich schleichend und im Geheimen. Eines Tages flüchtete ein Großteil der Menschen aus Notsie. Sie flohen den Überlieferungen nach rückwärts im Schutze der Dunkelheit, um Fußabdrücke zurückzulassen, die zur Stadt zeigten. So begann der Exodus der Ewe aus ihrem alten Stadtstaat Notsie (im heutigen Togo gelegen).

Es war eine langsame und beschwerliche Reise, alle Frauen, Kinder, Kranken und Alten wurden mitgenommen. Um unterwegs versorgt zu sein, bauten die Ewe vorübergehend Siedlungen, in denen teilweise jahrelang gelebt wurde. Dort wurden früh reifende Feldfrüchte wie Bohnen, Mais, Reis, Erdnüsse und Gemüse kultiviert. Vorräte wurden angelegt, die es dem Volk erlaubten, sich auf die nächste Etappe seiner Reise ins Unbekannte zu wagen.

Damals schon hatten sie das Amla, ein Beilgerät, das auch heute noch in der Landwirtschaft benutzt wird.

Damit fällten sie kleinere Bäume und Büsche, jäteten Unkraut und kultivierten den Boden.

Die mit Stoff aus der Borke eines Riesenbaumes bekleideten Menschen nahmen ihren gesamten Hausrat und ihre Ackerbaugeräte mit auf ihre anstrengenden Fußmärsche: Spindeln für das Spinnen von Garn aus entkernter Baumwolle, große Kalebassen, gewebte Basttaschen in verschiedenen Größen und Farben, Öllampen aus Ton und verschiedene Tragegestelle. Auf diesen Tragegestellen wurden sogar Schweine transportiert. Schafe und Ziegen konnten entlang einem Pfad geführt werden. Die Frauen benutzten zum Transport der Gegenstände ein hölzernes Tablett, das sie auf dem Kopf trugen und das meistens aus der oberirdisch wachsenden Wurzel des Kibale-Baumes gefertigt wurde. Es war außerdem zum Sieben des Kornes geeignet. Ferner mussten Helme für die Jäger mitgenommen werden, die aus speziellem strapazierfähigem, wasserdichtem Material hergestellt wurden, sowie eine Vielzahl Nahrungsmittel.

Es war lebenswichtig, die Wasserqualität zu testen. Die Jäger, die einen Fluss entdeckten, brachten daher jeweils das Wasser in großen Schneckenhäusern mit sich zurück. Sie gaben das Wasser einem Hund zu trinken und hielten das Tier drei Tage lang unter Beobachtung. Wenn er während dieser Zeit keine Krankheitsanzeichen zeigte, erklärte das Beobachterteam »Laa Ga«, was meint, »das Tier hat überlebt«.

Die umherziehenden Menschen kamen einige Jahrhunderte nicht zur Ruhe. Immer wieder erschütterten Stammesfehden ihre sichere Existenz, und sie zogen gruppenweise weiter, mit ihrem Hausrat und den großen Tongefäßen, um genügend Wasser für die Reise zu haben.

Irgendwann einmal erkor eine dieser Gruppen, jede für sich eine Untergruppe der Ewe, einen Platz, den sie Agumejdo nannten, zu ihrer permanenten Niederlassung. Sie gründeten eine Stadtsiedlung namens Sovie und nannten sich Soviwo. Diese Menschen hatten bestimmte Objekte, die sie sehr schätzten, sorgfältig gehegt. Darunter den aus dem Lagafluss entnommenen Schlamm und sein Wasser, das in einem mit Blattwerk bedeckten Schneckenhaus aufbewahrt wurde. Da der Lagafluss, an dem sie seinerzeit mehrere Ernteperioden lagerten, zu einer Gottheit erklärt worden war, reaktivierten sie nun diese beiden Objekte als ihre traditionellen Götter. Sie wurden an den Ort der Vereinigung zweier Flüsse gebracht. Dieser Platz ist seither zum Sitz ihres Gottes geworden. Die besonders großen Steinguttöpfe, die von den Soviwo auf ihren Jahrhunderte dauernden Reisen benutzt wurden, sind bis heute aufbewahrt worden.

Eine der später eingetroffenen Gruppen zog weiter, um die umliegenden Gebiete zu erforschen. Ihr Anführer, To, war ein ausgezeichneter Jäger und Spiritualist. Seine Männer kehrten dem Volta den Rücken und zogen in den Osten, wo sie zum Fuß eines Berges kamen. Berge verheißen normalerweise Wasser. Dic müden Wanderer mussten am Fuß des Berges rasten. In der mündlichen Überliefcrung gibt es keine Anzeichen dafür, dass diese Gruppe Wasser mit sich führte. In unmittelbarer Umgebung des Berges, an dem sie lagerten, gab es kein Wasser, in der Nähe war nur ein ausgetrocknetes Flussbett. Der Anführer ließ ein flaches Loch im Flussbett graben und wie erwartet sammelte sich etwas Wasser darin.

To nahm seinen Jägerhelm ab, schöpfte darin etwas

Wasser und trank es. Auf dem Boden sitzend sah er zum Himmel auf und proklamierte: »Miano fii kpo; Adabanyo.« Übersetzt bedeutet dies: »Lass es uns wagen, uns hier niederzulassen. Es könnte sich als erfolgreich herausstellen.«

Während der folgenden Tage errichteten die Männer provisorische Schuppen und Hütten. Diese wurden bald durch dauerhaftere Hütten ersetzt, als das neue Stadtgebiet am Berg Form annahm. Die Berge wurden später Aguda getauft. Bald hörte man Berichte von ausgedehnten jungfräulichen Wäldern um die Aguda-Berge herum und alle stimmten überein, dass der Führer Recht hatte, als er am Tag ihrer Ankunft bekannt gab, dass »Adabanyo« – es sich als erfolgreich herausstellen könnte – hier zu bleiben.

Dieser oft wiederholte Ausdruck wurde zum Namen des Gebiets. Im Laufe einer sehr langen Zeit wurde der Name zu Alavanyo. Bis heute sind To und seine Gefolgsleute als die Leute von Alavanyo bekannt.

Blutsbrüderschaft besiegelte in jenen frühen Tagen die Freundschaft zwischen den Völkern. Völker, die eine derartige Verbindung knüpften, haben niemals wieder gegeneinander gekämpft. Der ursprüngliche Führer To, der die Leute nach Alavanyo geführt hatte, starb und wurde dort begraben.

Die Bevölkerung war nach einer Generation bereits beträchtlich angewachsen. Das Land auf den Bergen konnte sie nicht mehr ernähren. So entstanden die sieben größeren Dörfer Alavanyos.

Deme, das neue Stadtgebiet, wurde aufgrund der Fülle an Palmenbäumen so genannt. Eine andere Gruppe zog, um näher an das bebaubare Land heranzukommen, in den Ostteil der Berge. Dieses neue Stadtgebiet wurde Kpeme genannt. Die Gemeinschaft, die auf den restlichen Abhängen der Berge zurückblieb, war die Führersippe Amega Tos, und sie herrschten von dort über Alavanyo. Im Laufe der Zeit zogen sie den Berg hinunter, errichteten dort ihr neues Stadtgebiet. Sie fühlten sich als Keim Alavanyos und so nannten sie sich »Agome«, das bedeutet »die Basis«.

So kam es, dass Alavanyo vorerst in drei Einheiten untergliedert wurde, nämlich Deme, Kpeme und Agome. Ein Kampf um die Führung in Deme spaltete die Leute, und eine Gruppe setzte sich ab und siedelte sich auf dem Grasland weiter südlich an. Es ist wahrscheinlich, dass die Natur des Landes und des dort wachsenden Grases es natürlich erscheinen ließen, die neue Siedlung Dzogbedza zu nennen. Dieser Name ist seitdem zu Dzogbedze abgeändert worden. Dies war jedoch noch nicht das Ende der Entwicklung innerhalb Alavanyos. Eine Gruppe des Kpeme-Volkes hatte ihre Farmen in einem bestimmten Gebiet. So entstand durch angrenzende Farmen mit jeweils einer Farmhütte, in denen die Menschen teilweise mehr Zeit verbrachten als in ihren Stadthäusern, eine neue Siedlung, Wudidi. Eine Abkürzung für »mia fe bowu gidi«, was heißt: »ihr Wegzug von der Stadt ist schon lange vorher geschehen«.

Eine weitere Sippe zog von Kpeme fort und ließ sich in Agoxoe nieder. Danach bestand Alavanyo aus sechs Stadtgebieten: Deme, Dzogbedze, Kpeme, Agome, Wudidi und Agoxoe. Vor relativ kurzer Zeit, nämlich im Jahre 1915, zog ein Bereich der Stadt Agoxoe weg, um sich an neuer Stelle weiter östlich wieder einzurichten, und man nannte das neue Dorf Abehenease. Dies vervollständigt die Stadtentwicklung im Alavanyo-Bereich der Soviwo. Die Soviwo sind eine Untergruppe der Ewe so wie auch die Alavanyos. Heute ist die traditionelle administrative Dreiteilung in Alavanyo wie folgt: 1. Agome, 2. Deme-Dzogbedze, 3. Kpeme-Wudidi-Agoxoe-Abehenease.

Um im Volk den ursprünglichen Geist ihrer gemeinsamen Abstammung wieder aufleben zu lassen, beschlossen die Soviwo nach dem zweiten Weltkrieg die Schaffung eines gemeinsamen Wappens. Es setzt sich aus drei Steinen, einem Feuertopf und vier Stück Feuerholz zusammen. Drei Steine, weil die Soviwo-Untergruppen Akrofu, Saviefe und Sovie je einen Stein als Stammeszeichen haben. Die Untergruppe der Alavanyo hat einen Feuertopf als Zeichen. Die Feuerhölzer symbolisieren Einheit, Kooperation, Selbsthilfe und gegenseitiges Verständnis dieser vier Untergruppen, die wiederum jede für sich und alle zusammen eine Untergruppe der Ewe sind.

Im Jahr 1948 wurde die Vereinigung SASADU gegründet, die Saviefe-Akrofu-Sovie-Alavanyo-Development-Union. Alle zwei Jahre finden traditionell die SASADU-Feierlichkeiten statt, zum Gedenken an den Zusammenschluss der Untergruppen der Soviwo.

Unser Gespräch hat sich über mehrere Stunden hingezogen und ich kann kaum noch folgen. Doch Togbega Atakora will mir einen letzten wichtigen Teil der Traditionen erklären: die jährlichen Beerdigungsriten.

Um sie zu begehen, trifft sich die Bevölkerung alljährlich im Februar in Deme. Es ist Sitte, dass alle Verwandten, ob sie im Alavanyo-Gebiet, außerhalb oder sogar in Europa leben, an jeder Beerdigung teilnehmen.

Da ein Großteil der Bevölkerung nicht in ihrem Heimatgebiet lebt, war dies für sie immer ein Problem. Deshalb beschloss die Bevölkerung Alavanyos in den frühen Dreißigerjahren, nur ein jährliches kommunales Begräbnis für alle abzuhalten, die im Laufe eines Jahres gestorben waren. Der Februar wurde für die Ausübung der Riten gewählt, weil die Farmer ihre Ernte eingebracht haben, Wildfleisch, fester Bestandteil der Beerdigungsmahlzeiten, in der Trockenzeit leicht verfügbar ist und die Einbringung und der Verkauf der Kakaoernte abgeschlossen ist.

Die Beerdigungsriten dauern sechs Tage und es wird von der Bevölkerung erwartet, dass sie an allen Tagen teilnimmt. Am ersten Tag sammeln sich die Ältesten nachmittags unter einem Palmenbaum. Von dort schreiten sie zum Friedhof, ihre Prozession wird von der Bevölkerung begleitet. Auf dem Friedhof werden Trankopfer gebracht und die Geister der Ahnen und der kürzlich Verstorbenen angerufen, um Gottes Segen für eine friedliche Durchführung der Riten zu erhalten. Salutschüsse fallen.

Der Ritus endet bei Sonnenuntergang. Die Zeremonie des zweiten Tages beginnt ebenfalls am frühen Nachmittag. Die verschiedenen Clanoberhäupter versammeln ihre jeweiligen Untertanen und Clanältesten in ihrem Haus. Die älteren Männer und die Frauen tragen Trauerkleidung, die jüngeren Männer Kriegs- oder Jagdkleidung. Falls es Familientrommeln gibt, werden sie eingesetzt. Die Gruppe begleitet ihr Oberhaupt singend und trommelnd zum Haus des Königs der Stadt. Mit ihm begeben sich alle zum Festplatz. Dort beginnt die eigentliche Zeremonie, ein Krieger- und Jägertanz. Während die Waffenträger den Festplatz umrunden, läuft ein Mann mit Flaschenkürbis in entgegengesetzter Richtung, der jeden der Zuschauer mit Wasser bespritzt. Dann werden Salven abgeschossen. Diese Prozedur wird mehrfach wiederholt. Die Bedeutung des Wasserversprengens ist es, Frieden zu erbitten. Das Abfeuern der Gewehre soll den Geistern der Toten versichern, dass, wäre der Tod eine sichtbare Person, ihre lebenden Verwandten sie mit all der ihnen zur Verfügung stehenden Feuerkraft beschützt hätten. Die Zeremonie endet bei Eintritt der Dunkelheit. Dann geleitet die Gruppe der Ältesten und Clanoberhäupter den König zurück in sein Haus, wo Palmwein gereicht wird.

Am nächsten Tag finden die Beerdigungsriten in den Häusern der Trauernden statt. Dort werden Gaben übergeben, heute meistens Geldgeschenke. In vergangenen Zeiten, als Särge in diesem Gebiet noch unbekannt waren, wurden die Toten zur Beerdigung in Stoffe gewickelt. Da viele Menschen oft nicht genügend Stoff besaßen, um die toten Angehörigen einzuhüllen, wurde ihnen Stoff übergeben. Der vierte Tag ist ebenfalls dem Angebot und der Annahme von Spenden einheimischer Bürger gewidmet.

Der fünfte Tag ist eine freudige Angelegenheit: Ein Ritual, die Verstorbenen zu ehren, das nur von Männern durchgeführt wird. Der Mann, der den Ritus vollzieht, wird von Trommeln begleitet. Dann beginnt eine tanzende und singende Prozession zum Stadtplatz. Ein junger Mann führt mit einer Ziege den Umzug an. Später wird die Ziege geschlachtet und eine Mahlzeit aus Fufu und Süßkartoffeln zubereitet.

Am sechsten Tag werden Einnahmen und Ausgaben aus den Schenkungen abgerechnet. Wenn die Spenden kleiner sind, als die »Beerdigungskosten« der Familie, wird der Fehlbetrag auf die verantwortlichen Familienmitglieder umgelegt. Wenn es umgekehrt ist, wird der Überschuss entweder der Familie ausgezahlt oder anteilig an deren Mitglieder verteilt.

Die Tradition erlaubt keine vollständigen Beerdigungsriten für Kinder, da sie letzte Ehrung der Lebenden an die Toten sind. Man vermutet, dass, wenn die Seele eines toten Kindes sich an der ihr in dieser Zeremonie erwiesenen Ehre erfreut, Kinder nach ihrer Wiedergeburt die Wahl treffen könnten, erneut früh zu sterben, um wieder in den Genuss ähnlicher Feierlichkeiten zu kommen. Da die Ewe an Reinkarnation glauben, gibt es für Kinder nur eine kleine Festlichkeit.

Selbstmördern werden ebenfalls keine Bestattungsrituale gewährt. Unnatürliche Todesfälle werden als böse angesehen. Die Geister der Menschen, die das Leben auf unnatürlichem Wege verließen, werden daher nie in Trankopfergebeten erwähnt.

Ich bin müde und erschöpft, aber ich habe das Gefühl, eine Menge gelernt zu haben und ein entscheidendes Stück weitergekommen zu sein. Ich weiß jetzt sehr viel mehr über Alavanyo und seine Menschen als bisher.

Am kommenden Morgen soll die Einweihung des Mädchenwohnheimes stattfinden. Ich habe mich wie bei der Schuleinweihung europäisch gekleidet, aber diesmal gibt es keine Probleme. Die Menschen haben verstanden, was ich ihnen beim letzten Mal erklärt habe. Der Paramount Chief und die Ältesten erwarten mich. Die traditionelle Begrüßung nimmt ihren normalen Verlauf. Als erstes ergreift der Hofsprecher des Paramount

Chiefs das Wort. Die üblichen Höflichkeitsformeln werden gesprochen. Die Menschen hier freuen sich, dass ich wiedergekommen bin. Aber der Anlass ist ein besonderer, denn nach der Einweihung des Mädchenwohnheimes ist die Übergabe des Schulbusses geplant, von der nur wenige bisher wissen.

Immer mehr Menschen treffen ein. Inzwischen hat sich der Dorfplatz gefüllt. Trommeln ertönen und die Tanzgruppen formieren sich. Zu besonderen Festen lassen sie sich jeweils einheitliche Kleidung schneidern, deren farbenprächtige Muster mich immer wieder begeistern.

Heute sind wir pünktlich. Das ist ungewöhnlich für hiesige Verhältnisse, denn bisher sind wir immer zu spät gekommen. So ist es kein Wunder, dass sich noch nicht alle eingefunden haben. Doch dann erklingen die Rasseln, die Posaunen und die Trommeln. Die Musikgruppen Alavanyos haben sich zusammengefunden. Nach der Begrüßung auf dem Dorfplatz erfolgt die Begrüßung im Haus meiner afrikanischen Eltern, die sich ebenfalls freuen, mich wiederzusehen. Dann erhebt sich mein Schirmträger, das Zeichen zum Aufbruch. Diesmal sind einige mir noch unbekannte Gesichter dabei. Der Paramount Chief erklärt mir, dass heute eine Zeremonie stattfinden wird, in der mich die Nachbarregionen ebenfalls in ihren Clan aufnehmen werden. Nachdem sich die Zepterträger, die Sprecher, die Fächermädchen und der gesamte Hofstaat sowie die Tanzgruppen formiert haben, schreite ich neben dem Paramount Chief unter dem prächtigen Schirm langsam zum mehrere Kilometer entfernten Festplatz. Wir benutzen dieses Mal einen größeren, aus goldenem Brokat gewirkten Schirm, dessen Kranz aus dunkelrotem, glänzendem Seidenstoff mit goldroten Trotteln behängt ist. Es ist sehr heiß. Ich sehe, dass der Schirmträger seine Mühe hat, die Last über uns zu drehen, um uns die notwenige Kühle zuzufächeln. Während wir unter Singen und Tanzen dahinschreiten, um uns herum malerisch gekleidete Menschen, traditionelle Hornbläser und Trommler, sehe ich dunkle Wolken aufziehen.

»Es wird regnen«, sage ich zum Paramount Chief. Er antwortet mir: »Wenn Gott es will, wird es regnen, und das wird gut sein.«

Ich bin erstaunt. Wir gehen unter einem Schirm. Für uns wird der Regen kein Problem sein. Aber die vielen festlich gekleideten Menschen werden alle dem Regen ausgesetzt sein. Der lehmige Festplatz mit seiner roten Erde wird im Matsch versinken. Denn der afrikanische Regen wird sturzbachartig auf uns herniedergehen. Doch das wage ich nicht anzudeuten. Nachdem wir über eine halbe Stunde geschritten sind, ist der Festplatz immer noch nicht zu sehen. Die ersten Tropfen fallen. Dann prasselt der Regen auf uns nieder. Bei dem Schirmträger, einem sehnigen, schmalen, hoch gewachsenen Mann, bilden sich Schweißtropfen auf der Stirn. Durch den Regen hat der im trockenen Zustand schon viele Kilogramm schwere Schirm wahrscheinlich das Doppelte an Gewicht zugenommen. Er kann ihn kaum noch halten. Der Paramount Chief bedeutet uns, einen Unterstand aufzusuchen, um den Platzregen abzuwarten. Wir flüchten, allerdings langsam schreitend, unter das mit Gras gedeckte Vordach einer Lehmhütte, um dort Schutz zu suchen. Hier erklärt mir Atakora VII. die Bedeutung seiner Worte von vorhin.

»Wenn es Regen gibt bei einem festlichen Anlass wie dem heutigen«, so sagt er, »dann segnet Gott die Veranstaltung.« Das sei afrikanischer Glaube. »Dieser Regen ist ein Grund zur Freude.«

Und so beschließe ich, die – ganz Europäerin – an ihre Schuhe gedacht hat, mich dem afrikanischen Glauben anzuschließen und meine Schuhe einfach zu vergessen.

Nach einer Dreiviertelstunde lässt der Regen nach. Unser Schirmträger ist nicht mehr in der Lage, den schweren Schirm zu heben. Schnell wird uns ein kleinerer, gelber Schirm, dessen Abschluss weiße Seidenfransen bilden, gebracht. Vorsichtig gehe ich auf dem glitschigen Lehmboden in Richtung Festplatz, ängstlich bemüht, nicht auszurutschen. Inzwischen sind auch die Könige aus den umliegenden Gebieten mit ihren Stuhlträgern, Sprechern und Zepterführern eingetroffen. Wir nehmen vor einem Podest, das mit einer Decke verhüllt ist, Platz.

Jede Feierlichkeit wird von einem Pfarrer eröffnet und beendet. Meistens teilen sich die evangelischen und katholischen Priester diese Aufgabe. Danach spricht der Minister der Voltaregion einleitende Worte, um uns zu dem Projekt des Mädchenwohnheims zu beglückwünschen. Auch die Ministerin für Jugend und Bildung ist aus Accra gekommen, um einleitende Worte zu sprechen. Sie sagt, dass dieses Mädchenwohnheim ein besonders wichtiges Projekt für die Region darstelle, da es gerade den Mädchen, die weiter entfernt wohnen, die Möglichkeit gibt, hier die Schule zu besuchen. Es folgen mehrere Ansprachen, unterbrochen von jeweils musikalischen Darbietungen des Kirchenchors, der Tanzgruppen und der Jäger und Sammler. Die Feierlichkeiten werden in Ghana sehr festlich begangen.

Wenn der Rektor der Schule auf Deutsch zu mir

spricht, bin ich jedes Mal gerührt. Er sagt, dass er uns herzlich willkommen heißt und sich freut, dass wir wieder nach Alavanyo gekommen seien. Wir hätten schon so viel getan für Alavanyo, für die Schule, das Mädchenwohnheim, und dass er sich schäme, eine Bitte an uns zu richten. Es gäbe noch zwei Dinge, die in der Schule dringend benötigt werden. Das seien eine Schreibmaschine und ein Vervielfältigungsapparat. Ich verspreche ihm, mich darum zu kümmern. Dann folgt die Ansprache des Paramount Chiefs, die mich sehr bewegt und ermutigt, in meinem Engagement weiterzumachen.

»Den Menschen hier in Alavanyo und den Chiefs der Alavanyo Traditional Area ist immer bewusst gewesen, dass Erziehung und Bildung Grundvoraussetzung für jeden Fortschritt im Land ist. Unsere Großväter haben eine entscheidende Rolle dabei gespielt, unseren Kindern schon in früheren Zeiten eine relativ gute Ausbildung zukommen zu lassen. Und die Früchte dieser Erziehung sind, dass viele der Leute aus Alavanyo, die eine entsprechende Bildung haben, sich im Land Ghana in bedeutenden Positionen befinden.

Dennoch: Die Statistik zeigt, dass in Ghana im vergangenen Jahr Alavanyo die höchste Jugendschwangerschaftsrate aufgewiesen hat. Diese alarmierende Entwicklung erfordert dringend Konsequenzen. Ich habe bisher immer alles daran gesetzt, den jungen Mädchen und Frauen zu vermitteln, dass Bildung ein wesentlicher Faktor ist, um ein besseres Leben führen zu können. Auch Vorsorge und Schwangerschaftsverhütung gehören dazu. Mädchen, die in Alavanyo bleiben, weil ihnen die entsprechende Bildung fehlt und sie keine andere Möglichkeit haben, sind weiter entfernt von der Hoffnung auf ein besseres Leben, als sie glauben. Deshalb haben wir uns entschlossen, erst ein Mädchenwohnheim zu bauen und später eventuell ein ähnliches Projekt für die Jungen folgen zu lassen.

Glücklicherweise haben sich die Wege unseres Volkes mit dem unserer Königin Ngoyifianyonu Akosua I. gekreuzt, die für die Finanzierung dieses Projektes gesorgt hat. Ich freue mich, Ihnen mitteilen zu können, dass sie darüber hinaus auch dafür gesorgt hat, dass wir einen Schulbus für Alavanyo bekommen haben. So wird jenen Kindern, die zu weit entfernt wohnen, um jeden Tag zur Schule zu kommen, jetzt die Möglichkeit dazu gegeben.

Ich möchte mich ganz herzlich bei Ngoyifianyonu Akosua I. bedanken und sie bitten, nicht die Geduld zu verlieren, um weitere Projekte in Angriff zu nehmen. Auch möchte ich hier gleichzeitig die Bevölkerung aufrufen, ihre Kinder auf jeden Fall zur Schule zu schicken, um die jetzt vorhandene Kapazität der Schule voll auszunutzen. Und ich möchte die Ministerin für Frauen und Kinder darum ersuchen, in Accra für uns öffentliche Mittel für Computer zu beschaffen, damit wir die Kinder hier darin unterrichten können. Das wird den Schülern und Studenten ermöglichen, so früh wie möglich die Arbeit am Computer aufzunehmen.

Zu unserer Königin sage ich: Haben Sie weiter den Mut und die Geduld, uns zu helfen.«

Nachdem der Paramount Chief die Ansprache mir zugewandt auf Englisch gehalten hat, wendet sich nun sein Sprecher an die Menschen von Alavanyo und wiederholt sie auf Ewe. Ich höre lautes Motorengeräusch, der Schulbus wird vorgefahren und der jubelnden Menge präsentiert. Schön gewaschen glänzt er in der Sonne, doch jetzt ergreift die Ministerin für Frauen und Kinder noch einmal das Wort. Sie sagt, sie bringe uns die herzlichsten Grüße der Regierung aus Accra.

»Wir freuen uns, heute das neue Mädchenwohnheim eröffnen zu können, was den Mädchen ermöglichen wird, ihren Weg in den Handel und in die kaufmännische Ausbildung zu ebnen. Sie werden verstehen, dass mir die Bildung von Mädchen und Frauen sehr am Herzen liegt. Erziehung und Ausbildung ist die Basis von Fortschritt und Frieden. Ghana befindet sich auf dem Weg in den entscheidenden Fortschritt. Schon mehrere Handelszentren in größeren Metropolen wurden gegründet. Und die Grundvoraussetzung, um Handel zu treiben, ist eine entsprechende Ausbildung. Ich werde die Bitte nach Computern der Regierung in Accra übermitteln und hoffe, dass dieser stattgegeben wird. Auch hoffe ich, dass die entsprechenden Mädchen die Gelegenheit wahrnehmen, um diese Einrichtung über Jahre zu nutzen. Ich danke Ihnen nochmals für Ihre Aufmerksamkeit und für das, was Sie für uns getan haben.«

Nach den vielen Ansprachen, bei denen ich immer sehr angestrengt zuhören muss, weil die englische Aussprache hier sehr von der unseren abweicht, erfreue ich mich an der darauf folgenden musikalischen Einlage, die länger als eine halbe Stunde dauert und bei der viele Menschen mittanzen. Auch wir machen mit bei diesem schönen Ritual, das Freude und Verbundenheit ausdrückt. Schüler, Gesangsgruppen, Männer, der Minister und die Ministerin tanzen um mich herum.

Dann folgt, wie bei jedem traditionellen Volksfest, das Sammeln von Geld, das dieses Mal in eine pinkfarbene Plastikschüssel wandert. Schon in wenigen Minuten ist das Behältnis bis zum Rand gefüllt. Immer wieder treten mit weißen Tüchern wedelnde Frauen an mich heran. Diese Tücher sind Ausdruck der Freude bei festlichen Anlässen. Bei traurigen Anlässen haben sie eine schwarze oder rote Farbe.

Dann wird der Schulbus auf den Festplatz gefahren und damit die offizielle Übergabe eingeleitet. Ich überreiche den Schlüssel an den Rektor der Schule, der mir freudig die Hände schüttelt und sich überschwänglich bedankt. Dann wird mir bedeutet, dass ich nun eine Probefahrt machen solle. Doch so allein komme ich mir mit dem Fahrer in dem Schulbus recht einsam vor. Also sage ich dem Rektor, dass sich einige Kinder zu uns gesellen sollen. Diese Idee führt zu einem heillosen Durcheinander, bei dem ich fast erdrückt werde. Die Kinder streiten sich darum, wer im Bus mitfahren darf. Letzten Endes fahren wir bis unters Dach beladen mit mehr als fünfzig Kindern auf eine Probefahrt durch Alavanyo. Die Kinder sind begeistert. Sie lärmen und lachen und schauen mich aus ihren großen, dunklen Augen an. Es ist mit Sicherheit ihre erste Fahrt in einem Auto.

Zurück auf dem Festplatz, sehe ich von weitem den Paramount Chief, die Ältesten von Alavanyo und die Könige des Nachbargebietes tanzen. Nachdem wir alle aus dem Bus ausgestiegen sind, gehen wir zu Fuß zum Mädchenwohnheim. Als wir den Hügel zum Gebäude hinaufschreiten, bildet sich ein Spalier von mehreren hundert Menschen. Dann folgt die feierliche Enthüllung meines Bildes über dem Eingangsbereich. Als ich in Hamburg von dieser Absicht erfuhr, habe ich versucht, sie zu vereiteln und dem Wunsch nach Übersendung eines Fotos nicht entsprochen. Mir ist die so gezeigte Ehrerbietung fremd und unangenehm. Auch wenn diese Form, Dankbarkeit und Respekt zu zeigen, in Ghana üblich ist, bin ich zurückhaltend bei der Darstellung meiner Person als Königin. Doch irgendjemand muss dieses bei der Krönungszeremonie gemachte Bild archiviert haben. Ich erblicke mich im vollen Krönungsornat. Da mich so viele Augenpaare erwartungsvoll anschauen, lächle ich zum Zeichen meiner Freude.

In dem Wohnheim besichtigen wir jeden einzelnen Raum. Ich bin begeistert von der Arbeit, die die Handwerker hier geleistet haben. Jeder Raum hat Elektrizität, Ventilatoren, Fliegengitter und Fensterklappen gegen die Hitze des Tages. Es ist ein sehr schönes, hufeisenförmig angelegtes Gebäude, das in sonnigem Gelb gestrichen ist.

Inzwischen drängen sich mehrere hundert Menschen auf dem Hügel, und wir können uns nur schwer einen Weg durch die Menge bahnen. Die Menschen tanzen, singen und musizieren. Ich freue mich, dass dieses Projekt so gut gelungen ist. Nachdem die offizielle Einweihung vorüber ist, erwartet uns im angrenzenden Schulgebäude ein festlich gedeckter Tisch, auf dem über und über mit Beeren Schriftbilder gelegt wurden. Ich lese: »You are welcome. Thank you.« Ich denke daran, wie gern ich in Europa meine Tische zu speziellen Anlässen decke und wie wenig man doch braucht, um für jemanden eine Festtafel zu schmücken. Nach dem Essen gehen wir langsam zurück in das Dorf des Paramount Chiefs und nehmen unter einem schattigen Palmdach Platz. Im Lauf des Tages hatte er mir angedeutet, dass mir heute eine besondere Ehre zuteil werden soll.

Schon von weitem höre ich das Meckern einer Ziege. Schnell beuge ich mich zu Hilda. Wenn irgendwo eine Ziege angepflockt steht, bedeutet das eine Opfergabe.

Ich frage sie, warum die Ziege hier und jetzt angepflockt steht. Ich möchte nicht, dass meinetwegen noch einmal eine Ziege geschlachtet wird. Doch Hilda blickt stoisch vor sich hin. Ich zupfe sie am Ärmel. »Das ist Tradition«, sagt sie und lässt sich nicht aus der Ruhe bringen. Ich wende den Blick ab. Das Zeremoniell, das mich, wie ich jetzt erfahre, auch in den Clan der Sovie aufnehmen soll, hat begonnen. Es ist eine große Ehre für mich, dass auch die Nachbargebiete mich als eine der ihren betrachten und diese Zeremonie für mich ausrichten. Dennoch würde ich mir am liebsten die Ohren zuhalten und die Augen schließen. Doch das geht natürlich nicht. Endlich höre ich nichts mehr. Die Ziege ist offensichtlich geschlachtet worden.

Die Zeremonie beginnt, indem der Sprecher die Erde mit Palmwein weiht, um die Ahnen zu dem Festakt einzuladen. Worte auf Ewe, die ich nicht verstehe, werden gesprochen. Wie bei meiner Krönung, fühle ich mich überrumpelt. Doch dieses Mal hätte ich es wissen müssen. Innerlich beschließe ich, keine derartige Zeremonie mehr über mich ergehen zu lassen. Nie mehr. Ich werde auf der nächsten Versammlung meinen Standpunkt deutlich machen. Viele der hier praktizierten Traditionen sind mir lieb geworden. An die der Opfergaben werde ich mich nie gewöhnen. Das Blut der Ziege fließt vor mir auf den Boden. Mir wird bedeutet, die Schuhe auszuziehen. Dann gehe ich über verschiedene Ziegenfelle zu dem Blut, das ich nun durchschreiten soll. Trommelwirbel dröhnen in meinen Ohren. Ich werde in dem Kreis der Sovie willkommen geheißen. Musik setzt ein. Die Menschen erheben sich zum Tanz und ein fröhliches Beisammensein, das bis in die frühen Abendstunden andauert, beginnt. Ich werde eingeladen, das Nachbargebiet zu besuchen, das ich bisher noch nicht kennen gelernt habe. Müde und erschöpft fahren wir spätabends ins Hotel und verbringen dort einen geruhsamen Abend.

Auch die folgenden Tage sind mit Aufgaben und Besuchen verplant. An einem Vormittag steht der Kindergarten auf dem Plan, den ich bereits auf meiner letzten Reise besucht habe und der mich tief beeindruckt hatte. Hier wollen mir die Kinder die von uns gespendeten neuen Schuluniformen präsentieren. Und wie schon beim ersten Mal werde ich freudig begrüßt. Auch kann ich ein kleines Karussell bestaunen, das ein Schmied aus den umliegenden Dörfern für sie gefertigt hat. Die Kinder sind, wie immer, der schönste Teil meines Aufenthaltes. Ihre Fröhlichkeit und ihr Spiel begeistern mich jedes Mal aufs Neue.

Nachdem wir einige Stunden dort verbracht haben, möchten Togbega Atakora VII. und die Ältesten von Alavanyo mir den Platz auf dem Hügel zeigen, wo später einmal mein Haus stehen soll.

Der Aufstieg ist mühsam, da sehr steil, und es gibt nur einen schmalen Steig durch dichtes Buschwerk, um das Hochplateau zu erreichen. Der Zeitpunkt in der Mittagshitze ist für einen derartigen Aufstieg nicht sonderlich gut gewählt, aber es bleibt uns keine andere Wahl. Oben angekommen, werden wir von dem traumhaften Ausblick über die Dörfer Alavanyos entschädigt. Ein großes Plateau von mehreren zehntausend Quadratmetern erstreckt sich hier oberhalb der Hügelkette. Der Paramount Chief erklärt mir, ich solle mir den Standort für mein Haus nach eigenem Ermessen auswählen. Das tue ich sehr, sehr sorgfältig, damit nicht die Gefahr besteht, dass meinetwegen hier einige der wunderbaren großen Bäume gefällt werden müssen. Dann wird die Erde mit Palmwein geweiht und mir das Areal feierlich zugesprochen.

Dieses Mal habe ich es geschafft, mir einige Tage meiner Reise nach Ghana für persönliche Interessen freizuhalten. Ich möchte die Urlaubstage nutzen, um mir einen der größten Sklavenumschlagplätze Ghanas anzusehen. Als Unterkunft habe ich ein kleines Hotel in dem Küstenort Biriwa nahe Capecoast gebucht, der ein typisches Fischerdorf sein soll und in dem es ein kleines, von Deutschen geführtes Hotel gibt. Isobel, Marcelle und Kay begleiten mich. Auch der Paramount Chief nimmt an dem kleinen Abstecher teil, denn er will uns in Capecoast die Universität zeigen, an der er ab September weitere Studien betreibt. Als Schuldirektor bildet er sich ständig weiter.

Auf dem Weg dorthin fahren wir noch einmal in das Dorf, in dem die herrlichen Perlen gefertigt werden. Ich will dort für eine Ausstellung, die wir für das kommende Frühjahr geplant haben, Waren einkaufen. Die Fahrt ist mühsam, weil die Straßen schlecht ausgebaut sind. So treffen wir erst am späten Nachmittag bei der Perlenfrau Ekuwa ein, die sich sichtlich über unseren Besuch freut. Bis wir unsere Wahl getroffen haben und uns handelseinig geworden sind, vergehen über zwei Stunden.

Es ist Nacht geworden, als wir uns auf die beschwerliche Strecke nach Capecoast begeben, die von Accra aus bis an die Elfenbeinküste führt und somit eine Transitstrecke ist, die sich aber in außerordentlich schlechtem Zustand befindet. Sie ist über und über mit Schlaglöchern bedeckt und wir kommen nur langsam voran. Erst um ein Uhr nachts erreichen wir das Hotel. Von

Accra aus habe ich angerufen und unser spätes Kommen angekündigt. Als wir auf den Vorplatz des Hotels fahren, kommt ein abenteuerlich aussehender Boy mit einem Gewehr die breite Treppe heruntergestürmt. Solche Situationen kenne ich bisher nur aus Simbabwe und ganz früher aus Südafrika. Doch in Ghana habe ich außer bei Salutschüssen oder Regierungsanlässen noch nie eine bewaffnete Person gesehen. Deshalb bin ich sehr erstaunt, aber wahrscheinlich, so denke ich mir, ist dies lediglich eine Vorsichtsmaßnahme, weil das Hotel sehr abgelegen liegt.

Isobel und ich gehen auf unser Zimmer. Beim Öffnen der Tür werden wir von lautem Plätschern empfangen. Ich gehe in das angrenzende Badezimmer, schalte das Licht ein und höre sofort das Geräusch eines sich ankündigenden Kurzschlusses. Sturzbachartig läuft das Wasser durch die gesamte Badezimmerdecke und die dort installierten Lampen. Jetzt haben wir ein Problem. Ich versuche, die Rezeption anzurufen, doch sie ist nicht besetzt. Nach mehreren Versuchen, das Wasser ist inzwischen auf über zehn Zentimeter Höhe gestiegen und läuft auch ins angrenzende Zimmer, meldet sich jemand. Kurz darauf erscheint der Boy mit seiner Waffe und gibt uns den Schlüssel für das daneben liegende Zimmer, das allerdings ab Morgen, so sagt er uns, vermietet sei. Wir müssten dann noch einmal wechseln. Nach den Strapazen des Tages ist uns mittlerweile alles egal. Ich versäume allerdings nicht, darauf hinzuweisen, dass irgendwie das Wasser abgestellt werden müsste. Doch wirklich zu interessieren scheint ihn das nicht.

Wir sind froh, ein Dach über dem Kopf zu haben und uns hinlegen zu können. Im Licht der Morgendämmerung stellen wir fest, dass die Hotelanlage leicht heruntergekommen ist. Die Besitzer haben offensichtlich in den vergangenen Jahren keine Renovierung mehr durchgeführt. Doch die Landschaft ist zauberhaft. Auf einer Klippe gelegen, bietet die Anlage einen wunderschönen Blick über das Meer. Hier genießen wir das erste Mal wieder ein europäisches Frühstück. Danach fahren wir nach Capecoast, einer Stadt mit rund einhunderttausend Einwohnern, die früher die Hauptstadt der Kolonie Goldküste war.

Capecoast ist eine der geschichtsträchtigsten Städte von Ghana. Es existierte schon lange vor Ankunft der Europäer als kleines Fischerdorf. Den Portugiesen erschien dieser Ort mit seiner exponierten Lage als idealer Landungsort. Danach befand es sich unter britischer Herrschaft und wurde zur Hauptstadt der britischen Kolonie, die später allerdings durch Accra abgelöst wurde. Hier befand sich einer der größten Sklavenumschlagplätze der Welt. Die Festung von Capecoast ist zugleich die größte Festung Ghanas, die von der Unesco unter Denkmalsschutz gestellt wurde. Wir nehmen an einer Führung teil.

Schon als wir in die alten Kellergewölbe hinuntersteigen, beschleicht mich ein beklemmendes Gefühl. Hier wurden in relativ kleinen Räumen ohne Licht und ohne ausreichende Luftzufuhr jeweils bis zu zweitausend Sklaven über Monate zusammengepfercht, bevor man sie durch einen unterirdischen Gang von der Festung an den Strand brachte, wo die Sklavenschiffe auf sie warteten und sie ihre lange Reise über den Ozean antraten. Es muss ein unsägliches Martyrium für die Menschen gewesen sein, in diesen Kellergewölben ohne Kleidung zu vegetieren, angekettet, gebrandmarkt und in ihren eigenen Fäkalien stehend, denn zum Sitzen oder Liegen bestand in diesen engen Räumen keinerlei Möglichkeit.

Noch heute kann man an den Wänden die meterhohen Spuren der Exkremente erkennen, die später abgetragen wurden und so die spärlichen Rinnsale im Boden freigaben, in denen sie ursprünglich nach draußen fließen sollten, die aber den Menschenmengen nicht gewachsen waren. Natürlich breiteten sich in diesen stickigen, von beißendem Geruch durchsetzten Räumlichkeiten Epidemien aus, und viele der Gefangenen starben. Es ist belegt, dass von jeweils zehn Sklaven nur zwei die Reise über den Ozean antreten konnten. Auf den Galeeren, auf denen die Menschen wie Waren gestapelt wurden, um möglichst viele von ihnen über die Meere zu befördern, war die Sterblichkeitsrate ebenfalls sehr hoch. Menschenleben spielten keine Rolle. Umso größer ist unser Entsetzen, als wir hören, dass manchmal für sieben Sklaven nur eine venezianische Milfiori-Perle bezahlt werden musste.

Natürlich machen wir unserem Volk selbst große Vorwürfe, sagt der Führer, dass wir den Sklavenjägern leichtgläubig, in der Hoffnung auf ein besseres Leben, unsere Angehörigen verkauft haben, nicht ahnend, dass die Freiheit gewohnten Menschen später wie Tiere behandelt werden würden.

Wir alle sind tief betroffen von den Erzählungen des Führers. Auch die uns begleitenden Afrikaner, die zum Teil noch nie diese Festung besichtigt haben, sind erschüttert. Man bekommt einen kleinen Einblick in das, was hier über Jahrhunderte geschehen ist und was seine Fortsetzung noch heute in Form von Rassenhass und Diskriminierung findet. Ergriffen und nachdenklich verlassen wir diesen schrecklichen Ort und sind froh, wieder hinaufsteigen zu können und die afrikanische Sonne zu sehen.

Nach Ende der Besichtigung am frühen Nachmittag werden wir von Togbega Atakora VII. eingeladen, ihn in die Universität von Capecoast zu begleiten. Sie liegt auf einem sanften Hügel etwas außerhalb der Stadt. Schon in frühen Kolonialtagen hatte Capecoast eine wichtige Rolle als Bildungszentrum des Landes eingenommen, die sich bis heute fortgesetzt hat. Immer noch trifft sich die Mehrheit der Bildungselite Ghanas zum Studium an diesem Ort. Über viertausend Studenten befinden sich auf dem großen Campus, dessen Gebäude und Einrichtungen annähernd europäischem Standard entsprechen. Das Areal ist riesig, und da es die erste Universität ist, die ich in Afrika besichtige, bin ich sehr beeindruckt.

Spät am Abend kehren wir zurück in unser Hotel, wo wir beschließen, die kommenden Tage nicht hier, unter zu wünschen übrig lassenden Umständen, zu verbringen. Wir fahren zurück nach Accra, um uns dort noch einen Tag vor der Rückreise zu entspannen, im offenen Meer zu baden und uns die Sonne auf den Bauch scheinen zu lassen.

Zurück in Accra, besuche ich wie immer Kofi, den Rollstuhlfahrer, um mich von ihm zu verabschieden. Der letzte Tag ist diesmal wirklich ein Urlaubstag. Wir genießen ihn am Meer und unter strahlend blauem Himmel, und ich wünschte, ich könnte noch bleiben.

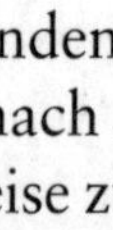

WACHSAMKEIT,
FRÖHLICHKEIT, GEWANDTHEIT

Das Lebenselixier Wasser bringt Hoffnung für Titus und Prince

Deine Güte ist nicht für dich bestimmt,
sondern für andere.
Afrikanisches Sprichwort

Schon nach meiner Reise im letzten November hatte ich mir vorgenommen, in diesem Monat nicht wieder nach Ghana zu reisen. Zu schwer war mir später die Umstellung auf das vorweihnachtliche Hamburg gefallen und die von mir so sehr geliebte Adventsstimmung will nach den Strapazen einer solchen Reise einfach nicht aufkommen. Daher hatte ich meine zweite Reise im Jahr 2002 für den Oktober geplant, jedoch nach wiederholten Telefonaten mit dem Paramount Chief mehrfach verschoben.

Ursprünglich sollte in diesem Herbst die alle zwei Jahre stattfindende große SASADU-Feierlichkeit begangen werden. Doch aufgrund der mangelnden Niederschläge und der damit verbundenen Trockenheit wurde der Termin immer wieder verlegt. Anlässlich dieses Festes kehren alle aus Alavanyo und den umliegenden Gebieten kommenden Menschen nach Hause zurück, auch jene, die in den großen Städten arbeiten. Es gehört zur Tradition, dass diese während der mehrtägigen Zeremonie von der ortsansässigen Bevölkerung bewirtet werden. Da die Ernte in diesem Jahr jedoch aufgrund des Wassermangels so kläglich ausgefallen ist, konnten nicht genügend Vorräte für eine solch aufwändige Festivität beschafft werden. Von Woche zu Woche verschiebe ich also meine Reise, bis mich Ende Oktober die Nachricht erreicht, dass das Festival nicht stattfinden kann.

Dennoch entschließe ich mich, Mitte November kurzfristig nach Alavanyo zu reisen. Wie mir mitgeteilt wird, hat es Schwierigkeiten in der Abwicklung verschiedener Projekte gegeben. Außerdem sind mir verschiedentlich Gerüchte zugetragen worden, dass die Einfuhrmodalitäten des von uns mit Hilfsgütern für Alavanyo verschifften Containers nicht ordnungsgemäß abgewickelt wurden und dass bestimmte Personen sich an dessen Inhalt bereichert hätten. Es ist das erste Mal, dass mir derartiges zu Ohren kommt. Daher bin ich alarmiert und will diese Vorwürfe vor Ort klären. Nicht zuletzt hat auch der akute Wassermangel, unter dem das gesamte Gebiet zu leiden hat, in mir den Wunsch wach werden lassen, mich auf dieser Reise mit detaillierten Informationen über die Möglichkeiten eines weitgehenden Wasserversorgungsprojektes zu informieren.

Mitte November brechen wir auf. Auf dieser Reise sind zwei Mitglieder unseres Vereines dabei, Renate und Uschi sowie der Fotograf und Kameramann Kay, der mich schon mehrfach nach Ghana begleitet hat.

Inmitten des Menschengewühls vor dem Flughafen in Accra kann ich Kingsley, unseren Fahrer, und Hilda ausmachen, die uns dort erwarten. Kingsley fährt mich das erste Mal. Er ist mir von Bekannten in Accra empfohlen worden. Er soll ein sehr umsichtiger und vorsichtiger Fahrer sein, und durch ihn komme ich jetzt das erste Mal in den Genuss eines klimatisierten Fahrzeugs. Ghana empfängt uns mit einem angenehmen, nicht zu feuchten Klima, und ich freue mich sehr, wieder hier zu sein.

Nachdem wir die erste Nacht in unserem Hotel in Accra verbracht haben, brechen wir am nächsten Morgen früh auf. Zuerst fahren wir noch in den Supermarkt, den ich bei meiner letzten Reise entdeckt habe, um uns mit den notwendigsten Nahrungsmitteln zu versorgen, die wir in der Voltaregion nicht bekommen können. Dann machen wir uns auf den langen Weg in die Voltaregion. Als wir die Brücke über den Volta passieren, ist es bereits früher Nachmittag. Besorgt schaue ich auf die Uhr. Wir werden Alavanyo wieder nicht vor Anbruch der Dunkelheit erreichen können. Kingsley ist ein übervorsichtiger Fahrer. Er benötigt für die Strecke bis nach Hohoe gut eine Stunde länger als die anderen, mit denen ich sonst gereist bin. Und der Weg nach Alavanyo ist dieses Mal sehr schwer passierbar, da die heftigen Regenfälle des Frühjahrs die ohnehin nicht befestigte Sandpiste an vielen Stellen unterspült haben. Bis zum Herbst haben es die staatlichen Institutionen offensichtlich nicht geschafft, wie sonst üblich, mindestens einmal jährlich den Weg zu planieren.

Trotz der langen Wartezeit werde ich in Kpeme von vielen Menschen freudig begrüßt. Trommelnd, singend und tanzend warten sie, bis ich aus dem Auto steige. Ich fühle mich sehr unwohl, weil unsere Ankunft sich schon wieder um mehr als drei Stunden verzögert hat. Schuld sind zum einen die schlechten Straßenverhältnisse, zum anderen das hohe Verkehrsaufkommen in Accra, durch das wir erst verspätet losfahren konnten. Doch die Freude und die Herzlichkeit des Empfangs lassen mich meine Bedenken vergessen.

Singend und tanzend werde ich zu meinem Platz geleitet. Dann folgt das übliche Begrüßungszeremoniell. Togbega Atakora VII. hält eine kurze Ansprache, in der er erklärt, was diesmal der Grund meines Besuches in Alavanyo ist.

Ich sei gekommen, um verschiedene Dinge aufzuklären und mich über die Situation der Wasserversorgung zu informieren, erklärt er. Dann sagt er etwas, das mich sehr erstaunt. Er sei, so sagt er, überrascht gewesen, dass ich Details über die Situation der Wasserversorgung in Alavanyo gewusst habe, die ihm selbst bis dahin unbekannt waren. Über 6 000 Kilometer entfernt von hier sei mir das gelungen.

Ich freue mich über diese anerkennenden Worte und nehme mir vor, in meiner Ansprache den Menschen hier zu erklären, woher ich mir mein Wissen angeeignet habe. Nachdem der Palmwein vergossen ist und die Ahnen eingeladen sind, an unserer Begrüßung teilzunehmen, erhebe ich mich.

Ich weiß, dass ich mich als Königin für mein Zuspätkommen nicht entschuldigen muss. Dennoch tue ich es diesmal. Ich erzähle, wie wir in Accra aufgehalten wurden, und dass die Menschen deshalb hier so lange auf mich warten mussten. Dann komme ich zu meinem wichtigen Anliegen und sage, dass es mir ein großes Bedürfnis sei, die Dinge aufzuklären, welche mir gerüchteweise zu Ohren gekommen sind.

Durch meine entschuldigenden Worte und mit der Ankündigung, die Ungereimtheiten aufklären zu wollen, streife ich erstmalig die Fesseln der Tradition ab. Eine Königin, so wurde ich nach meiner Krönung angewiesen, muss sich für nichts entschuldigen. Eine Königin muss und darf sich nicht rechtfertigen. Aber durch die Äußerungen einiger Personen ist offenbar der Paramount Chief in ein falsches Licht gerückt worden. Dadurch ist eine Situation entstanden, in die ich spontan beschlossen habe einzugreifen und den Dingen auf den Grund zu gehen.

Wir haben in der Vergangenheit verschiedene Gremien gebildet, um den reibungslosen Ablauf der Projekte vor Ort zu gewährleisten. Es bleibt natürlich nicht aus, dass bei dem einen oder anderen der Eindruck entsteht, dass diese oder jene Person bevorzugt wird. Ich habe jedoch bei all meinen Aktivitäten immer darauf geachtet, dass es keine persönlichen Zuwendungen an bestimmte Personen gegeben hat, um die Ziele, die ich mit meiner Arbeit verfolge, nicht durch Neid und Missgunst zu gefährden. Dennoch ist es nicht immer einfach, in letzter Konsequenz dafür Sorge zu tragen, dass sich nicht doch der eine oder andere zurückgesetzt fühlt. Diese Dinge sollen Gegenstand einer Versammlung sein, die ich in Absprache mit dem Paramount Chief, den Stammesfürsten und den Ältesten Alavanyos am kommenden Sonntag abhalten möchte. Es ist das erste Mal, dass ich selbst eine Versammlung in Alavanyo einberufe.

In meiner Rede erkläre ich, dass es mir am Herzen liegt, grundsätzlich nur etwas für die Allgemeinheit zu tun und Einzelschicksale unberücksichtigt zu lassen. Ausnahmen sollen diejenigen sein, die dringend einer medizinischen Versorgung bedürfen. Sie können immer mit meiner Unterstützung rechnen. Das Schicksal von Sitsofe hat sich natürlich schon herumgesprochen, und so rege ich an, dass Menschen mit medizinischen Problemen gern im Laufe unseres Aufenthaltes zu uns kommen können. Dann gebe ich die Erklärung dafür ab, woher ich mein mehr oder weniger detailliertes Wissen über die mangelnde Wasserversorgung habe. Zum einen natürlich durch die zahlreichen Besuche, bei denen ich immer wieder mit diesem Thema konfrontiert wurde. Zum anderen aber aus mündlichen Erzählungen eines in Deutschland lebenden Ghanaers, den ich vor einiger Zeit durch einen Zufall kennen und schätzen gelernt habe. Kofi Adzome ist seither mein Ansprechpartner, wenn ich Fragen in Bezug auf Alavanyo habe, die mir hier in Deutschland manchmal sehr spontan einfallen. Da der Paramount Chief weit weg und sehr oft schlecht erreichbar ist, ist mir diese Hilfestellung sehr wichtig. Bei meinen Recherchen bin ich durch Kofi Adzome, der aus Alavanyo kommt, doch seit vielen Jahren in Deutschland lebt, ein entscheidendes Stück vorangekommen. Das hat mich in die glückliche Lage versetzt, bei dieser Reise nach Alavanyo schon gezielt mit einem vorbereiteten Fragenkatalog agieren zu können.

Nach meiner Ansprache heben die Trommeln an. Bei Musik und Tanz lassen wir den Abend ausklingen. Völlig erschöpft kommen wir kurz vor Mitternacht bei Hilda im Hotel an. Schnell packe ich noch die nötigsten Dinge aus dem Koffer und falle danach in einen tiefen traumlosen Schlaf.

Erholt wache ich am nächsten Morgen auf. Dieses Mal hat kein Moskito und kein Floh meine Nachtruhe gestört. Nach dem Frühstück, das wir mit einem richtigen Spiegelei beginnen, machen wir uns auf den Weg zu einem Farmprojekt am Rande von Alavanyo.

Eine der obersten Prioritäten meiner Arbeit hier ist es, Arbeitsplätze zu schaffen, denn die Menschen leben fast ausschließlich vom Ertrag ihrer kargen Ernten. Durch Farmprojekte, die gemeinschaftlich verwaltet werden, können wir den Menschen hier die Möglichkeit geben, außerhalb der Großstädte Arbeit zu finden. Ein Hauptproblem ist jedoch nach wie vor die Bewässerung, die einen immensen Kostenfaktor darstellt. Bei der Farm, die wir heute besuchen wollen, handelt es sich um ein Gebiet von ungefähr zwanzig Morgen, das mit einem heimischen Gemüse, dem Okkra, sowie Bananenstauden bepflanzt ist. Für die Bewässerung haben wir durch eine große dieselbetriebene Pumpe gesorgt, die das Wasser aus dem nahe gelegenen Fluss über Pipelines in das gesamte Gebiet leitet. Durch diese Maßnahme kann mehrfach im Jahr geerntet werden und eine saisonale Beschäftigung von bis zu dreißig Arbeitern ist möglich.

Wir haben unsere Abfahrt für neun Uhr dreißig geplant, um dem langen Fußmarsch durch die Mittagshitze entgehen zu können. Doch wie immer hier in Afrika verschiebt sie sich. Diesmal lässt der Paramount Chief auf sich warten, der, wie sich später herausstellt, ein Problem mit seinem Fahrzeug hat. Erst um elf Uhr können wir die Fahrt nach Alavanyo antreten. Kurz vor zwölf erreichen wir den Punkt, bis zu dem wir mit dem Auto fahren können. In einem kleinen Dorf mit strohgedeckten Hütten verlassen wir das Fahrzeug, um den sechs Kilometer langen Fußweg durch dichten Busch anzutreten.

Es ist jetzt kurz vor zwölf und wir folgen, hintereinander gehend, einem schmalen Pfad, der uns durch meterhohes Elefantengras, Reis- und Maisfelder und malerische Lichtungen, auf denen vereinzelt Königspalmen und die mächtigen Silk-Cotton-Bäume stehen, führt.

Immer wieder passieren wir schmale Flussläufe, über die einfache Bretter gelegt sind. Ab und zu führt uns der Weg vorbei an schlichten Bambushütten, die sich die Menschen hier gebaut haben. Es ist Mittagszeit und vor den Hütten züngelt ein Feuer, auf dem die Mahlzeiten köcheln. Die Sonne steht jetzt direkt über uns, und der beschwerliche Weg fordert seinen Tribut. Im Stillen überlege ich, wie weit die angekündigten sechs Kilometer wohl noch sein mögen. Ich würde den Paramount Chief sehr gern fragen, dennoch tue ich es nicht.

So bin ich überaus erleichtert, als er nach dem Passieren eines breiteren Flusses, über den ein Baumstamm gelegt ist, verkündet, dass wir das Farmgebiet in Kürze erreichen werden. Nachdem wir aus dem dichten Buschwerk herausgetreten sind, erstreckt sich vor uns eine riesige Lichtung. Ich bin überwältigt. Nur am Horizont kann ich noch die Kronen von Bäumen erkennen.

Hier wurde eine gewaltige Pionierarbeit geleistet. Das Roden der Flächen muss mehrere Monate in Anspruch genommen haben. Jetzt müssen wir aufpassen, wo wir hintreten. Überall sprießen zarte Pflänzchen aus dem fruchtbaren Boden. Dazwischen liegen die Kunststoffrohre des bereits verlegten Bewässerungssystems.

Freundlich lächelnd empfangen uns die Arbeiter. Erwartungsvoll schauen sie uns an. Sie haben hart gearbeitet und können auf das Ergebnis stolz sein. Und das, so spüre ich, möchten sie jetzt von mir hören. Togbega Atakora übersetzt ihnen meine lobenden Worte. Freudig setzen sie ihre Arbeit fort. Was nicht einfach ist, wenn man den mittäglichen Temperaturen von fast vierzig Grad Rechnung trägt und die Feldarbeit in praller Sonne stattfindet.

Dann führt uns der Paramount Chief zum Fluss, an

dem eine nagelneue große Pumpe steht. Von hier aus wird das Gebiet mit Wasser versorgt. Eine weitere alte Pumpe steht einige hundert Meter flussabwärts. In der Mitte des Areals liegt eine neu errichtete Hütte, in der die Arbeiter schlafen. Die Räume sind kärglich eingerichtet und enthalten außer den selbst gezimmerten Plattformen zum Schlafen keinerlei Mobiliar. Auch hier steht die Mittagsmahlzeit bereits auf dem Feuer, und mich beschleicht ein leichtes Hungergefühl. Doch leider haben wir nichts zum Essen dabei, und auch unsere Wasservorräte sind aufgrund des langen Fußmarsches inzwischen zu Ende gegangen. So nehmen wir nur kurz unter dem grasgedeckten Vordach Platz, um uns ein wenig auszuruhen. Danach treten wir den beschwerlichen Rückweg an. Es ist bereits früher Nachmittag, als wir den Ausgangspunkt unserer Exkursion wieder erreichen. Müde, erschöpft und durchgeschwitzt kommen wir bei unserem Fahrzeug an, das uns mit seiner angenehmen Kühle ein wenig Entspannung bringt, bevor wir unser Hotel erreichen.

Bei Hilda bestellen wir uns schnell ein wenig frisches Obst, duschen uns und ziehen uns um, um erneut den Weg nach Alavanyo anzutreten. Wir fahren nach Wudidi, jenem Dorf, in dem das Wasser gestaut wird und vor vielen Jahren eine Pumpenstation errichtet wurde. Hier ist der Ausgangspunkt für die früher vorhandene Wasserversorgung zu finden, für deren Restaurierung ich Pläne habe.

Wie immer, wenn wir ein Dorf besuchen, müssen wir als erstes das Dorfoberhaupt und die Ältesten begrüßen. Also nehmen wir auch hier unter einem Vordach aus Palmenwedeln Platz, um das Begrüßungsritual zu vollziehen. Die Zeit der Ansprachen auf Ewe, die ich nur bruchstückweise verstehe, nutze ich immer dazu, mir die markanten Gesichter der Menschen einzuprägen, da mir das Wiedererkennen von Personen, die ich noch nicht so oft gesehen habe, immer noch sehr schwer fällt. Plötzlich erschrecke ich.

Schräg gegenüber von mir sitzt eine Frau, die ich noch nie gesehen habe. Traurig blickt sie über mich hinweg. Dort, wo bei gesunden Menschen eine Nase ist, klafft in ihrem Gesicht ein riesiges schwarzes Loch, in das man tief hineinschauen kann. Ich bin entsetzt. Sofort denke ich an all die Infektionskrankheiten, die über diese ungeschützte Öffnung in den Körper eindringen können, und nehme mir vor, mit der Frau zu reden, wenn ich das nächste Mal in dieses Dorf komme.

Während der Paramount Chief seine Ansprache auf Englisch vorträgt, bemerke ich links neben mir eine deutliche Unruhe und sehe hinüber. Renate, die einige Meter von mir entfernt sitzt, ist kreidebleich im Gesicht und hat offensichtlich Kreislaufprobleme. Die Strapazen des Tages sind, wie bei allen von uns, nicht spurlos an ihr vorübergegangen. Wir lassen sie in das klimatisierte Auto bringen. Dann brechen auch wir auf.

Wir fahren an den Fluss, in dessen Mitte sich ein Staudamm aus Beton befindet. Hier wurde früher durch ein Hebesystem und eine Pumpe das Wasser in zwei Gemeinden Alavanyos über Pipelines gepumpt. Die Installation dieser Anlage ist vor über zwanzig Jahren von der Regierung in Auftrag gegeben worden. Vor circa fünfzehn Jahren jedoch wurden die Pumpe und das Aggregat gestohlen, und Alavanyo dadurch wieder in seinen ursprünglichen Zustand ohne fließendes Wasser versetzt. Bis heute war es nicht möglich, von der Regierung die erforderlichen Mittel zur Verfügung gestellt zu bekommen, um die Wasserversorgung wieder gangbar zu machen. Inzwischen ist ein Großteil des alten Leitungssystems verrostet und muss durch Kunststoffleitungen ersetzt werden.

Die Bevölkerung greift für die Wasserversorgung auf die umliegenden Bäche, Flüsse und Teiche zurück. Das ist ein großes Problem, denn es handelt sich hierbei fast ausschließlich um kontaminiertes Wasser, das eine Vielzahl von gesundheitlichen Gefahren birgt. Abgesehen von dem immensen Zeitaufwand, den das Holen des Wassers, das hauptsächlich den Frauen und Kindern obliegt, mit sich bringt, ist die gesundheitliche Gefährdung eine wesentliche Ursache für die Erkrankung vieler Menschen, die über keinerlei finanzielle Mittel verfügen, um sich entsprechende Arztbesuche zu leisten. Auch Sitsofe hatte sich durch das Flusswasser mit dem Bilharziose-Erreger infiziert, der sein Immunsystem gefährlich geschwächt hatte.

Man muss sich vorstellen, dass in diesen natürlichen Wasserressourcen sämtliche der täglichen Bedürfnisse, wie zum Beispiel das Waschen des Körpers und der Kleidung, erfolgen. Daher ist es nicht verwunderlich, dass das ohnehin schon durch Krankheitserreger belastete Wasser durch menschliche Ausscheidungen noch mehr verschmutzt wird. Um ein entsprechendes Projekt zur Abhilfe dieser Missstände zu realisieren, sind verschiedene Schritte notwendig.

Als erstes muss ein leistungsfähiges Pumpensystem sowie das dazu erforderliche Aggregat installiert werden. Dann stehen die Aushebung des Bodens und die Verlegung der Kunststoffrohre in sämtliche der sieben größeren Dörfer Alavanyos an sowie der Bau eines Wasserreservoirs. Hierzu ist es erforderlich, dass an der Gabelung zweier Flüsse, des Tsadatsu und des Daye, das Gebiet von Schlamm befreit wird, um eine Aufnahme der entsprechenden Wassermenge zu erreichen. Dieser zeit- und arbeitsaufwändige Eingriff ist wesentlicher Bestandteil des Wasserversorgungsprojektes. Außerdem ist es unbedingt notwendig, das Stromnetz des Gebietes weiter auszudehnen, damit eine reibungslose Funktion des Pumpmechanismus gewährleistet ist. Um den Wasserdruck auch in den entlegeneren Dörfern gewährleisten zu können, müssen Zwischenpumpen installiert werden.

Nach vorsichtiger Einschätzung von Fachleuten beträgt das Anschaffungsvolumen einer solchen Wasserversorgungsanlage etwa umgerechnet einhunderttausend Euro, die zurzeit nicht von der Regierung aufgebracht werden können.

Nachdem wir den Staudamm und das Pumpenhaus besichtigt haben, fahren wir in die einzelnen Dörfer Alavanyos, in denen Pumpenstationen eingerichtet sind, die allerdings aus den erwähnten Gründen nicht mehr arbeiten. Überall werden wir wieder freudig begrüßt. Es ist nicht so, dass die Menschen sich hier nicht darum gekümmert hätten, ein funktionstüchtiges Pumpensystem von der Regierung zu erhalten. Doch alle nach Accra entsandten traditionellen Führer oder Bürger mussten resigniert wieder nach Alavanyo zurückkehren, da der Regierung die erforderlichen Mittel fehlen, um jene Gebiete Ghanas an das Wasserversorgungsnetz anschließen zu können, die bisher noch ohne fließendes Wasser auskommen müssen. Alavanyo ist nur eines von unzähligen.

Es ist wieder kurz vor Mitternacht, als wir unser Hotel erreichen. Ein anstrengender Tag ist zu Ende gegangen. Dennoch nehmen wir uns die Zeit für ein paar private Gespräche unter dem wunderschönen afrikanischen Sternenhimmel, bevor wir uns zur Nachtruhe begeben.

Am nächsten Morgen kleide ich mich besonders sorgfältig an. Ich wähle ein weißes Gewand mit einem breiten Schal, der an den Enden mit afrikanischen Glasperlen geschmückt ist. Um den Hals sowie an den Armen trage ich ebenfalls den traditionellen Glasperlenschmuck. Dann machen wir uns auf den Weg zu der Versammlung, die ich einberufen habe, um die kursierenden Gerüchte und Missverständnisse aus der Welt zu räumen.

Diesmal, und das ist sehr ungewöhnlich, müssen wir warten. Nachdem uns die ersten Abgesandten aus zwei Dörfern Gesellschaft leisten, hören wir, dass der Schulbus, der die Menschen aus den umliegenden Gebieten zu uns bringen soll, eine Reifenpanne hatte. Daher müssen wir uns mehr als eine Stunde gedulden. Die Versammlung findet in einem der Schulgebäude in Kpeme statt, wo auch wir schon zwei Projekte realisiert haben. Das Warten erscheint mir endlos. Es ist Sonntag und die Schulgebäude liegen verlassen in der Morgensonne. Die Schüler sind entweder am Wochenende nach Hause gefahren oder befinden sich noch in ihren Aufenthaltsräumen.

Plötzlich sehe ich in einiger Entfernung ein mir sehr vertrautes Gesicht auf unseren Versammlungsort zustürmen. Es ist Sitsofe. Überschwänglich begrüßen wir uns. Ich freue mich sehr, ihn wiederzusehen. In seiner Hand trägt er eine Bibel. Er ist gerade aus der Kirche gekommen.

»Mama«, sagt er »ich bin so glücklich, dass du hier bist.« Er hatte gehört, dass meine Reise für Oktober geplant war, aber durch das ständige Verschieben des Termins wusste er nicht, wann ich nun wirklich eintreffen würde. Durch die Menschenmengen aufmerksam geworden, hat er uns in dem Schulgebäude gefunden.

Ich schaue ihn an. Größer erscheint er mir und noch schlanker als vorher. Mir fällt auf, wie gut er Englisch spricht. Inzwischen sind eineinhalb Jahre seit unserem ersten Treffen vergangen. Damals konnte er sich nur mühsam mit mir auf Englisch verständigen. Ich freue mich über diesen Fortschritt und sage ihm das.

Glücklich lächelnd blickt er mich an und sagt: »Mama, ich musste nach Deutschland kommen, um Englisch zu lernen. Jetzt mache ich hier meine Ausbildung, um eines Tages Deutsch zu lernen.«

Ich bin gerührt. Egal, was kommen mag, Sitsofe wird immer ein Meilenstein in meinem Leben sein. Wir verabreden uns am Abend im Hotel, wohin ich auch die traditionellen Führer meines Gebietes und deren Hofsprecher sowie die Musiker aus Alavanyo zu einem Beisammensein eingeladen habe. Er freut sich und verspricht zu kommen.

Dann nehmen wir wieder an dem langen Konferenztisch Platz, der mit dem traditionellen Kentestoff verhüllt ist und den zusätzlich ein blütenweißes Tischtuch schmückt. Gemeinsam mit mir sitzen der Paramount Chief, sein Right-Wing-Chief (seine rechte Hand), unsere Hofsprecher und Uschi vom Alavanyo-Verein mit am Tisch. Uns gegenüber haben schon circa dreißig Vertreter aus den einzelnen Dörfern, farbenprächtig anzusehen in ihren traditionellen Gewändern und den schön gewebten Kentestoffen, Platz genommen. Doch immer noch sind viele Plätze leer. Endlich treffen auch die letzten zwei Delegationen ein.

Der Paramount Chief erhebt sich und hält eine kurze Ansprache in Ewe, die von einem Dolmetscher immer wieder in Englisch übersetzt wird. Es ist wichtig, so sagt er, dass er zu der Bevölkerung auf Ewe spricht und dass von einem unabhängigen Dritten seine Worte für mich ins Englische übersetzt werden, damit bei dieser Versammlung keine Missverständnisse auftreten können. Es geht vornehmlich um die Verwaltung der Gelder, die bisher in Projekte in Alavanyo geflossen sind, sowie um die Verwaltung des Containers mit Hilfsgütern, den wir nach Alavanyo geschickt haben. Wir haben aus Hamburg eine Menge Rechnungen, Belege und Akten mitgebracht, um hier wirklich Aufklärungsarbeit leisten zu können.

Es ist das erste Mal, dass ich – abgesehen von meinen Ansprachen – auf einer Versammlung selbst das Wort ergreife. Über eine halbe Stunde spreche ich, um den Menschen hier klar zu machen, warum nicht alle Projekte, die an mich herangetragen werden, auch von uns realisiert werden. Mein Bestreben ist es, dass die Menschen hier nicht wie zu Kolonialzeiten in wirtschaftliche Abhängigkeiten geraten, sondern dass sie sich auf eigene Füße stellen. Das heißt, dass das Geld, was für die einzelnen Projekte langfristig erforderlich sein wird, im Land selbst verdient werden muss und nicht aus Europa eingeführt wird. Unser Hauptanliegen ist, für diese Form der Hilfe zur Selbsthilfe die Grundlagen zu schaffen. Natürlich wird es immer wieder spezielle Projekte geben, die ausschließlich aus Spendengeldern finanziert werden müssen. Jedoch sollen zum Beispiel Projekte wie die Arbeitsplatzbeschaffung aus der Gemeinschaft heraus geschaffen werden, in dem wir entsprechende Maßnahmen gemeinsam erarbeiten.

Ich nutze die Gelegenheit, vor dieser Versammlung sprechen zu können, um die Gerüchte zu zerstreuen, dass sich einzelne Personen an dem Inhalt des Containers bereichert hätten. Es war meine Anweisung, dass zum Beispiel die Nähmaschinen, die wir nach Alavanyo geschickt haben, in einem Gemeinschaftsprojekt zur Fortbildung in der Schule verwendet werden und nicht, wie von einigen Leuten aus der Bevölkerung gefordert, in den einzelnen Kommunen aufgestellt werden. Hier würden sie nur Einzelnen von Nutzen sein. Durch diese Verfügung ist der Eindruck entstanden, dass sich ein Dorf, nämlich das, in dem sich die Hauswirtschaftsschule befindet, alle Nähmaschinen zur eigenen Verwendung beschafft habe.

Dieser Vorfall habe mich sehr traurig gemacht, sage ich, denn es war nicht mein Ziel, dass durch die Arbeit, die wir in Deutschland leisten, um den Menschen hier bessere Lebensbedingungen, Ausbildungsmöglichkeiten und medizinische Versorgung bringen zu können, Neid, Missgunst und Misstrauen entsteht. Das trübt die Arbeit der Gemeinschaft, so erkläre ich, und ich möchte dies in Zukunft verhindern.

Im Lauf des Gespräches werden immer neue Fragen an den Paramount Chief und mich gestellt. Dadurch wird mir klar, dass einige Personen in Alavanyo nicht ausreichend darüber informiert sind, wie das Procedere der einzelnen Projekte vonstatten gegangen ist. Zu viele Vermutungen sind durch wiederholte mündliche Weitergabe in ihrem Sinn entstellt worden. Langsam und geduldig klären wir alles auf. Natürlich, so erkläre ich, sei es nicht möglich, immer mit allen über die einzelnen Maßnahmen zu sprechen. Es müsse ausreichend sein, diese mit den traditionellen Führern und den Ältesten zu diskutieren. Dieses sei ja der Grund dafür gewesen, dass ich die Wahl zur Königin von Alavanyo seinerzeit angenommen habe. Dennoch habe ich in Zusammenarbeit mit dem Paramount Chief verschiedene Gremien gebildet, um eine Art Rückversicherung zu haben. Den Eindruck der persönlichen Bereicherung einzelner Personen können wir in allen Punkten widerlegen und den entstandenen Gerüchten ein Ende machen. Da unser Verein keinerlei administrative Kosten verursacht, gehen alle Spendengelder direkt nach Alavanyo. Aber natürlich wird ihre Verwendung ständig kontrolliert. Jede Ausgabe wird genauestens geprüft.

Als ich nach meiner Ansprache in die Runde schaue, denke ich, dass ich die Menschen überzeugen konnte. Diejenigen, denen ihr Misstrauen galt, sind frei von jedem Makel. Dass ich hier vor Ort eine derartige Kontrollfunktion ausübe, war offensichtlich vielen nicht bekannt. Nachdem wir mehr als drei Stunden eifrig diskutiert haben, schließe ich die Versammlung und wir fahren zurück ins Hotel.

Abends feiern wir ein wenig im Hof des Hotels. Die traditionellen Führer Alavanyos sind eingetroffen sowie auch die Musiker, die uns mit afrikanischen Rhythmen unterhalten. Wir essen ghanaisch und tanzen bis spät in die Nacht die traditionellen Tänze. Sitsofe ist auch dabei. Er fotografiert uns unablässig mit der Kamera, die wir ihm in Deutschland geschenkt haben. Es ist weit nach Mitternacht, als wir ins Bett gehen.

Für den kommenden Morgen um zehn Uhr habe ich meine Ankunft in Alavanyo angekündigt, wo ich mich den Menschen mit medizinischen Problemen widmen will. Als wir in Kpeme eintreffen, erwarten uns bereits viele Patienten. Wir nehmen vor dem Haus des Paramount Chiefs Platz, der heute jedoch nicht anwesend ist, da er in einer wichtigen Angelegenheit nach Kumasi reisen musste. Sein engster Mitarbeiter begrüßt mich. Heute kommen wir ohne das offizielle Begrüßungsritual aus, denn mein Besuch hier ist privater Natur.

Unter den vielen Menschen fällt mir ein kleiner Junge auf, der sich mit seinen streichholzdünnen Ärmchen an einem Pfosten des Bambusvordaches fest hält. Die Anstrengung steht ihm ins Gesicht geschrieben. Tiefe schwarze Schatten liegen unter seinen Augen. Über seiner rosa karierten Baumwollhose wölbt sich ein mächtiger Bauch, den die dünnen Beinchen kaum zu tragen vermögen. Renate, Uschi und ich blicken uns erschrocken an. Dieser kleine Kerl, das spüre ich, muss sofort ins Krankenhaus. Auch ein kleiner Junge, dem unterhalb seines Kinns ein Tumor wächst, der jetzt ungefähr die Größe eines Golfballes hat, zieht unsere mitfühlende Aufmerksamkeit auf sich. Und dann ist da eine Frau, in deren Bauch zwei große Tumore wuchern. Außerdem ein Junge im Rollstuhl. Sofort wende ich mich den Kranken zu.

Ich bitte die Eltern, mir ihre Geschichte zu erzählen. Der kleine Junge mit dem dicken Bauch heißt Titus Agbe. Er ist neun Jahre alt und hat seit vier Jahren dieses Leiden. Mehrere Besuche in den umliegenden Krankenhäusern haben bisher kein Ergebnis gebracht. Bei der Frau mit den Tumoren wachsen die Geschwülste seit etwa fünf Jahren. Ihr fehlen die finanziellen Mittel für die dringend erforderliche Operation. Wir wollen ihr helfen. Der kleine Junge mit dem Tumor, er heißt

Prince, braucht dringend eine Operation, damit nicht die Ausmaße von Sitsofes Wucherung erreicht werden, die später nur unter großem Aufwand zu operieren sein würde. Der Junge im Rollstuhl hat offensichtlich Kinderlähmung. Er ist vierzehn Jahre alt und sitzt völlig eingepfercht in einem Kinderrollstuhl, so dass wir spontan beschließen, ihm ein größeres Gefährt zu besorgen.

Nachdem wir ungefähr eine halbe Stunde mit den verschiedenen Eltern gesprochen haben, nehme ich mir vor, Ghana dieses Mal nicht zu verlassen, ohne etwas für die – wie mir scheint – lebenswichtige medizinische Versorgung von Titus und Prince unternommen zu haben. Morgen werde ich in Accra sein, und ich entschließe mich spontan, die beiden Kinder dort untersuchen und behandeln zu lassen, solange ich vor Ort bin und mir schnell ein Urteil zu den Diagnosen bilden kann. Also bitte ich die Eltern, sich in zwei Tagen um zehn Uhr morgens mit ihren Kindern in meinem Hotel einzufinden, um mit ihnen eine der großen Kliniken in Accra aufzusuchen. Hoffnungsvoll stimmen sie zu.

Dann brechen wir auf zur Secondary Technical High School, um Sitsofe zu besuchen, der dort eine Ausbildung zum Elektriker absolviert. In dem Gebäude empfängt uns angenehme Kühle. An den grob gezimmerten Tischen sitzen ungefähr zwanzig junge Männer in Sitsofes Alter. Sie alle tragen beige Bermudashorts und hellblaue Hemden als Schuluniform. An den Wänden sind mehrere Schaltkästen, an denen offenbar praktische Übungen gemacht werden. Aufmerksam hören die Schüler den Ausführungen ihres Lehrers zu. In ihrer Mitte sitzt Sitsofe.

Natürlich, so erklärt er mir, habe er ziemliche Lücken durch sein langes Fehlen in der Schule, aber die Ausbildung mache ihm Spaß und er habe schon sehr viel dazugelernt. Sein sorgfältig geführtes Heft überzeugt mich. Seine Schrift ist flüssiger geworden und wie mir scheint, schreibt er in sauberem Englisch. Das freut mich besonders, denn wenn er es nach der erfolgreich durchgeführten ersten Operation und der hoffentlich ebenfalls erfolgreichen zweiten Operation schaffen würde, sich hier ein geregeltes Leben mit einem entsprechenden Arbeitsplatz aufzubauen, wäre dies ein besonderer Erfolg für unseren Verein. Hatte ihn doch seine Familie und sein Umfeld schon aufgegeben, bevor wir ihm diesen Schritt ermöglichten.

Nachdem ich mit dem Lehrer gesprochen habe und ihn gebeten habe, andere Kost als das normale Kantinen-Essen für Sitsofe kommen zu lassen, da dieses zu hart für ihn sei, solange sein Unterkiefer und die Zähne noch nicht neu aufgebaut sind, fahren wir zum Kindergarten, wo wir mit großem Jubel begrüßt werden.

Als erstes bekommen wir ein Ständchen dargeboten. Danach werde ich fast erdrückt. Jedes der mehr als achtzig Kinder will mit mir gemeinsam fotografiert werden. Es ist schon Tradition, dass ich diesen Kindergarten jedes Mal, wenn ich im Gebiet bin, besuche, und inzwischen sind wir alte Bekannte. Danach besuchen wir noch einen anderen Kindergarten, in dem die Kleinsten der Kleinen und auch viele Waisenkinder untergebracht sind. Es ist eines der Projekte, die wir unterstützen. Auch hier werden wir fröhlich singend und tanzend begrüßt, und ich freue mich, dass selbst die Kleinen jetzt an gezimmerten Pulten sitzen und dort arbeiten und nicht mehr, wie früher, mit ihren Heften auf dem staubigen

Sandboden Platz nehmen müssen. Es ist ein besonders schönes Erlebnis, wenn man merkt, dass die Dinge, die man angeregt hat, auch tatsächlich realisiert werden, und jedes Mal, wenn ich nach Ghana komme, sehe ich, dass wir wieder ein Stück weitergekommen sind.

In diesem Kindergarten könnte ich Tage verbringen. Allerliebst sind die kleinen Menschenkinder anzuschauen mit ihren großen Kulleraugen und dem strahlenden Lächeln. Zum Abschied singen sie uns den Gospel »When the Saints go marching in«.

Renate ist gerührt. »Diesen Anblick werde ich nie vergessen«, sagt sie uns später.

Kingsley macht uns ein Zeichen. Wir müssen aufbrechen. Ich habe eine Verabredung mit Tsolenyanu III., der Königin, die mich gekrönt hat. Sie möchte gemeinsam mit anderen einflussreichen Personen einen Workshop für Frauen ins Leben rufen.

Wir fahren ins nahe gelegene Hohoe um uns den Arbeitsplatz der Frau anzusehen, die den geplanten Workshop leiten soll. In einer der zahlreichen Straßen, in denen Händler an kleinen, selbst gezimmerten Holzständen ihre Waren feilbieten, treffen wir die auserkorene Lehrerin. Sie sitzt an einer alten Strickmaschine inmitten von Strampelanzügen, Wollmützen und Schals und geht ihrer Arbeit nach.

Ich bin irritiert, ja amüsiert bei der Vorstellung, dass die Babys und Kinder bei den in Ghana fast immer gleich bleibenden hochsommerlichen Temperaturen diese warme Kleidung tragen sollen. Ich bemühe mich jedoch, ernst zu bleiben und den ausführlichen Erläuterungen das von mir erwartete Interesse entgegenzubringen. Meine Einwände, dass diese Kleidung für Ghana viel zu warm sei und Kinder in ihr einen Hitzschlag bekommen könnten, stoßen auf taube Ohren. Tsolenyanu III. und zwei andere Frauen, die sich zu uns gesellt haben, behaupten, dass diese Kleidung eine gute Absatzmöglichkeit in der Regenzeit habe. Doch gerade dann, so scheint es mir, ist es immer besonders heiß. Von einer Abkühlung habe ich noch nie etwas bemerkt.

Ich nehme mir vor der Angelegenheit nachzugehen und Bekannte in Accra danach zu fragen. Allenfalls für den Export scheint mir eine Förderung dieses Projektes sinnvoll, dafür müssten allerdings entsprechende Mengen produziert werden können. Mit dieser Möglichkeit habe ich mich jedoch noch nicht im Detail beschäftigt. Es scheint mir angemessener zu sein, in einem Land, in dem fast alles importiert wird und das nur sehr wenige gut durchorganisierte Produktionsstätten hat, Dinge herzustellen, die hier auch eine entsprechende Absatzmöglichkeit haben. Denn dem überwiegenden Teil der Bevölkerung ist es nicht möglich, die hohen Preise für importierte Waren zu bezahlen. Es macht also mehr Sinn, die hier noch sehr günstigen Löhne dafür zu nutzen, den Menschen die Gelegenheit zu geben günstigere Waren produzieren zu können.

Ein wenig ratlos verspreche ich, mich mit dem Thema auseinander zu setzen, und verabschiede mich von den Frauen.

Inzwischen ist es fast Abend geworden und die Dämmerung bricht herein. Ich habe mir vorgenommen, noch den schwer kranken König Buomi zu besuchen, den ich bei einem meiner ersten Besuche hier kennen gelernt habe. Er hat das Amt des Königs für den Fall eines Krieges inne und lebt am Rande von Hohoe inmitten eines wunderschönen Palmenhaines. Es ist mein letzter Abend und ich will ihn unbedingt treffen, weil wir ihm ein elektronisches Blutdruckmessgerät mitgebracht haben, dass ich ihm übergeben möchte.

In seinem Dorf angekommen, ist es Nacht geworden. Grillen zirpen und der Boden wird von tausenden Glühwürmchen hell erleuchtet. Der typische Geruch eines Lagerfeuers steigt mir in die Nase. Wie schön, denke ich, am letzten Abend erlebe ich noch einmal Afrika pur. Ich liebe diesen Platz unter den breit gefächerten Palmen in der Abendstimmung und versäume es nie, hier vorbeizuschauen. Hinzu kommt, dass König Buomi, ein sympathischer, überaus gebildeter Mann, ausgesprochen interessant erzählen kann.

Doch diesmal komme ich vergebens. Seine Frau empfängt mich mit säuerlicher Miene. Ihr Mann sei morgens fortgegangen und jetzt noch nicht zurück. Sie mache sich Sorgen wegen seiner Krankheit. Aber wahrscheinlich läge er bei einer seiner drei anderen Frauen und vergnüge sich. Um sie etwas aufzuheitern, schlage ich ihr vor mir ihre neuen Batikstoffe zu zeigen, die sie selbst kunstvoll fertigt. Sofort zeigt sie ihr strahlendstes Lächeln.

Wir folgen ihr in die Werkstatt. Tatsächlich finde ich ein reich besticktes Gewand, das mir gefällt. Um mir die Zeit zu vertreiben ziehe ich es an und lasse mir um den Kopf die traditionelle Kopfbedeckung schlingen. Das gefällt ihr. Sie findet mich so einer Königin für würdig. Die Jeans, so meint sie, solle ich hier doch lieber nicht mehr tragen. Da es keinen Spiegel gibt, macht Kay schnell ein Foto mit seiner Digitalkamera, das ich mir sofort anschauen kann. Wunder der Technik …

Ich gefalle mir und kaufe das Gewand für umgerechnet

zehn Euro. Die Frau strahlt und verspricht mir, dass ihr Mann noch vor meiner Abreise bei mir vorbeischauen wird.

Dann fahren wir in das Hotel zurück, duschen und fangen an, unsere Sachen zu packen. Morgen wollen wir nach Accra, um ein Krankenhaus für die Behandlung der Kinder ausfindig zu machen. Als ich aus meinem Zimmer komme, erwartet König Buomi mich. Ich erschrecke.

Schon bei meinem letzten Besuch im Juli hatte er schlecht ausgesehen. Aber jetzt ist der einst so stattliche Kriegerkönig nur noch ein Schatten seiner selbst. Ich sehe die Freude in seinen Augen, aber seine Reaktionsfähigkeit, das bemerke ich sofort, ist stark eingeschränkt. Müde und apathisch sitzt er da. Ein König, so lehrt es die Tradition, hat stark zu sein und frei von körperlichen Gebrechen. Nur so kann er sein Volk führen, dem Land Fruchtbarkeit und reichen Ertrag bringen. Diese Tatsache, so habe ich mir schon oft überlegt, muss auf einen ohnehin schon kranken Menschen einen immensen Druck ausüben.

Um die Situation zu retten, spreche ich mit gespielter Fröhlichkeit und erzähle ihm von dem mitgebrachten Blutdruckmessgerät. Das möchte er nun sofort ausprobieren. Renate kennt sich mit der Technik aus. Ungläubig schaut sie auf das Ergebnis. 199 : 111. Das, so sagt sie, sei mehr als bedenklich. Ich weiß, dass König Buomi ohnehin schon täglich Medikamente einnehmen muss. Auf meine Frage, ob er sie genommen habe, schüttelt er den Kopf.

Allgemeine Hektik breitet sich aus. Ich bitte Hilda, ihn sofort nach Hause zu fahren, damit er sich medizinisch versorgen kann. Außerdem rate ich zu einem Anruf bei seinem Arzt. Als ich diesen stolzen Mann mit schleppendem Gang zum Auto gehen sehe, hoffe ich, dass ich ihn eines Tages in seiner alten Agilität wiedersehen werde.

Am kommenden Morgen, wir sind gerade aufgestanden, ruft das Mädchen von der Rezeption zu mir herauf. König Buomi möchte mich sprechen. Schnell ziehe ich mir etwas über und eile zum Telefon. Ich bin sehr froh, als ich seine Stimme höre, die wieder kraftvoll durch den Hörer schallt.

Es sei ein Glück gewesen, so sagt er, dass wir seinen Blutdruck gemessen haben. Das habe ihm vielleicht das Leben gerettet. Sein Arzt hat ihm dringend geraten, jetzt sorgsamer mit seiner Gesundheit umzugehen, und das, so habe er versprochen, werde er jetzt tun. Ich bin erleichtert und freue mich über seine Worte.

Dann brechen wir nach Accra auf, das wir gegen Abend erreichen. Dann treffen wir uns mit Hilda, die diesmal mit uns hierher gefahren ist.

Wir essen gemeinsam im afrikanischen Dorf unseres Hotels am Meer zu Abend, trinken ein Glas Wein und lachen viel. Am nächsten Morgen verabreden Uschi und ich uns mit Hilda, die uns bei der Suche nach einem geeigneten Krankenhaus für die Kinder behilflich sein soll.

Endlich kann ich wieder nach Deutschland telefonieren, was in der Voltaregion nicht möglich war. Ich freue mich, Philipps Stimme zu hören, und erzähle ihm von den Ereignissen der letzten Tage. Danach falle ich erschöpft in einen tiefen Schlaf.

Den nächsten Morgen verbringe ich entnervt mit endlosen Telefonaten. Die Telefonleitungen des Hotels sind zusammengebrochen, und auch mein Handy versagt seinen Dienst. Das Mobilnetz scheint völlig überlastet zu sein. Endlich habe ich die Deutsche Botschaft in der Leitung. Ich will mich hier vorsorglich nach einem Krankenhaus erkundigen, falls Hilda nicht kommt. Manchmal kann sie sehr unzuverlässig sein. Mir wird das Militärkrankenhaus empfohlen.

Dann gehen wir zum Frühstück. Es ist halb zehn. In der Halle warten bereits die beiden Väter mit Titus und Prince, den kranken Kindern, auf uns. Die Gruppe sieht übernächtigt aus. Die Familien sind um zwei Uhr nachts in Alavanyo aufgebrochen. Ich bestelle ihnen etwas zu essen und zu trinken und gehe zum Frühstück. Um zehn Uhr ist Hilda immer noch nicht eingetroffen. Ich bin wütend und fühle mich hilflos. Ich kenne mich mit den hiesigen Gepflogenheiten einfach zu wenig aus. Dennoch entschließe ich mich, nicht zu warten, denn erfahrungsgemäß kann das Stunden dauern. Uschi und Kay beruhigen mich. Also warten wir weitere fünfzehn Minuten. Dann erhebe ich mich aprupt. Ich gebe Kingsley das Zeichen zum Aufbruch und lasse ihn ein Taxi für die Leute aus Alavanyo rufen.

Das Militärkrankenhaus ist ein verhältnismäßig moderner Gebäudekomplex und liegt relativ zentral, nicht weit vom Flughafen entfernt. Schon nach einer Viertelstunde erreichen wir unser Ziel. Vor dem Gebäude herrscht reges Treiben. Mehrere hundert Menschen stehen hier und warten auf Hilfe. Das allein reicht schon, um mich mutlos zu machen. In der Empfangshalle sitzen ungefähr sechzig bis achtzig Menschen, die mit Nummern in der Hand auf ihre Behandlung warten.

Entschlossen bahne ich mir einen Weg durch die Menge. An der Rezeption kommt der rettende Einfall.

Ich muss schon heute abreisen, so sage ich mir und nicht, wie geplant, erst in vier Tagen. Durch diese Notlüge, die ich glaubhaft vortrage, erspare ich uns, wie mich die Erfahrungen der nächsten Tage lehren werden, endlose Wartezeiten. Diese, das weiß ich aber erst später, hätte der schwer kranke kleine Titus nicht überstehen können.

Nach der Anmeldung werden wir erst einmal zur Kasse gebeten. Hier muss ich für beide Kinder einen Betrag in Höhe von umgerechnet fünf Euro im Voraus entrichten. Das mag wenig erscheinen, gemessen an einem durchschnittlichen Tagesverdienst in Alavanyo von einem halben Euro ist es aber verhältnismäßig viel.

Kurze Zeit später werden wir in das Zimmer des behandelnden Arztes gebeten. Entsetzt schaut er Titus an mit einem Blick, den ich nie vergessen werde und der meinen Enthusiasmus zunächst nachhaltig dämpft. Für dieses Kind, so meint er, könne er hier nichts tun. Er schickt uns nach Korle-Bu.

Korle-Bu. Also doch. Ich hatte gehofft diesen Gang vermeiden zu können. Ich habe schon viel von diesem Krankenhaus gehört, in dem jeden Monat laut Zeitungsberichten über fünfzig Kinder sterben sollen. Aber nur dort, so sagt der Arzt, sind alle erforderlichen Einrichtungen vorhanden, um diesen Kindern wirklich helfen zu können. Freundlich verabschiedet er sich von uns, jedoch nicht ohne die Schwester anzuweisen, uns das Geld wieder auszuzahlen.

An der Kasse werde ich jedoch verständnislos angesehen. Die Kassiererin erklärt mir, dass es so etwas noch nie gegeben habe. Sie wüsste gar nicht, wie sie das machen solle. Dazu müsste sie den Klinikchef befragen, der in etwa einer Stunde wieder eintreffen würde. Fünf Euro und eine Frage des Prinzips. Doch die Prinzipienreiterei bringt uns hier nicht weiter. Die Eltern der beiden Jungen blicken mich verständnislos an. Sie verstehen nicht, warum ich nicht auf die fünf Euro warten will. Eine Stunde ist in Afrika nicht viel, wohl aber fünf Euro.

Intuitiv ist mir hier klar geworden, was uns in den nächsten Tagen noch erwartet, und daher gebe ich dieses Geld auf. Wir haben keine Zeit zu verlieren.

Wir quälen uns über eine Stunde durch den dichten Mittagsverkehr, bevor wir unser Ziel erreichen. Hier also ist es: Korle-Bu, das Krankenhaus, von dem ich schon so viel gehört habe.

Der Komplex ist um ein Vielfaches größer als der des Militärkrankenhauses, macht allerdings aufgrund seines stark renovierungsbedürftigen Zustands keinen Vertrauen erweckenden Eindruck auf mich. Vor und in dem Gebäude erwartet uns das gleiche Schauspiel der langen Warteschlangen wie zuvor. Also trage ich einer gelangweilt dreinblickenden Schwester die Notlüge von meiner heute bevorstehenden Abreise vor.

Ich sehne Hilda herbei, die schon einmal hier war und sich mit den Gegebenheiten auskennt. Doch sie hat sich bis jetzt nicht bei mir gemeldet. Per Handy wäre ich, wenn sie gewollt hätte, erreichbar gewesen. Doch mein Stolz verbietet es mir sie anzurufen. Schließlich muss ich lernen, mit dieser Situation umzugehen, denn es wird nicht das letzte Mal sein, das ich hier sein werde.

Die Schwester überlegt. Dann hebt sie träge ihren rechten Arm und zeigt vage in die Richtung, in die wir gehen sollen, um die zuständige Ärztin zu finden.

Hinter einer Trennwand, vor der ungefähr fünfzig Frauen mit ihren Kindern Platz genommen haben, sitzen zwei Ärzte und eine Ärztin. Dorthin begeben wir uns nun. Zu jedem der drei Schreibtische gehört eine spanische Wand, hinter der die Untersuchungen stattfinden. Auf dem Boden vor der langen Bank, auf der wir nun warten, haben sich offensichtlich einige Kinder erbrochen. Übelkeit kommt in mir hoch. Doch ich nehme mich zusammen und blicke stoisch nach oben.

Endlich sind wir an der Reihe. Als erstes wird Prince untersucht, bei dem die Ärztin einen Weichteiltumor feststellt, der hier, wie sie sagt, nach Abschluss der Folgeuntersuchungen operativ entfernt werden könne. Ich bin erleichtert ob dieser unkomplizierten Aussichten.

Die Diagnose für Titus scheint sich ungleich schwieriger zu gestalten. Der kleine Kerl kann sich kaum noch auf den Beinen halten. Deshalb haben wir einen Rollstuhl für ihn besorgt, den er nun mühsam verlässt, um auf den Untersuchungstisch zu kriechen. Durch den großen Leibesumfang kann er auch nicht getragen werden. Als er sich auf den Rücken legen soll, wehrt er sich. Dadurch, dass der Bauch in der Liegestellung nach oben rutscht und auf die Lunge drückt, bekommt er keine Luft mehr und gerät in Panik.

Nach der allgemeinen Untersuchung schreibt die Ärztin eine seitenlange Abhandlung. Außerdem erhalten wir mehrere Zettel für weitere Untersuchungen, die wir mit Titus absolvieren sollen. Woher sein Leiden käme, so sagt sie, könne sie noch nicht sagen. Die Diagnose könne erst nach Abschluss aller Tests gestellt werden. Sie halte es jedoch nicht für ausgeschlossen, dass die Ursache ein Herzfehler sei. Dann erklärt sie mir, dass Titus als erstes Blut abgenommen werden müsse, und beschreibt mir den Weg zum Behandlungszimmer.

Da mir aufgefallen ist, dass hier alles viel schneller geht, wenn ich es selbst mache, bitte ich die anderen, auf mich zu warten. Ich lasse Titus von seinem Vater mit dem Rollstuhl in die Notaufnahme fahren, hinter der sich ein Not-Operationsraum befinden soll, in dem auch das Blut abgenommen wird.

Die Notaufnahme bietet mir ein Bild des Grauens. Undefinierbare Gerüche liegen in der Luft, die Gedanken an schwere Tropenkrankheiten in mir auslösen. Dicht an dicht stehen hier Betten, die durch ihre hohen Gitterstäbe wie kleine Käfige aussehen. Die kranken Kinder liegen zu zweit oder auch zu dritt in ihnen. Überall auf dem Boden und auf den wenigen Stühlen in der Mitte des Raumes sitzen, knien oder hocken die entsprechenden Elternteile. An der langen Seite des Raumes arbeiten an einem Tisch mehrere Schwestern, die Medizin vorbereiten und Verbände aufwickeln. Es herrscht ein reges Treiben, das von Wimmern, Weinen und lautem Jammern begleitet wird. Endloses Mitleid für die kleinen Menschenkinder überkommt mich. Die Zustände hier sind fürchterlich, jedenfalls gemessen an unseren medizinischen Einrichtungen. Dennoch leistet das Personal hier rund um die Uhr unter extremen Bedingungen Schwerstarbeit, das ist unverkennbar.

An der Tür des Not-OP prangt ein großes Schild mit der Aufschrift: »Klimaanlage in Betrieb, bitte Tür geschlossen halten.« All meine Versuche, eine Schwester für die vorgesehene Blutabnahme zu begeistern scheitern. Ich werde praktisch gar nicht wahrgenommen. Ja, ja, gleich, gleich, sind die sich ewig wiederholenden Worte. Als nach einer Dreiviertelstunde immer noch nichts passiert ist, wir aber noch sieben Zettel für andere Untersuchungen haben, beschließe ich, wenn die Tür des OP das nächste Mal von innen geöffnet wird, mit dem Arzt zu sprechen.

Ich habe Glück. Ein Arzt kommt in die Notaufnahme. Noch bevor er die Tür mit einem Schlüssel öffnet, stelle ich mich ihm in den Weg und trage mein Anliegen vor. Freundlich nimmt er sich meiner an, und ich schiebe Titus' Rollstuhl in den Behandlungsraum. Dieser ist relativ klein. Dennoch wird hier auf einem Tisch ein kleines Mädchen am Bein operiert, ein kleiner Junge wird gleichzeitig daneben auf einem Stuhl behandelt, und jetzt sind auch noch Titus und ich hereingekommen. Der Boden ist über und über mit blutigen Wattetupfern bedeckt. Der operierende Arzt scherzt mit seinem Assistenten und gibt diesem Anweisungen. Endlich sind wir an der Reihe.

Der Assistent schaut sich den Zettel an und fragt den Arzt etwas, das ich akustisch nicht verstehe. Dann holt er die Kanüle, um dem Kleinen Blut abzunehmen. Doch das gestaltet sich als schwierig. Die dünnen Ärmchen scheinen fast blutleer zu sein, oder der Arzt trifft die Vene nicht. Mehrfach stößt er mit der Kanüle in die Haut zwischen Zeigefinger und Daumen, bis Titus, der sonst keine Miene verzieht, langsam die Tränen die Wangen hinunterlaufen. Ich streichle ihn und spreche beruhigend auf ihn ein. Bei dem vierten erfolglosen Versuch jedoch wende ich mich ab. Jetzt habe ich mit den Tränen zu kämpfen.

Erleichtert stelle ich nach einigen Minuten fest, dass es gelungen ist, dem Jungen drei kleine Röhrchen Blut abzuzapfen. Die Hand blutet jetzt stark. Das von dem Assistenten aufgeklebte Pflaster deckt die Wunde nur zum Teil ab. Mein vorwurfsvoller Blick erreicht ihn nicht. Er ist schon bei seinem nächsten Fall. Also greife ich mir Verbandzeug und Pflaster und bedecke so die restlichen der Einstiche.

Dann fahre ich Titus hinaus in die Empfangshalle, wo die anderen auf mich warten. Meine Knie zittern. Ich brauche frische Luft und Wasser. Ich schicke Kingsley, um welches zu holen, und setze mich vor dem Krankenhaus auf eine Stufe in die Nachmittagssonne, wo ich hastig eine Zigarette rauche.

Dies hier ist die Schattenseite Afrikas, das ich so liebe. Die Armut und die damit verbundenen, zu spät behandelten Krankheiten überfordern Ärzte und Schwestern gleichermaßen. Dennoch, so sage ich mir, egal wie – hier wird viel bewegt, und das allein zählt. Für ein Land, in dem die Schulmedizin sich in den ländlichen Gebieten gegen die alten Strukturen, aber auch aus Geldmangel noch nicht durchsetzen konnte, wird hier schon sehr viel getan.

Nachdem ich mich wieder gefangen habe, machen wir uns auf die lange Odysee zu den anderen Untersuchungen. Hier gilt es endlose Wege zurückzulegen. Wir werden von A nach B und wieder zurück geschickt.

Endlich finden wir das Gebäude, in dem die Röntgenuntersuchung stattfinden soll. Natürlich müssen wir auch hier, wie vor jeder Untersuchung bezahlen, umgerechnet jedes Mal fünf Euro. Das Röntgen ist eine Qual. Hier muss Titus ruhig auf dem Rücken liegen, was ihm nur unter lautem Stöhnen möglich ist. Und hier muss ich ihn sich selbst überlassen, um mich hinter einer Wand vor der Bestrahlung zu schützen. Ich bin froh, als wir es endlich hinter uns gebracht haben.

Dann machen wir uns auf die Suche nach dem EKG-

Raum. Inzwischen haben wir uns mehrfach verlaufen und schauen uns suchend um, als ein freundlich aussehender Herr an uns herantritt und uns fragt, wie er behilflich sein könne. Er erklärt mir, dass er im Krankenhaus für die Organisation zuständig wäre. Dankbar nehme ich sein Angebot an und zeige ihm die restlichen Untersuchungszettel. Besorgt schaut er mich an.

»Das werden Sie heute nicht mehr schaffen können, denn das Labor hat bereits geschlossen. Wenn Sie die Blutproben morgen früh abgeben, haben Sie die Ergebnisse in spätestens drei Tagen.«

Ich meine, mich verhört zu haben, und frage nach. Doch an seiner Antwort ändert sich nichts. Es ist kurz nach vier. Um vier soll das Labor schließen. Ich bitte ihn trotzdem, mit uns kurz hinzugehen, vielleicht sei ja noch jemand da. Im Eilschritt laufen wir dank seiner sachkundigen Führung treppauf, treppab, über endlose Gänge. Die Fahrstühle meide ich. Die Vorstellung, hier eventuell Tage in einem stecken gebliebenen Fahrstuhl verbringen zu müssen, erschreckt mich so sehr, dass ich auch die anderen, die mich entgeistert anschauen, davon abhalte, sie zu benutzen.

Endlich erreichen wir das Labor, in dem tatsächlich noch zwei Personen sitzen, die ich dank meiner Notlüge und eines kleinen Obolus überzeugen kann, die Untersuchungen schon am Vormittag des kommenden Tages zu machen.

Dann führt uns der hilfreiche Nathan Titus, der den gleichen Namen trägt wie unser kranker Schützling, zum EKG-Raum. Obwohl es inzwischen weit nach vier ist, dürfen wir noch Platz nehmen. Der Raum ist von oben bis unten an den Wänden mit schwarz-mint-pink gemusterten Stoffbahnen bespannt. Ebenso die spanische

Wand, hinter der die Untersuchung stattfindet. Der Mann, der das EKG macht, ermuntert uns durch seine freundliche Art erstmals zu fragen, ob wir fotografieren dürfen. Wir dürfen.

»Aber«, so sagt er, »zeigen Sie die Fotos nicht der europäischen Presse, wir schämen uns für die Zustände hier.«

Schämen, so antworte ich ihm, müsse man sich, wenn man nichts täte. Immerhin befinden sich hier alle erforderlichen medizinischen Geräte, um die notwendigen Untersuchungen machen zu können. Meine Antwort ruft ein freudiges Lächeln auf seinem Gesicht hervor. Das freue ihn, dass ich es so sähe, sagt er.

Inzwischen ist es Nacht geworden in Accra, es ist nach achtzehn Uhr. Nathan Titus geleitet uns zum Ausgang, für heute können wir nichts mehr tun. Ich bedanke mich bei ihm.

»Nennen Sie mich Cornelia«, sage ich.

»Cornelia«, sagt er, »wie meine Tochter.«

Erstaunt blicke ich ihn an.

»Wir haben Bekannte in Deutschland«, erklärt er mir. »Nach dem Vornamen der Frau haben wir unsere Tochter genannt.«

Er heißt Titus wie der kranke Junge, seine Tochter heißt Cornelia wie ich. Kismet denke ich – Schicksal. Ein gutes Omen für den Anfang in Korle-Bu.

Jetzt müssen wir eine Unterkunft für die Familien aus Alavanyo finden. Kingsley führt uns zu einem Boarding House, in dem wir die Zimmer und das Essen im Voraus bezahlen. Er ist allein hineingegangen, damit die Preise sich nicht unnötig verteuern. Als er wieder herauskommt, strahlt er. Die kleine Pension gehört einem Mann aus Alavanyo, teilt er mir mit.

Alavanyo – alles wird gut, denke ich, das zweite Omen an diesem Tag.

Nach unserer Rückkehr ins Hotel finden wir eine Nachricht von Hilda vor. Sie ist zu spät gekommen, hat sich aber nicht bemüht, uns zu finden. Schließlich funktionieren unsere Handys in Accra, und ich habe ihr eine Telefonkarte gekauft. Ich bin traurig über ihre Unzuverlässigkeit, und nach einem schnellen Imbiss falle ich erschöpft in mein Bett.

In dieser Nacht schlafe ich schlecht. Die traurigen Augen von Titus verfolgen mich in meine Träume. Mehrfach schrecke ich hoch. Nur wer die besondere Fröhlichkeit der afrikanischen Kinder kennt, hat den unmittelbaren Vergleich zu der Traurigkeit dieses kleinen, von unermesslichem Leid geprägten Jungen, der schon seit mehreren Jahren nicht mehr im Liegen schlafen kann. Eine tiefe Trauer erfasst mich und ich beginne zu weinen.

Völlig gerädert wache ich am kommenden Morgen auf. Nathan Titus, unser Führer aus dem Krankenhaus, hat versprochen, die ersten Untersuchungen frühmorgens mit den Kindern zu organisieren. Das ermöglicht uns drei gestohlene Entspannungsstunden. Während ich unter Palmen in die Sonne blinzele und ein kühles Tonic-Wasser trinke, fühle ich mich in eine andere Welt versetzt. Der Luxus unseres Hotels steht in krassem Gegensatz zu der gestern erlebten Armut im Krankenhaus. Mehr als sonst, wenn die stundenlange Fahrt in die Voltaregion die Unterschiede langsam verwischt, sind hier die Gegensätze unmittelbar spürbar. Nur wenige Kilometer trennen uns von dem Elend.

Das Klingeln meines Handys reißt mich aus meinen Gedanken. Es ist Hilda. Als ob nichts gewesen sei, fragt sie, ob sie vorbeikommen könne. Ich bejahe, und schon nach wenigen Minuten trifft sie ein. Wir haben eine kurze Auseinandersetzung. Um mich nicht unnötig aufzuregen springe ich in den Pool und schwimme einige Runden. Selbst am anderen Ende des Pools höre ich Renate und Uschi noch auf Hilda einreden. Gestern hätten wir sie wirklich gebraucht. Dann sehe ich, wie sie sich erhebt und geht. Ich werde sie erst bei meiner Abreise wiedersehen.

Mittags tauchen wir wieder in die Welt des Elends ein. Nathan Titus erwartet uns vor dem Krankenhaus. Neben ihm stehen Titus und sein Vater sowie Prince mit seinem Vater. Sie erwarten mich. Schnell gibt Nathan Titus mir einen Lagebericht. Verschiedene Untersuchungen sind noch zu machen und so begeben wir uns wieder auf die lange Reise zu den entsprechenden Einrichtungen.

Plötzlich kommt wild gestikulierend die Ärztin von gestern auf uns zu. Wütend schreit sie den Vater von Titus an, der sie aber nicht versteht.

»Ihr Sohn war eingewiesen«, brüllt sie, »er ist ein Notfall und hätte an den Tropf gemusst.«

Sie ist sehr ungehalten. Ich erschrecke. Das habe ich nicht gewusst. Niemand hat es uns gesagt. Auf meinen Einwand erklärt sie mir, das habe in ihrem Untersuchungsbericht gestanden. Ratlos blicke ich sie an. Ich wusste nicht, dass ich, um den Ablauf hier verstehen zu können, den Untersuchungsbericht hätte lesen müssen.

»Sofort«, erklärt sie uns, »gehört dieses Kind an den Tropf.«

Wir schieben ihn in die Notaufnahme, wo er sich in ein Gitterbett hangelt. Dann wird er an die Schläuche angeschlossen. Die Ärztin verspricht, wiederzukommen und mit mir zu sprechen. Dann entschwindet sie auf Nimmerwiedersehen.

Inzwischen hat auch Prince die restlichen Untersuchungen überstanden und die Befunde werden für den kommenden Tag erwartet. Die Dämmerung bricht herein und die Ärztin ist immer noch nicht wieder aufgetaucht. Wir gehen zur Kasse und bezahlen die Deposits für beide Kinder in Höhe von jeweils mehreren hunderttausend Cedis. Diese Vorauszahlung ist eine Art Rücklage für die Kosten der Unterkunft und der zu verabreichenden Medizin. Die Eltern werden angewiesen Essgeschirr, Wasser und Nahrung für ihre Kinder zu besorgen. Diese Dinge werden vom Krankenhaus nicht gestellt.

Dann mache ich mich auf die Suche nach der Ärztin. Die Schwestern sehen mich ratlos an. Sie hat das Krankenhaus bereits verlassen. Auf meine Frage nach einer Telefonnummer setzt sich träge eine Maschinerie in Bewegung. Nach einer Stunde habe ich sie endlich, erreiche aber niemanden. Nachdem wir Prince und seinen Vater wieder in dem Boarding House abgesetzt haben, fahren wir in Richtung Hotel. Titus' Vater ist im Krankenhaus geblieben. Die Eltern schlafen dort im Sitzen neben ihren Kindern oder in der offenen Veranda auf einfachen Bambusmatten.

Völlig ermattet treffen wir im Hotel ein und essen dort zu Abend. Eigentlich hatten wir in ein ghanaisches Restaurant gehen wollen. Dazu ist uns die Lust jedoch vergangen. Ich bin müde und erschöpft und möchte nur eines – endlich schlafen.

Der nächste Morgen vergeht mit Einkäufen für die Kinder und einem Besuch bei meinem Freund Kofi, dem Rollstuhlfahrer. Wie immer steht er vor dem Kunstmarkt in Accra, als sei er nie weg gewesen. Schon von weitem erkennt er uns und kommt auf uns zugefahren. Wieder freuen wir uns, einander zu sehen. Aber dieses Mal reicht die Zeit nur zu einem kurzen Plausch. Die Kinder warten auf uns.

Am frühen Vormittag erreichen wir Korle-Bu. Nathan Titus ist uns wie immer behilflich. Die Befunde von Prince sind gekommen. Am kommenden Montag soll er operiert werden. Dann führt Nathan uns zu dem kleinen Titus, der jetzt auf einer richtigen Station im zweiten Stock des Krankenhauses liegt.

Als wir das Zimmer betreten, muss ich lachen. In der Mitte des Raumes thront Titus auf einem Plastikstuhl, die dünnen Beine lässig auf einen Schemel gestreckt, der vor ihm steht. Interessiert schaut er in ein kleines Fernsehgerät. Die Apathie der letzten Tage scheint vergessen, wenngleich er immer noch ein wenig teilnahmslos ist. Aber eine deutliche Besserung ist bereits sichtbar. Sein Bauch ist weniger voluminös und der Tropf hat ihm offensichtlich Erleichterung verschafft.

Ich suche die Schwester und spreche mit ihr. Die Ärztin ist wieder nicht auffindbar. Dann frage ich den Vater, ob Titus seine Medizin heute schon bekommen habe. Er schüttelt den Kopf. Ich spüre, dass Wut in mir hochsteigt. Ich befrage die Schwester, warum dies nicht geschehen sei. Sie schüttelt den Kopf. Der Vater habe die Medizin nicht besorgt, erklärt sie mir. Resigniert blicke ich ihn an. Er versteht einfach zu wenig Englisch. Ich mache mich auf die Suche nach einer Schwester, die außer Englisch auch Ewe spricht.

In der Notaufnahme finde ich eine. Sie erklärt Titus' Vater, dass das Geld hinterlegt sei, um die Medikamente zu kaufen. Er müsse jedoch selbst darauf achten, dass sie nicht zur Neige gehen. Ein ungutes Gefühl beschleicht mich. Was wird passieren, wenn ich abreise?

Die kommenden Tage vergehen mit ständigen Besuchen im Krankenhaus. Immer noch haben wir keine Diagnose für Titus. Ein behandelnder Arzt sagt mir, dass noch nicht alle Untersuchungen ausgewertet seien. Am Tag meiner Abreise gehe ich ein letztes Mal zu dem kleinen Jungen. Sein Zustand ist unverändert. Ich bedaure es sehr, ihn allein hier zurücklassen zu müssen, bitte aber Kingsley, mich auf dem Laufenden zu halten. Kingsley ist mir in den letzten Tagen eine wichtige Stütze geworden. Er kümmert sich umsichtig um uns und hilft, wo immer er kann.

Zwischendurch treffe ich mich noch mit Geschäftsfreunden und einem Experten, der uns bei der Wasserversorgung, unserem nächsten großen Projekt, für Alavanyo behilflich sein kann. Er nennt mir die Namen einiger Spezialisten, mit denen ich in Kontakt treten soll.

Dann reisen wir ab. Am Flughafen erwartet uns Hilda. Wir schütteln uns die Hände und verabschieden uns. Unser Streit ist Vergangenheit.

Zurück in Hamburg, werde ich in den kommenden zwei Wochen von Kingsley regelmäßig über den Zustand der Kinder unterrichtet. Täglich rufe ich in Accra an. Die

Operation von Prince ist verschoben, weil erst nach Weihnachten ein Platz im Krankenhaus frei sei. Titus hat sich zusehends erholt. Aber sein jetzt festgestelltes Herzproblem hat sich natürlich nicht gebessert. Er ist nach Alavanyo zurückgekehrt und befindet sich unter medizinischer Aufsicht im Krankenhaus in Hohoe. Er soll Anfang Februar nach Korle-Bu zurückkehren.

Als der Paramount Chief sich das nächste Mal bei mir meldet, bitte ich ihn, mir sämtliche Untersuchungsberichte in Kopie zu übersenden. Ich habe Bedenken, dass nicht genug für Titus getan wird, und will versuchen, ihn nach Deutschland zu holen. Doch dazu kommt es nicht mehr. Kurz nach Weihnachten, am Sonntag vor Silvester, ruft Kingsley mich an. Ich erschrecke, denn normalerweise melde ich mich bei ihm. Es muss etwas passiert sein. Mein erster Gedanke ist Titus. Sofort rufe ich Kingsley zurück. Was ich höre, kann ich kaum glauben. Titus' Vater ist erschossen worden. In Alavanyo, vor zwei Tagen. Meine Gedanken überstürzen sich. Warum?, frage ich Kingsley. Doch er kann mir keine Antwort geben. Titus' Mutter hatte in ihrem mangelhaften Englisch nur diese Nachricht übermittelt. Näheres wisse er nicht. Ich bin entsetzt. Sofort rufe ich bei Hilda an und bitte sie, einen Boten nach Alavanyo zu schicken, der die Einzelheiten in Erfahrung bringen soll. Ehe ich den Paramount Chief erreichen kann, vergehen zwei Tage, in denen mir alles Mögliche durch den Kopf schwirrt. Ich denke an den Voodoo-Glauben von Sitsofes Vater, der seinen Sohn nicht operieren lassen wollte, an einen Raubüberfall oder Ähnliches. Vielleicht hat deshalb jemand diesen freundlichen, sanften Mann umgebracht?

Als ich endlich mit Atakora VII. telefonieren kann,

hat das neue Jahr bereits begonnen. Es ist der erste Januar. Das alte Thema der Landstreitigkeiten sei der Hintergrund für den Mord gewesen, erklärt mir der Paramount Chief. Ein schwelender Konflikt, der mir bereits bekannt ist. Immer wieder hat es Unruhen deshalb gegeben, einen Krieg zuletzt 1983, bei dem hunderte von Menschen umkamen. Die Ursache für den Konflikt sind die von der damaligen deutschen Kolonialmacht gezogenen Grenzen, die von einem Nachbarstamm der Ewe nie akzeptiert wurden. Trotz aller Bemühungen seitens der Regierung und der traditionellen Herrscher flammt der alte Streit immer wieder auf. Doch es ist das erste Mal seit vielen Jahren, dass ihm ein Menschenleben zum Opfer fällt. Und dieses Opfer einer alten Stammesfehde ist nun ausgerechnet Titus' Vater. Ich bin fassungslos.

»Was ist mit Titus?«, frage ich.

»Es geht ihm sehr schlecht«, antwortet der Paramount Chief.

Ich bitte ihn, den Jungen von Kingsley nach Accra bringen zu lassen. Atakora VII. verspricht mir, alles in die Wege zu leiten, und versucht mich zu beruhigen.

»Wir haben die Leiche von Titus' Vater«, sagt er. »Zum Glück haben wir sie.«

Denn sonst hätte es nach afrikanischem Brauch Krieg gegeben. Krieg in Alavanyo, denke ich, wie furchtbar.

So beginnt das neue Jahr mit einer schrecklichen Nachricht. Doch der Paramount Chief hat, ganz Afrikaner, gleichzeitig versucht, mir auch eine gute Nachricht zu übermitteln: Es gibt keinen Krieg. In diesem Moment beschließe ich endgültig, Titus zur Behandlung nach Deutschland zu holen. Doch dazu muss erst einmal sein Zustand stabilisiert werden. Darum werde ich mich in den kommenden Wochen vorrangig kümmern.

Vor einigen Monaten haben wir in einer Sitzung unseres Vereins beschlossen, auch Patenschaften für Kinder zu fördern. Dabei ist es unser Anliegen, vor allem Waisen und Halbwaisen Unterstützung zukommen zu lassen. Eine Idee des Paramount Chiefs, mit dem ich dieses Thema vor Ort erörtert habe, war es, auch besonders begabten Kindern eine Patenschaft zu ermöglichen, wenn ihre Eltern den Schulbesuch nicht bezahlen können. Während dieser Reise haben wir eine Auswahl von dreißig bedürftigen Kindern getroffen. Wir hoffen nun, für diese Kinder, die wir auch fotografiert haben, Paten in Deutschland zu finden. In Ghana haben wir mit Hilfe eines Gremiums ein System entwickelt, welches gewährleistet, dass die monatlichen Zuwendungen ausschließlich diesen Kindern und ihrer Ausbildung zugute kommen.

Das vor wenigen Monaten begonnene Projekt der Patenschaften für Kinder hat durch Titus' Schicksal einen Ableger bekommen. Wir werden zeitlich begrenzte Patenschaften für kranke Kinder bis zu deren Genesung mit in unser Vereinsprogramm aufnehmen. Das werde ich bei unserer nächsten Sitzung anregen.

Diese letzte Reise, die für mich persönlich eine der wichtigsten war, weil sie so viele neue und wichtige Eindrücke in mir hinterlassen hat, hat mir vor Augen geführt, dass meiner Arbeit natürliche Grenzen gesetzt sind. Und dass es viel Kraft und Energie erfordern wird, diese Grenzen eines Tages überschreiten zu können.

Doch ich hoffe, dass es Menschen geben wird, die

mir dabei helfen. Ohne den Glauben daran, könnte ich diese Arbeit nicht machen. Das Lebenselixier Wasser hatte mich diesmal nach Alavanyo gebracht. Gerade noch rechtzeitig, um den beiden Kindern zu helfen. Der schmale Weg, auf den ich mich vor fast drei Jahren begab, ist inzwischen zu einer Straße geworden. Und allein, das ist mir klar, werde ich diese Straße nicht zu Ende gehen können.

Doch Alavanyo heißt: alles wird gut.

EINHEIT IN DER VIELFALT –
SOLIDARITÄT UND TOLERANZ

Balanceakt zwischen den Welten

Es ist schön, all dieser Bilder zu gedenken,
wenn man zurück ist.
Und die wilden Tiere leben noch
in ihren Revieren da draußen,
und wir können hinausziehen
und sie wieder sehen, wenn wir wollen.
Tania Blixen

Der Balanceakt zwischen den Welten meiner afrikanischen und meiner deutschen Heimat fällt mir manchmal sehr schwer. In Ghana fällt trotz aller Verpflichtungen schon nach wenigen Tagen die Hektik von mir ab. Seitdem ich gelernt habe, etwas geduldiger zu werden – ein in Afrika unerlässlicher Wesenszug –, fallen mir viele Dinge leichter.

In Deutschland fühle mich oft doppelt belastet, denn meine Arbeit in Ghana wäre eigentlich ein Full-Time-Job. Doch so gerne ich mich noch mehr für die Menschen in Alavanyo engagieren würde, mein Tagesgeschäft in Hamburg lässt das nicht zu. Es vergeht kaum ein Tag, an dem ich nicht mit Alavanyo konfrontiert werde. Seitdem ich dem Paramount Chief ein Handy mitgebracht habe, telefonieren wir einmal wöchentlich, um alle Notwendigkeiten zu besprechen. In Hildas Hotel in Hohoe habe ich vor kurzem ein Faxgerät aufgestellt, eine weitere Möglichkeit zur Kommunikation. In Alavanyo selbst jedoch funktionieren Handys nicht. Daher gibt es feste Gesprächstermine für die Telefonate.

Doch neben der normalen Vereinsarbeit wie Spenden sammeln, Kontakte zu den Medien knüpfen, neue Mitglieder werben und Patenschaften zu vermitteln gibt es noch sehr viel mehr Dinge, die erledigt werden müssen und die verhältnismäßig arbeitsaufwändiger sind. Jedes einzelne Projekt muss in Deutschland sowie in Alavanyo einer eingehenden Prüfung unterzogen werden, was sehr zeitraubend ist. Zu Anfang meiner Tätigkeit in Ghana meinte ich noch, das Rad neu erfinden zu müssen, heute jedoch habe ich gelernt, dass es viele Menschen gibt, die sich auf bestimmten Gebieten sehr viel besser auskennen als ich. Ich muss also nicht immer Pionierarbeit leisten. Und so führe ich lange Telefonate, um mir über Wasserversorgung, Pumpensysteme, Möglichkeiten der medizinischen Versorgung und andere Dingen bei Experten Rat einzuholen.

Ein großes Problem ist und bleibt jedoch die spontane Aktion, was vor allem an der mangelnden Kommunikationsmöglichkeit liegt. Manchmal funktioniert das Mobilnetz in der Voltaregion nicht richtig oder es gibt gerade keine Telefonkarten. Dann ist der Kontakt über Wochen abgerissen.

Mein alltäglicher Bürobetrieb lässt mir relativ wenig Freiraum, und so fühle ich mich manchmal von der Vielfalt der mir gestellten Aufgaben unter Druck gesetzt. Dennoch möchte ich die Arbeit für Alavanyo keinen Tag mehr missen, da sie mir so viel Freude macht. Freude, die auch durch Ärgernisse nicht getrübt werden kann. Vor einigen Monaten musste ich die traurige Erfahrung machen, dass manche Menschen keinerlei moralische Grenze kennen. Philipp rief mich aufgeregt an.

»Stell dir vor«, sagte er, »es hat jemand eine Gastronomie-Zeitung mit dem Namen *Alavanyo* auf den Markt gebracht.«

Ich glaubte, meinen Ohren nicht zu trauen. Wie kommt jemand auf diesen Namen? Ich gehe der Sache auf den Grund und lasse mir die Zeitung mit einem Kurier ins Büro liefern. Tatsächlich – sie heißt *Alawanyo,* allerdings mit w geschrieben. In ihr wird ein Cocktail gleichen Namens vorgestellt und die Herkunft des Namens erklärt. Doch da wir gleich nach Gründung unseres Vereins den Namen in allen Schreibweisen haben schützen lassen, greife ich spontan zum Telefonhörer und rufe den im Impressum genannten Geschäftsführer der Zeitung an. Seine Firma trägt den verheißungsvollen Namen Alawanyo Cross Media. Auf meine Frage, wie er dazu käme, diesen Namen zu verwenden, erklärt er mir, dass er ihn genommen habe, obwohl er wusste, dass wir »Alavanyo« geschützt haben. Der Name hätte ihm eben so gut gefallen. Er hätte eine Fernsehsendung mit mir gesehen und beschlossen, den Namen mit dem Slogan »Alles wird gut« für seine Geschäftsidee zu nutzen.

Bei so viel Dreistigkeit bin ich sprachlos. Er gibt mir noch mit auf den Weg, dass unsere Anwälte sich ja jetzt streiten könnten, dann legt er auf. Meine Wut weicht einer tiefen Traurigkeit. Was sind das für Menschen, die um eines Geschäftes willen die humanitäre Arbeit anderer stören?

Schon am nächsten Morgen bekomme ich zu spüren, was dieser Mann angerichtet hat. Ein Anruf aus Süddeutschland erreicht mich. Ein Ghanaer, der schon länger in Deutschland lebt, meint, dass ich mich schämen solle, ein Geschäft mit dem Namen Alavanyo zu machen. Weitere Anrufe dieser Art bleiben nicht aus. Jedem einzelnen Anrufer erklären wir, dass der Verein nichts mit diesem Blatt zu tun hat. Doch ich spüre, dass uns nicht jeder glaubt.

Wie immer tröstet mich Philipp.

»Es fließt keine positive Energie in dieses Projekt«, sagt er. »Du wirst sehen.«

Wie so oft, hat er Recht. Schon nach wenigen Wochen ist das Blatt vom Markt. Der von mir bemühte Anwalt musste nicht einmal klagen. Die Sache hat sich von selbst erledigt.

Große Sorge macht mir nach wie vor der Rassismus. Auf meiner Suche nach einem Schulbus wird mir von einem großen deutschen Händler die lapidare Antwort gegeben, dass er für »Brikettköppe« nichts übrig habe, da denke er ganz wie früher, »Sie wissen schon«.

Als ich mich eines Tages mit einem Ghanaer in Magdeburg zum Essen verabrede, tritt ein Mann mit der Bemerkung »Schweine können draußen essen« an unseren Tisch. Sagt es und eilt aus dem Restaurant.

Und einmal, als Céphas Bansah mich besuchen will, findet er am Bahnhof kein Taxi, das ihn befördern will. In der langen Schlange wird er immer weiter gewinkt. Dann ruft er mich an und bittet mich, ihn abzuholen. Doch mein Auto ist in der Werkstatt. Zufällig trifft er einen Landsmann, der ihn zu mir bringt. Ich bin wütend und rufe bei einer großen Zeitung an. Diese Ungeheuerlichkeit, so finde ich, muss in die Presse. Das findet auch die Redaktion und schickt einen Redakteur und einen Fotografen zu uns. Am nächsten Morgen erscheint die Geschichte. Zumindest haben wir aufmerksam gemacht.

Es macht mich immer wieder traurig Sätze zu hören, in denen Menschen mit schwarzer Hautfarbe diskriminiert werden. Wer einmal in Ghana war und die liebenswürdige Gastfreundschaft, den Bildungseifer und den Einsatz dieser Menschen erlebt hat, wird sie sehr schnell mit anderen Augen sehen. Doch aufgrund unserer Mentalität, die wir geneigt sind als die einzig wahre anzusehen, wird uns das so lange schwer fallen, bis wir bereit sind umzudenken. Viele Dinge lassen sich einfach nicht mit unseren Maßstäben messen. Das zu erkennen und denjenigen zugänglich zu machen, die stur ihre Meinung vertreten, ist ein weiter Weg mit vielen Hindernissen. Sie zu überwinden, habe ich mir zur Aufgabe gemacht.

Rücksicht und Toleranz sind das Geheimnis unseres Respekts füreinander. Ein altes Ewe-Sprichwort sagt: »Wer in der Nacht Steine wirft, tötet seinen Bruder.«

Wir sollten aufhören Steine zu werfen, am Tag wie in der Nacht.

Wesentlich für meine Arbeit als Königin von Alavanyo ist für mich der Verein Alavanyo e. V.

Nachdem ich die ersten Male nach Ghana gereist bin und einige kleine Projekte aus privaten Geldern finanziert habe, wird mir klar, dass ich langfristig nicht genug werde bewegen können, wenn ich nicht in Deutschland eine Basis für die humanitäre Arbeit schaffe. Die Idee eines Vereins wird geboren und nach kurzer Zeit in die Tat umgesetzt. Schon im Jahre 2000, wenige Wochen nach meiner Krönung, gründen wir den Alavanyo e. V., dessen Gemeinnützigkeit inzwischen anerkannt ist.

Für viele Menschen ist es bei größeren Organisationen schwer nachvollziehbar, wohin ihre Spendengelder fließen. Das war bei uns von Anfang an anders. Durch die ständige Präsenz im Gebiet und die Organisation vor Ort ist für jeden transparent, wofür wir die einzelnen Gelder verwenden. Es ist unser Glück und unsere

Stärke, dass keinerlei Kosten für den Verwaltungsapparat entstehen, da alle Mitglieder, einschließlich meiner Person, ehrenamtlich tätig sind.

Es ist leicht, die Vermutung zu äußern, dass Gelder nicht dort ankommen, wo man sie als Spende eingesetzt sehen möchte. Aus diesem Grund lehnen viele Menschen Spenden kategorisch ab. Fakt ist, dass bei den größeren Organisationen die Administration sicher einen erheblichen Teil der Gelder verschlingt, trotzdem bleibt immer noch genug übrig, um damit Hilfe leisten zu können. In kleinen Organisationen, wie der unseren, geht jeder Euro direkt nach Ghana.

Wir freuen uns, dass wir in so kurzer Zeit schon so viele Projekte realisieren konnten, weitere sind in der Planung.

Da es sehr schwer ist, Spendengelder zu sammeln, und wir sehr viel mehr tun könnten, wenn dem nicht so wäre, sind wir dankbar über jeden Betrag, der uns bei unserer Arbeit weiterhilft. Es gehört viel Glück dazu die Öffentlichkeit für seine Arbeit einzunehmen. Denn das Misstrauen ist immer noch sehr groß. Dazu tragen nicht zuletzt die zahlreichen Presseberichte bei, die uns immer wieder vor Augen führen, wer sich in welchen Organisationen persönlich bereichert hat. Aus diesem Grund ist es so wichtig, eine Vertrauensbasis zwischen Spendern und dem Verein zu schaffen. Wir glauben und hoffen, dass uns dies gelungen ist.

Gerade die Völker Afrikas brauchen unsere Hilfe. Zwar herrscht in Ghana nicht wie in anderen Ländern des Kontinents Hungersnot, doch die teilweise kaum vorstellbare Armut weiter Gebiete erfordert unseren tatkräftigen Einsatz. Auch in Alavanyo liegt das Einkommen unzähliger Menschen weit unter dem von der Weltbank angesetzten Elendsbetrag von einem halben Euro täglich. Es gibt noch sehr viel zu tun, um die Lebensbedingungen gerade der Frauen und Kinder zu verbessern.

Unser Ziel ist es, den Fortschritt nach Alavanyo zu bringen. Jedoch nicht den oft falsch verstandenen Fortschritt der modernen Technik, sondern die Basis der Lebensgrundlagen für eine bessere Zukunft. Wie zum Beispiel die Schaffung von Vorausetzungen für mehr Bildungsstätten, von Produktionsstätten sowie Farmprojekten und der daraus resultierenden Schaffung von Arbeitsplätzen. Die Menschen in Alavanyo erwarten nicht, dass ihnen etwas vorgesetzt wird, sie sind zur engagierten Mithilfe und Eigenverantwortung bereit. All die von uns in den vergangenen Jahren realisierten Projekte sind zügig, ohne lange Wartezeiten und unter großem Einsatz eines Teils der Bevölkerung durchgeführt worden.

Das macht Mut für die Fortsetzung unserer Arbeit.

Ein altes Sprichwort der Ewe sagt: »Wenn du immer in den Himmel schaust, wirst du auf der Erde nie etwas entdecken.«

Ich habe einige Jahre zu lange in den Himmel geschaut. Doch was ich dann entdeckte, bewog mich, anderen zu helfen.

Der Alavanyo e. V. würde sich freuen, wenn jene uns helfen, die eines Tages dasselbe für sich erkennen.

GROSSMUT, STANDHAFTIGKEIT
UND SORGFALT

Nachwort

Ich träumte den Traum aller kleinen Mädchen, die es zu einer guten Deutsch-Zensur gebracht hatten, deren Aufsätze sehr oft mit einer Eins bewertet wurden und die bei Lesewettbewerben einen ersten Preis mit nach Hause brachten. Stolz präsentierte ich die Auszeichnung meiner Mutter. Ich werde Schriftstellerin, sagte ich treuherzig. Doch meine Mutter teilte meine Begeisterung nicht. Zwar freute sie sich über mein Interesse, denn schon als kleines Mädchen hatte ich alle unsere Bücher, auch jene in altdeutscher Schrift, verschlungen. Ich war eine Leseratte. Fernsehen interessierte mich nicht. Doch sonst ließen meine Leistungen in der Schule sehr zu wünschen übrig. Die Lehrer versicherten meinen Eltern unermüdlich, dass ich einfach zu faul sei, an der Intelligenz könne es nicht liegen. Hausarbeiten machte ich grundsätzlich kurz vor der Stunde, Referate in den Nächten vor dem Termin. Eine vernünftige Arbeitsplanung fand bei mir noch nicht statt.

Wohl deshalb stieß die Idee eines späteren Studiums auf taube Ohren. Brotlose Kunst, diese Worte klingen noch heute in meinen Ohren. Und: Lerne erst einmal etwas Ordentliches. Also machte ich mich auf die lange Odyssee herauszufinden, was mir wirklich Spaß machte.

Doch das war ein Weg mit vielen Umwegen. Obwohl nicht ganz unvermögend, bereitete mich meine Mutter, die inzwischen allein erziehend war, schonend darauf vor, dass ich nach meinem Schulabschluss selbst für mein Leben verantwortlich sein müsste. Heute bin ich ihr sehr dankbar dafür. Denn nur dadurch, dass ich so früh auf mich selbst gestellt war, ist es mir gelungen, dem Leben mit all seinen Höhen und Tiefen mehr oder weniger gewachsen zu sein.

Der Traum von damals trat ganz von selbst in den Hintergrund, als mir klar wurde, dass ich einfach nicht die Fähigkeiten habe, mich mit jenen messen zu können, die ich für wirklich gute Schriftsteller halte. Er geriet in Vergessenheit.

Schon mit Mitte zwanzig begann dann mein Weg in die Selbstständigkeit. Die Basis meiner geschäftlichen Aktivitäten ist seitdem meine Agentur geblieben. Doch natürlich gab es in all den Jahren Höhen und Tiefen. Und viele Sorgen. In dem ständigen Stress des Geldverdienens ging mir zeitweise auch der Blick für das Wesentliche verloren. Und als sich der Erfolg relativ dauerhaft einstellte, ging es mir wie vielen anderen, ich verlor etwas den Boden unter den Füßen.

Krankheit und geschäftliche Sorgen holten mich zurück in die Realität. Ich begann mein Leben zu ändern. Zwar nicht so konsequent, wie ich es gern gehabt hätte, aber Schritt für Schritt. Und ein langer Weg liegt noch vor mir.

Diesen zu bewältigen, soll mein Buch helfen, dass ich geschrieben habe, um den Menschen in Alavanyo auch weiter und in noch größerem Umfang helfen zu können. Eine meiner positiven Eigenschaften war schon immer meine soziale Ader. Bereits sehr früh, als meine Tochter

Sara, die heute vierundzwanzig Jahre alt ist, noch nicht geboren war, übernahmen mein späterer Mann und ich die Patenschaft für ein Kind auf den Philippinen. Meine Verwandtschaft, die teilweise über neunzig Jahre alt war, pflegte ich nacheinander und besserte ihre dürftige Rente auf. Ich hatte den Standpunkt entwickelt, wenn es mir gut geht, soll es auch den anderen gut gehen. Meine Lieblingstante Edith starb, wie schon meine Mutter, in meinem Beisein und bei mir zu Hause, wo sie die letzten Monate gelebt hatte. Nach ihrem Tod war ich sehr traurig und fühlte mich leer, denn sie war außer meiner Schwester das letzte Glied in der Kette.

Doch bei so viel Engagement soll nicht der Eindruck entstehen, ich hätte all das perfekt gemeistert. Meine Tochter geriet oft ins Hintertreffen, eine perfekte Mutter war ich jedenfalls nicht. Ich hoffe, dass sie mir das verzeiht. Denn mein ursprünglicher Traum von der idealen Ehe und vielen Kindern war sehr früh ausgeträumt. Also machte ich mich auf den Weg in die Selbstständigkeit. Ein Weg, der oft wenig Platz ließ für das, was ich mir eigentlich immer vorgestellt hatte. Der mich zwar durch schöne und weniger schöne Jahre begleitete, mich aber keinen inneren Frieden finden ließ. Ich habe sehr viel Glück gehabt, Fortune gehört dazu, sagte schon Goethe, aber ich habe auch sehr viel gearbeitet.

Mein Engagement in Ghana ist das zweite auf dem afrikanischen Kontinent. Das erste begann 1997 in Simbabwe, wo ich privat ein Dorfschulprojekt für Kinder unterstützte. Den Mann, der mich dorthin brachte, lernte ich auf einer Safari kennen, bei der er Elefanten-Wilderei, ein großes Problem in diesem Land, bekämpfte. Sein Engagement für bessere Bildung überzeugte mich.

Doch schon nach zwei Jahren musste ich aufgeben, die politische Situation hatte sich verschärft, Gelder und Schulmaterial verschwanden im Nirgendwo, der Kontakt brach ab, als das Dorf umgesiedelt wurde. Briefe kamen teilweise – immerhin – ungeöffnet zurück.

Die Geschichte, wie ich nach Ghana kam, erzählt dieses Buch. Freudig überrascht überkamen mich Kindheitserinnerungen, als der Verlag mich fragte, ob ich mein afrikanisches Leben nicht aufschreiben wolle. Ich stimmte zu, weil ich hoffe, dass es mir durch dieses Buch gelingt, Menschen offener dafür zu machen, dass auch sie helfen können.

Es gibt so viele Menschen, die Hilfe brauchen, wir sind oft nur zu bequem, zu selbstgefällig, und es ist uns zu anstrengend, Verantwortung zu übernehmen. Dabei erscheint es einem, hat man den ersten Schritt gemacht, ganz leicht, weil es so viel Freude bereitet. Die Enttäuschungen, dass einem vielleicht nicht immer die Dankbarkeit entgegengebracht wird, die man erwartet, können ganz leicht der Freude und dem Enthusiasmus weichen, wenn einem klar wird, dass Dankbarkeit nicht wirklich wichtig ist. Wenn man bereit ist, etwas von seiner Energie und seinem Wissen abzugeben, kann man sicher sein, dass man ganz viel davon zurückbekommt, wenn auch nicht immer dort, wo wir es vielleicht erwarten.

Und jetzt hoffe ich, in erster Linie für die Menschen in Alavanyo und natürlich auch für mich, dass ich ihnen in diesem Buch gerecht werden konnte. Es ist mir sehr schwer gefallen, all die Fakten, Bräuche und Rituale, die ich durch mündliche Überlieferung übermittelt bekommen habe, in Worte zu fassen. Und sehr oft musste ich erleben, dass Dinge von verschiedenen Personen ganz unterschiedlich dargestellt wurden. Daher ist es möglich, dass sich, trotz eingehender Prüfung, Übermittlungsfehler eingeschlichen haben könnten. Dies gilt vor allem für die geschichtlichen Hintergründe.

Ich habe viele Enttäuschungen hinnehmen müssen, weil in Afrika oft andere Gesetze gelten als bei uns. Mutlose Momente gibt es nach wie vor, es wird sie wahrscheinlich immer geben, aber ich habe gelernt, damit umzugehen. Wir sind es zu sehr gewohnt, mit dem Kopf zu arbeiten – zu funktionieren. In jener Welt jedoch, in der ich mich engagiere, läuft nichts so wie geplant. Vielleicht ist das einer der Gründe dafür, dass jeder noch so kleine Erfolg doppelt zählt.

»Sehen, Verstehen, Geduld«, hat Philipp mir in einer Phase der Niedergeschlagenheit einmal gesagt und mich damit vor Resignation bewahrt.

Die Arbeit in Alavanyo hat meinem Leben eine andere Dimension gegeben, einen neuen Sinn. Wäre mir vorher in letzter Konsequenz bewusst gewesen, was mich dort alles erwartet, so hätte ich vielleicht anders entschieden. Heute bin ich glücklich darüber, dass ich den Mut gehabt habe, Verantwortung zu übernehmen. Und dass meine Angst, der Öffentlichkeit meine Geschichte zu erzählen, unbegründet war. Denn ohne Medien wäre meine Arbeit nur in begrenztem Umfang möglich gewesen.

Das Schreiben dieses Buches hat mir viel Freude bereitet, auch wenn mich zwischendurch Schreibblockaden plagten und ich von Selbstzweifeln gequält wurde. Doch die Gunst des Augenblicks ließ mir keine Zeit, länger zu warten, und so hoffe ich, dass es mir gelungen ist, den Lesern ein Stück Afrika mit seinen alten Traditionen näher gebracht zu haben und diejenigen unter Ihnen, die schon längere Zeit mit dem Gedanken an ein soziales Engagement spielen, zu ermutigen, damit zu beginnen.

Wenn ich auch in Ghana eine Königin bin, mit all den damit verbundenen tradierten Würden, so bin ich dennoch, wie man hier oft annimmt, keine Herrscherin und habe keine Untertanen. Ich selbst sehe mich als Botschafterin zwischen den Welten, als Freund unter Freunden bei einem Volk, dass mir meine Entscheidung leicht gemacht hat.

Cornelia von Wülfing

Danksagung

Dass dieses Buch entstehen konnte, habe ich vielen Menschen zu verdanken. Zunächst einmal meiner Tochter Sara, meinem Mann Philipp Jebsen und meiner Freundin Isobel, die mich nach Monaten des Überlegens und des Zweifelns gemeinsam überredet haben, die mir angetragene Ehre, das Amt der Königinnenwürde, anzunehmen. König Céphas Bansah, der mich das erste Mal mit nach Alavanyo nahm. Den Menschen von Alavanyo, an ihrer Spitze der Paramount Chief Togbega Atakora VII., die mir ihr Vertrauen geschenkt haben. Meiner Freundin Dagmar Prinzessin zu Hohenlohe-Oehringen, die mir geraten und geholfen hat, meine Geschichte öffentlich zu machen. Heide-Marie Werner, die mich in die Geschichte afrikanischer Heilpflanzen einweihte. Meiner Mutter, durch die ich einen anderen Weg einschlagen musste, als ich ursprünglich wollte. Ohne das Beschreiten dieses zunächst ungeliebten Weges wäre ich aber nicht dort angekommen, wo ich heute bin. Der Familie Ahlering, die mir die Basis für meinen späteren geschäftlichen Erfolg ermöglichte. Meinen Mitarbeitern, die über Jahre meinen Launen dauerhaft standgehalten haben. Dr. Martin Zellner und Dr. Dr. Norbert Bock, die mir Mut gemacht haben, kranke Kinder nach Deutschland zu holen. Professor Dr. Dr. Heinz Bull, der kostenlos Sitsofes Tumor operierte und der mir durch seine ruhige und besonnene Art das Gefühl gab, dass das Unmögliche möglich sei. Hamburgs Kultursenatorin Dr. Dana Horáková, die mich zu diesem Buch ermutigte. Und den zahlreichen Medien, die meiner Arbeit gegenüber so aufgeschlossen waren. Ohne sie wäre vieles nicht möglich gewesen. Marcelle und Kay, meine Begleiter der ersten Stunde, die unsere gemeinsamen Reisen mit Fotos und Filmen dokumentierten. All jenen möchte ich danken, die mir geschäftlich über Jahre die Treue gehalten haben, ohne die meine Arbeit und meine Ideen ins Leere gelaufen wären. Nicht vergessen möchte ich diejenigen, die ein Stück meines Lebensweges mit mir gegangen sind und denen ich schöne Jahre zu verdanken habe.

Und am Schluss möchte ich jenen danken, die ich vielleicht vergessen habe, und meinem Schicksal, dass es mich zuerst nach Afrika und dann nach Alavanyo gebracht hat.

Ich dachte, wenn du wirklich in Afrika leben willst, musst du fähig sein, dir das Land anzusehen und zu sagen: Das ist der Weg der Liebe, diese Straße entlang. Schau dir alles genau an; dorthin wird er dich führen.

Du weißt jetzt sicher, was ich meine, wenn ich dir sage, dass Liebe nichts wert ist, solange sie nicht durch ihre eigene Liebe auf die Probe gestellt wird.

Ich hatte das Gefühl, als würde eine rückhaltlose Liebe von mir verlangt, ohne Furcht vor den Konsequenzen, und ich erkannte, dass Liebe eine Art Ehre verleiht, selbst wenn sie fehlschlägt; ohne Liebe hingegen hast du gar keine Ehre.

Rian Malan

Alavanyo e. V.
Hofweg 15
22085 Hamburg
Tel.: +49 (0) 40–20 76 99 20
Fax: +49 (0) 40–20 76 99 50
mailto: info@alavanyo.com
www.alavanyo.com

Spendenkonto:
Konto: 10 000 859
BLZ: 207 500 00
Sparkasse Harburg-Buxtehude

Ullstein Verlag
Ullstein ist ein Unternehmen der Ullstein Heyne List
GmbH & Co. KG

ISBN 3-550-07547-2

Satz: LVD GmbH, Berlin
Druck und Bindung: Ebner & Spiegel, Ulm

Volta Region
Abdulaikrom
Kpasa
Jombo
Kpassa
Gokoron
Nkwanta
Odumasi
Kechebi
Burai
Zongo-Markyeri
Kyinderi
Tutukpene
Dambai
Brewaniase
Kparekpare
Ohiamankyene
Kpetcnu
Agyana
Adumadum
Krachi
Asukawka
Katanka
Papase
Apesokubi
Worawora
Odami
Baika
Alavanyo
Hohoe
Kpandu
Helu
Golokuati
Amedzofe
Vakpo
Have Etoe
Nyive
Kpeve
Adzakoe
HO
Anyirawase
Sakode-Etae
Peki
Tsito
Tsrefe
Abutia-Kloe
Ablornu
Ahunda
Adidakpavui
Asiekpe
Kpeve
Hevi
Kpedzeglo
Wute
Tadzevu
Akatsi
Adidome
Heluivi
Battor
Sogakope
Tefle
Avenorpeme
Aveyim
Dabala
Anyako
Atiavi
Kpadui
Anyanui
Gambia
Guinea
Bissau